한국아

한반도가 우뚝 솟는 천년책략

놀 자

이대영
이정천
박성철
지 음

칼 대신, 비단 돈지갑을 들어라!

#1. 새로운 비단(新羅)이 국명으로

BC 108년경 '아침이 신선한(朝鮮)' 한반도에 변혁의 회오리바람이 불었다. 한(漢) 나라는 직할군현으로 한사군(漢四郡)을 설치했다. 이에 따라 평양을 중심으로 낙랑군(樂浪郡)을 설치하더니 AD 313년까지 존속하였다. 중국이 1,500년간 천기(天機)로 지켜왔던 비밀이 누설되었으니 그건 바로 비단(緋緞)이었다. 후한의 폭정에서 벗어나고자 산둥반도에서도 한반도로 흘러들어온 유민들에 의해 낙랑군에서 극비리 비단 거래가 이뤄졌다. 비단장수 왕 서방들은 삼한에 누에씨를 무료로 나눠주고 고치와 명주실을 매년 사들여서 중국, 토번(티벳), 파사(페르시아), 대월(로마)로 가는 육로 비단길을 개척했다.

삼한 중 진한은 한반도의 동쪽 구석에 치우쳤던 탓에 문명이 가장 뒤늦었다. 비단을 만드는 기술까지도 후발주자였다. 그들의 말로는 '사라(斯羅), 사로(斯盧)' 혹은 '서라(徐羅), 서로(徐盧)'는 거친 비단으로 가장 헐값에 사들였다. 그에 불만을 가진 사람들이 가장 많았다. 중국에서는 이 지역을 거친 비단이 나온다고 해서 사로국(斯盧國)이라고 했다. 이런 치욕에서 벗어나고자 작심하고 세상을 놀라게 할 새로운 비단을 만들었다. 바로 조하주(朝霞紬)- 동녘에 아침놀처럼 화사한 최고급 비단(新羅)을 만들어 내었다. BC 57년경에 사로국 혹은 서라벌(徐羅伐)이라는 치욕적인 말에서 벗어났다. 중국에서는 "새로운 비단이 나오는 나라(新羅國)."라고 했다. 이에 걸맞게 "덕업으로 날로 새롭게 하며, 세계만방에 펼치자(德業日新,四方網羅)."라고 철학적 의미까지 국명에 부여하였다. 지증왕 땐 국명을 아예 신라(新羅)로 정했다. 오늘날 영어단어 실크(silk)는 신라(sila)라는 국명에서 연유하고 있다.[1][2]

#2. 동방박사 3명, 신라 비단장수

BC 15년경부터 신라 젊은이들은 천기(天機)를 엿본다는 뜻에서 풍월도, 원화, 화랑이라는 단체를 결성하여 명산대천 속에서 심신을 수련해 호연지기(浩然之氣)를 길렀다. 다른 한편으로, 중국 비단장수가 폭리를 취하는 것을 근본적으로 없애고자 천산 협로의 비단길을 걸어서 은하수 별들이 쏟아지는 대월(大月)을 향해 비단장사를 나섰다. 당시 세상에서 가장 아리따운 신라 아낙들의 섬섬옥수로 만든 조하주는 대월국 황제의 곤룡포로는 최상품이었다. 가장 고가였던 황금 혹은 유향(乳香)보다도 더 비싼 값으로 거래되었다. 신라 귀족이나 국왕들은 별을 통해서 천기를 엿보는 첨성대(瞻星臺)까지 세계 최초로 만들었다. 특히, "혜성이 떨어지면 큰 천재지변이 일어나거나 아니면 국가대역죄를 범할 사람이 태어난다."라는 믿음은 한반도 삼한사람들은 물론, 비단장수를 통해서 서양에도 전파되었다.

BC 5년경에 많은 신라 젊은이들이 비단장수로 비단길을 왕성하게 개척

해나갔다. 천신만고 끝에 오늘날 중동시장에까지 비단은 유향, 몰약, 그리고 황금보다도 비싼 값으로 거래되었다. 어느 날, 신라 비단장수 3명이 이스라엘을 다스리던 로마 총독 빌라도(Pilate)에게 비단을 팔고자 찾아갔다. "오는 길에 혜성이 떨어지는 것을 봤는데, 나라에 큰 재앙이 있거나 대역죄를 범할 인물이 태어날 것이다."라는 말을 서두로 끄집어내었다. 그러나 비단을 판매하기는 고사하고 세상을 현혹시킨다는 핑계로 하옥 당하는 고초를 받았다.

신라에선 세수(歲首: 한 해의 시작)가 동짓날이었다. 비단을 팔아 황금, 몰약, 그리고 유향으로 교환하여 귀국길에 접어들었다. 만리타향에서 한 해를 보내고 정월 초나흘 나사렛이라는 마을을 한밤중에 지나는데, 허술한 마구간에서 아기 울음소리가 적막을 깨고 흘려 나오는 곳이 있어 찾아갔다. 바로 직감하였다. 혜성이 예언했던 천지개벽을 할 인물(로마의 대역죄인)이라는 생각이 떠올랐다. 조용히 아기 엄마와 아기에게 환란이 닥칠 것이라는 사실과 곧바로 피신하라는 말을 간신히 했다. 떨리는 순간에 3명의 신라 비단장수들은 갖고 있는 황금, 유향, 몰약을 내주면서 "빨리 안전한 이집트로 도망가서 소중하게 아이를 잘 키우라."는 당부 말을 남기고, 그들은 황급히 몰래 나사렛을 빠져나와 '새로운 세상이 열릴 것이다.'라는 꿈만 안고 신라로 귀국하였다. 그에 대한 이야기를 무덤까지 갖고 갔다. 그 일이 있고 50년이 지난 뒤 제자들의 기록에 의해 오늘에 전해지고 있으나, 신라 비단장수 3명에 대해서는 '동방박사(Magus)'로 적고 있다.

#3. 신라 비단을 입혀 클레오파트라를 패션모델로

BC 48년경에 로마제국으로부터 축출을 당한 카이사르(Gaius Julius Caesar)는 오늘날 이집트인 마케도니아 왕국을 방문하였다. 마케도니아는 풍부한 물산과 안락으로 온 백성들이 풍요를 즐기고 있었다. 또한, 도서관에는 책이 가득하여 연구하는 사람들도 많았다. 알렉산드리아의 항구에 당도한 그는 로마병정들에게 "칼 대신 비단 돈지갑을 들어라((Raise up a silk wallet instead of knife)."라고 무언중에 명령을 하고 말았다. 인산인해는 로마병정에 대해 아무런 위협도, 관심조차 주지 않고, 비단옷에 비단 돈지갑으로 희희낙락 거래만을 하고 있었다. 멀리 동양 신라에서 왔다는 신비스러운 조하주였다.

비단 카펫에 싸여서 비밀리 카이사르의 별궁에 도착한 클레오파트라 미녀는 '최고의 권력 미모'로 그들을 정복하였다. 그의 지원을 받아서 남동생으로부터 왕위를 되찾았다. 그가 귀국하여 로마황제로 등극해 그녀를 초청하였다. 그를 방문해 황금의 나라 여왕 클레오파트라는 로마시민들의 눈을 단박에 뒤집어 놓기에 충분했다. 수천 명의 장병들이 끄는 거대한 스핑크스 모양 어가 위에 황금 실로 수놓은 비단옷을 입었던 데다가 세계적인 미녀 클레오파트라 여왕이 내려오는 모습을 본 로마 남성들은 모두 꿈속에서 헤매었다. 세계 대제국 로마인들에겐 처음 보는 물건들이었다. '신비한 신라(secret silk)'를 로마제국에 처음 선보였다.

#4. Instead of Knife, Silk Wallet!

이미 9년 전에 한반도의 동남쪽 작은 나라 사로국(비단의 나라)에서는 칼로 각축하기보다는 '비단 돈지갑을 들고 세계제국'을 만들자는 데 뜻을 모았다. 즉 BC 57년, 서라벌(비단이 나는 벌판)을 중심으로 뜻이 있는 혈기 왕성한 젊은이들이 모여들었다. 나중에 장보고라는 젊은이는 중국 산둥반도의 옌타이(燃臺), 웨이하이(威海) 등 십여 곳에 비단 거래의 거점을 마련해 육로와 해로를 통해서 지구촌의 모든 비단길을 개척하였다. 그들이 세계시장에 진출하려는 전략은 한 마디로 '칼 대신 비단 돈지갑(Instead of knife, silk wallet)!'이었다.

비록 한반도에서 신라제국이 멸망하였으나, 거대한 뜻을 가진 그들의 유족들은 만주벌판을 달리면서 수많은 결의를 다졌다. 얼마나 결의를 다졌는지 경주김씨(慶州金氏)라는 성을 '애신각라(愛新覺羅)'라는 만주거류민으로 새로운 성(姓)을 만들었다. 1616년 만주에서 시작하여 1636년에 중국의 중원을 접수하고, 신라제국을 경영했던 솜씨를 살려서 대청제국(大淸帝國)을 건설하여 1912년까지 "신라를 사랑해 각성을 펼치자(愛新覺羅)."의 선인들의 꿈을 아시아대륙 중국 중원에서 다시금 펼쳤다.

이런 우리 신라 선인들의 앞선 생각, 장보고의 신라원 혹은 신라방을 본뜬 네덜란드와 대영제국의 동인도회사 혹은 홍콩 등 조차지로 서양제국들의 식민지 전초기지화로 역사는 반복하였다. 신라 후손들의 대청제국을 보고 메이지유신을 외쳤던 일본 젊은이들은 대동아공영권(大東亞共榮圈)이란 헛된 꿈을 꾸었으나 어림도 없는 일이었다. 왜냐하면, 신라인들은 칼 대신 비단 돈지갑을 들었지만, 그들은 돈지갑을 빼앗고자 칼을 들었기 때문이다.

이제 우리가 신라의 후손이라면 더 이상 한반도에 얌전하게 쪼그라질 수는 없다. 이제는 이천 년 전 선인들처럼 "칼 대신 비단 돈지갑을 들어라." 라는 유훈을 가슴에 품고 지구촌을 서라벌의 어떤 작은 동네처럼 주름잡고 다녀야 할 것이다. 서라벌의 아낙네들이 짠 조하주로 곤룡포를 만들어 로마황제들에게 입혔고, 금수비단옷을 클레오파트라 여왕에게도 입혀 지상 최대 패션쇼까지 했다. 사랑으로 천지개벽할 아기 예수에게 비단으로 바꾼 유향, 몰약, 황금으로 도피자금을 지원했던 신라 선인들의 '비단 돈지갑(新羅包)'에 깃들여진 혼만을 한반도에 되살려 내어야 한다. "돈지갑을 들고, 한반도를 넘어 세계로 나아가라."라는 선인의 외침이 들린다.

2015. 11. 20.
이대영, 이정천, 그리고 박성철이 같이 쓰다.

박근혜 대통령이 재래시장에서 산 소산당
비단누비 돈지갑(여성신문, 2013.3.16.)

CONTENTS

II
중국, 만리장성 산해관에서

III
북한, 백두산 천지연에서

IV
미국, 자유의 여신상에서

부 록

에필로그 : 대박을 터줄 거냐? 쪽박을 찰 거냐?

일본, 오사카 성 천수각에서

1

정보부터 먼저 손아귀에 넣어라

정보 실패가 곧바로 죽음으로

지난 2015년 11월 13일, 금요일 프랑스 파리에선 여섯 곳에 I.S.(Islamic State) 요원에 의하여 테러가 자행되어 120여 명 사망과 400여 명 부상자가 발생했다. 파리 시민을 공포의 도가니로 몰아넣었다. 이로 인하여 2015 G20 세계정상회의(2015 Turkey G20 Summit)를 위해 안탈랴(Antalya)에 모였던 선진국 정상들은 대테러선언을 했다.

세상만사엔 반드시 어떤 기미가 있게 마련이다. 좋은 일이든, 나쁜 일이든 예고하는 어떤 낌새가 빠짐없이 있다. 한 번의 큰 사건이 발생하는 데에는 사전에 수십 번의 사전예고 혹은 사전징후가 있다. 큰 사건(재앙)이한 번 발생하기 전에 더 작은 규모의 사건이 스물아홉 번 이상, 일상적인 가벼운 사건은 삼백 번 이상 벌어지곤 한다. 그만큼 많은 예고 기미를 무시한 결과로 대형사건이 터진다. 발견자 윌리엄 하인리히(Harbert William Heinrich)의 이름을 딴 하인리히의 법칙(Heinrich's Law)이다.

이번 파리 테러참사 이전 다른 장소, 종류 및 단체에 유사한 테러사건이 발생했다. 반면교사 해서 사전점검하고 대비를 하지 않았다. 몇 차례 사소한 징후를 무시했다. 파리테러가 발생하기 하루 전 서방국가들에 긴급공문을 보내 'IS 아부 바르크 알바그라디(Abu Bakr al-Baghdadi)의 지시로 수일 안에 테러가 벌어질 것이다."라는 경고가 공개적으로 있었다.³

이런 정보실패는 빈발한다. 지난 2001년 9월 11일, 뉴욕 무역센터(World Trade Center)의 테러사건도 정보실패가 없었다면 사전에 충분히 예방할 수 있었다. 미국 정보당국에선 이를 암시하는 수많은 정보를 접수했다. 조금 촉각만 세웠다면 쉽게 감지해낼 기회는 적어도 10번 이상이었다. 무엇보다도 비행기를 이용한 자폭공격 가능성을 아예 무시했다. 비행기 테러전문가마저도 "테러리스트의 비행기 납치는 자폭이 아니라 협상을 유리하게 이끌려는 목적에 한정한다."라는 고정관념에서 한 치도 양보하지 않았다.

똑같은 정보실패는 1941년 12월 7일에도 있었다. 일본군의 진주만 기습폭격이다. 가미카제 도고다이(神風 特攻隊)의 항공기 자폭행위 자체를 인정하지 않았고 무시했다. 당시 미국은 기습전 매직(MAGIC)이라는 암호해독프로그램을 운용했다. 이를 통해 일본군의 자폭 기습이 임박하다는 사실을 감지했다. 하지만 정보 분석가들은 공격지점을 미국 본토가 아니라 필리핀이나 영국의 아시아 식민지로 한정했고, 연습훈련으로 하찮게 여겼다. 그뿐만 아니라 절대로 이길 수 없는 미국을 상대로 선전포고를 할리 없다는 것이다.

안도 속에서도 기밀은 누설되고 있다

국가기밀을 고도의 첩보활동이라는 세작, 스파이를 통해서 빼내는 것은 극소수이고, 대부분은 평범한 일상 속에서 무의식적인 언행에서 누설되고 있다. 공개적인 매체를 통해서 정보안테나만 조금 세우면 누구나 쉽게 얻을 수 있다. 1941년 12월 7일, 진주만 폭격에 사용한 비행지도는 하와이 관광지도에서, 1886년대 영국의 광목(직조) 기밀은 사무실에서 단골로 시켜먹는 식당의 종업원이 빼 왔다. 이번 파리테러에 잔당을 소탕하는 기밀은 총격전이 벌어졌던 바타클랑(Bataclan) 공연장 옆 쓰레기통에 버려진 휴대폰을 발견해 추적한 단서에서 얻었다. 대사관과 같은 재외공간의 쓰레기통을 새벽에 낚아채어 기밀분석을 하는 상대국의 전담팀이 있게 마련이다. 또한, 직원 혹은 임원들의 전용 화장실은 안심하고 자기네들이 거침없이 대화하는 곳이기에 잠입해 기밀수집에 최적 장소가 되고 있다.

공직 기관 감찰반 요원들은 휴게소에 커피를 한잔 하면서 신문을 보는 척하거나 화장실에 잠입해 첩보를 수합한다. 언론기관의 기자들도 대화 중 기억해야 할 사항이 있으면 화장실에 가 메모한다. "술이란 들어간 입으로 비밀을 술술 기어 나오게 한다고 해서 술이다." 우리나라 역사에서 "왕후장상의 씨가 따로 있느냐(王侯將相寧有種乎)?"라는 기치를 들고 신분타파 혁명을 주도했던 사노만적(私奴萬積)이 실패했다. 그 원인은 조직구성원의 한 명이 주모(酒母)에게 넘어가 기밀을 토설해 모두가 개죽음을 당했다.

보다 고도의 기술로는 속칭 '베갯머리 송사(pillow talk)'이다. 서양에서는 '적과 동침(sleeping with the enemy)' 혹은 동양에선 미인계(美人計)라고 한다. 삼국지(三國志)엔 왕윤은 자신의 수양딸 초선(貂蟬)을 여포(呂布)에 시집보내겠다고 약속하고, 수양아버지인 동탁에게 선을 보이고 데리고 가도록 유인했다. 여포에게 "동탁이 초선을 데리고 가 여포에게 시집보내겠다."고 하더라고 전한다. 여포는 이성을 잃고 "아들의 여인을 가로채는 놈이 어찌 아버지라고 부르겠는가? 내 손으로 죽이지 않으면 사람이 아니다."라며 없애버렸다. 프랑스 파리 물랭루주(Moulins Rouge)의 댄서인 한 여인 마타하리(Mata Hari)는 독일정보기관에 포섭되어 연합군 고위 장교들을 유혹했고, 군사기밀이 독일에 넘어갔다. 연합군 5만 명의 목숨에 해당하는 고급정보였다[4]. 청나라 왕족 출신 '가와시마 요시코(川島芳子)' 동양의 마타 하리도 일본 관동군 첩보원으로 중국 간부를 이용해 일본 괴뢰정부 만주국(滿洲國)을 세우는 데 엄청난 공을 세웠다.

세상 소식에 목말랐던 섬나라 일본

일본은 아시아대륙에서 동떨어진 태평양이란 거대한 바닷속에 갇힌 섬나라였다. 세상 소식에 대해 언제나 목말라했다. 끝없이 대륙문명을 받아들이고자 했으나, 대륙국가에서는 국가기밀로 사소한 것까지 금지했다. 한 가지 사례를 들면, 누에고치에서 명주를 만드는 기술을 기원전 3000년경에 발견하였으나, 1,500년 동안 국가기밀이었다. BC 108년 한사군(漢四郡) 중 낙랑군이 한반도 삼한지역을 '누에고치와 명주실의 생산식민지'로 하고 중개무역을 시작하였다. 이어 828년에 장보고가 청해진에 중개무역의 전초기지를 만들었을 때 일본을 '명주실과 명주솜의 생산기지'로 만들어 전 세계를 대상으로 비단길을 개척했을 때에 비로소 일본에 기술이 전달되었다.

이처럼 일본이 대륙문화의 도입 혹은 정보 수합에 갈증을 느꼈다. 이런 사실을 입증하는 자료로 앨빈 토플러는 저서 『제3의 물결(The Third Wave)』에서 일본 사람들이 신성시하는 국보(國寶) 3가지 신물(神物)은 칠지도(七支刀), 인감(印鑑)과 동경(銅鏡)이다. 이 모두가 정보와 관련이 있다. 칠지도는 목숨을 걸고 신임(信任)을 받치는 맹세, 인감(印鑑)은 정보가 사실과 틀림없음을 입증하는 것이며, 동경(銅鏡)은 전쟁 때 신속하고 정확한 정보의 전달매체다. 아직도 일본은 정보에 목말라하고 있다.

왜구 침입이라고 가볍게 여겼던 아무리 작은 사건이라도 모두가 전투작전도(戰鬪作戰圖) 작성을 위한 사전정탐이었다. 그들은 산업 및 군사정보를 탐문하고 관련 인적정보를 확보하기 위한 정보탐색전이었다. 3,000회의 침입으로 한반도전도(韓半島全圖)는 신라 시대에 이미 완성되었다. 조선시대 세종 이후 양국 간의 합의에 따라 왜관을 설치해 선진기술과 문물을 공식적으로 교류하였다. 연산군 때 전주 은광에서 제련기술자를 납치해서 일본으로 데리고 갔다. 일본 은광개발과 새로운 은(銀) 제련기술로 세계 은 시장을 80%나 독점했고, 그 돈으로 조총을 도입하여 전 세계 조총(鳥銃)의 30~40%를 갖고 조선을 침략

했다. 임진왜란이란 조선정벌을 도모하기 전에 이미 일본은 세계최대 군사대국이었다. 당시 일본은 국가재정이나 군사는 조선의 10배를 상회했다.

이렇게 탄탄한 경제력과 군사력을 가졌던 도요토미 히데요시(豊臣秀吉)는 국내의 잦은 분쟁을 외침으로 결집

오사카 성 천수각
(2015.10.28. 매표안내책자)

하고자 시도했다. 그 시도가 바로 조선정벌이었다. 조선을 정복해 전공을 세운 장군들에게 조선 땅을 나눠주어 통치하게 하고, 자신은 일본국의 군주로 남았으면 하는 속셈이었다. 고민 끝에 내놓은 대의명분은 정명가도(征明假道)의 정조론(征朝論)이었다. 그는 "모든 정보를 내게 다 보고해라."라는 지시를 하는 바람에 관직명이 '관백(關白)'이었다. 정보를 장악하면 곧바로 천하를 장악한다는 생각이었다. 그래서 그는 세상 누구보다도 먼저 정보를 손아귀에 넣고자 했다. 오사카 성 천수각(大阪城天守閣)에서는 각종 정보전달문서가 전시되어 있다. 한 눈으로 봐서도 그의 정보장악의 욕심은 참으로 대단했음을 짐작할 수 있다.

2

일본의 심장을 향한 한반도 비수를 없애야 한다

삼천리금수강산 한반도

중국에선 삼한이 있는 반도라고 해서 한반도(韓半島)라고 했다. 일본은 조선이 있는 반도라고 해 조선반도(朝鮮半島)로 불렸다. BC 400년경 산해경(山海經) 중국 고서에서는 삼한 이전의 고조선을 청구국(靑丘國)으로 칭했다. 신비하게 생각해 "청구국(The Green Hill)이라는 나라가 있는데, 꼬리가 9개나 달린 여우(九尾狐)가 산다. 그곳 백성들은 유순하고 순박해 언제나 복락을 누리면서 사는 나라다(有靑丘之國,有狐九尾;有柔樸民,是維嬴土之國)."로 적고 있다. 우리나라에서 청구(Green Hill)란 지명이 지금까지 남아있는 유일한 곳은 대구다. 대구(大丘)란 지명 역시 최초로 중국을 통일한 진시황제의 선조들이 살았던 흉노국의 한 지명에서 연유하고 있다. 조선 영조 때(1750년) 영남 유학생(李亮采)들이 공자의 함자인 구(丘)를 쓸 수 없다고 상소했으나, 완고하신 영조는 윤허하지 않았다. 정조 이후(1777년)에 슬그머니 구(邱)로 대용했다. 그러나 이상하게도 임진왜란 때(1592

년)에 왜병들의 지도엔 이미 대구(大邱)로 표시되어 있었다. 특히, 이곳을 신라 박제상의 '부도지(符都誌)'에서는 "아침 햇살이 뜨는 곳(朝陽國)."이라고 했다. 이미 삼한은 이곳에 아침이 열리는 신성한 신시(朝市)를 열었던 곳이다.[5]

한반도는 태평양에 태양이 솟아오르면 아시아대륙에서 가장 먼저 해가 뜨는 곳이었다. 그중에서도 삼한에서 조시(朝市)를 열던 '동트는 달구벌'이 있었다. 그곳은 1억 4천만 전 한반도의 달구(達丘)는 백두산 천지연의 13배가 넘는 거대한 호수였다. 수천 마리의 공룡들이 우글거리는 늪이었다. 태평양의 햇살이 한반도 상공에 먼동을 틔우면 달구 호수는 이를 반사하여 한반도 전체에 새벽을 알렸다. 그래서 삼한은 이곳에서 조시(朝市)를 열었다. 이곳의 아침의 신선함(朝鮮)은 고려(高麗)를 이은 국명 조선이 되었다.

중국뿐만 아니라 우리나라 사람들도 한반도를 '아침에 해가 뜨는 신선한 나라(朝鮮)'로 인식하기 시작하였다. '떠오르는 태양(Rising Sun, 旭日)'으로 자칭하는 일본마저도 한반도를 조선반도라고 했다. 한때 고려의 송악 상인들은 대식국과 파사(페르시아)를 통해서 대월국(동로마-베니치아)으로까지 뻗어 나갔다. 송상들의 사개치부법(四個置簿法)이 오늘날 복식부기(double-entry bookkeeping)로 현대적 금융경제와 기업경영관리를 가능하게 했다. 이로 인해 오늘날의 인류번영과 발전을 가져오게 하는 방법론을 제공하였다. 이런 사연에 지구촌에서는 한반도를 고려반도(Korea Peninsula)라고 하고 있다.

산자 수려한 금수강산을 중국과 일본은 호시탐탐 차지하려고 군침을 흘렸다. 지금까지 913회의 외침을 받으면서 굳세게 끊임없이 한민족으로 한반도를 우리는 지켜왔다. 특히, '비단의 나라' 신라(新羅)는 8세기경 중동지역에선 "중국의 맨 끝, 그곳이 신라다. 대식국 사람들이 일단 들어가면 그곳의 훌륭함에 정착하고 만다." 혹은 "바다를 따라 중국 다음엔 신라인데, 그곳에 간 사람이나 다른 나라 사람들은 극소수만을 빼고 그곳을 떠나지 않는다."라고 하였던 평화의 나라였다.[6]

인간의 말에 신이 따른다

신(神)이 인간에게 하는 말을 계시(啓示) 혹은 신탁(神託)이라고 한다. 그러나 인간이 한 말에 신이 따르는 것을 기도(祈禱) 혹은 주문(呪文)이라고 한다. 신의 계시가 지금도 없는 이유는 신의 이름을 빌려서 인간이 자신의 말을 했기 때문이다. 인간의 말 가운데 특히 이름에는 신이 함께한다. 요한복음에 "태초에 말이 있었나니. 말은 신과 함께하였다. 말로 인하여 만물의 형상이 이뤄진다."[7]고 했다. 그뿐만 아니라 태초에 "빛이 있어라."라는 말이 있었기에 빛이 생겼다. 이런 말이 한 사람의 입에서 나와 세 사람이 넘어서면 없는 호랑이도 만들고, 산을 옮기고, 사막을 강으로 만드는 기적까지 행할 수 있다.

아주 사소하게 생각하는 한 송이 꽃이라도 아름다운 이름을 붙여주면 더욱 아름다운 꽃으로 탄생한다. "이름을 부름으로써 내게 다가와 꽃이 되었다."[8]는 한 시인의 시 구절처럼. 세상의 삼라만상은 자신의 이름값을 한다. 특히, 로마의 격언에 "3은 완벽하다(Omne Thrum Perfectum)."라는 말이 있다. 동양의 속담으로는 "세 사람 이상 그렇게 부르면 실체가 된다(三人成虎)."는 말이 있다. 한 사람, 두 사람, 그리고 세 사람이 줄을 서면 새로운 줄이 생긴다. 어떤 사물을 세 사람 이상이 호칭하면 그에 따른 의미가 부여되고, 사람들에게 신의 영역에 속하는 카리스마(charisma, 영험)를 가지게 된다.

한반도에 대한 호칭도 중국 중원에선 동쪽의 큰 활모양(大弓)이라고 해서 동이(東夷)라고 했다. 언젠가는 중원을 향해서 큰 활을 날릴 위험성을 경고했다. 사실 또한 BC 108년 이후 한사군의 낙랑에서는 과하마, 단궁 및 목시(木矢)를 만들어 주변 각국에 무기로 판매하였다. 특히, 만주지역의 싸리나무로 만든 화살이 위·오·촉(3국) 각축전에 사용되었다. 같은 맥락에서 조선조 세종 이후엔 일본을 활(弩)로, 왜구의 침입을 일노(日弩)가 주기적으로 한반도를 향해서 날아오는 것으로 생각하였다. 한편, 일본에서는 이종무의 대마도 정벌 이후 한반도를 일본을 향해서 찌르는 비도(匕刀)로 인식하여 왔다.

정한론자(征韓論者)들[9]은 한반도 비도(匕刀)를 없애고자

도요토미 히데요시(豊臣秀吉)는 평소에 한반도가 일본을 향해 비수를 드려대고 있는 형상으로 인식하고 있었다. 사실 일본은 AD 663년 백제 부흥을 위한 신라 침공을 계획하였으며, AD 731년과 762년에도 발해와 신라정벌의 협공전(挾攻戰)을 위한 외교를 전개하였으나 실패했다. 일본은 지속적으로 조선을 지배하고자 하는 야욕에 맞아 떨어져 조선정벌을 기획하게 되었다. 그(히데요시)는 조선반도를 일본을 향해 곧 달려들 호랑이로 생각했다. 그래서 조선 호랑이를 생포하여 호송하도록 했다. 처음에는 새끼 호랑이를 사로잡아 일본까지 호송하는 데 기일을 계산하여 호랑이 먹이로 풍산개 3마리를 넣었다. 오사카 성 천수각에 도요토미 관백(關白)에게 보여주려는 순간, 호랑이 우리에선 풍산개가 호랑이를 잡아 뜯어먹고 입맛을 다시고 있었다. 이를 보고 대로한 관백은 다시금 엄명을 내렸다. 이번에는 호랑이 먹잇감으로 똥개를 우리에 넣어서 보냈다. 관백은 그 조선 호랑이 고기를 먹고 아들을 만득하였다고 한다. 그런 연유로 도요토미의 숙소였던 천수각 앞 벽면에 조선 호랑이 2마리가 지금도 그려져 있다.

일본열도는 '태평양 바닷가에 해수욕하다가 물 밖으로 알몸을 드러낸 18세 여성(female genital organ)'으로, 이에 반해 한반도는 알몸의 18세 소녀를 관음하는 노련한 남성(male genital organ)으로 연상한다. 이런 기호학적 인식에 정한론자(征韓論者)는 한반도 식민지 3S 정책 실시를 주장하는 근거가 되었다. 결국, 그들은 춤추는 기녀 모양의 한반도를 만들고자 했다. 공창 기지, 정신대(종군위안부)라는 역발상을 실행했다. 다른 한편, 1905년 동경제국대학 지질학자인 고토분지로(小藤文次郞)는 「산맥체제론(山脈體制論)」이란 논문에서 식민지 사관을 주입하여 민족의 혼마저 없애고자 조선은 나약한 민족이라는 평가절하를 시도했다. 즉, 한반도를 토끼 모양으로 묘사하여 교과서를 만들었다. 포항의 달배곶(冬乙背串)을 1918년에 토끼 꼬리(兎尾)로[10], 부산의 용두산(龍頭山)을 용미산(龍尾山)으로, 제주도 용두암(龍頭岩)을 용미암(龍尾岩) 개칭하여 일본을 향해 날아오르는 용의 모양 한반도를 대륙을 향해 날아오르도록 방향을 돌렸다.

사실 조선 명종 때, 풍수지리학자 격암 남사고(南師古)는 자신의 저서 『산수비경(山水秘境)』에서 한반도를 호랑이 모양으로 그렸다. 대륙을 향해 백두산에 머리를 둔 포효하는 호랑이다. 포항을 호랑이 꼬리(虎尾) 곶으로 본래의 이름을 붙였다. 육당 최남선(崔南善)도 '맹호형국론(猛虎形局論)'을 주장하였다. 때로는 태평양을 행해서 진출하자는 의미에서 해남반도를 부산 등 남동해안을 머리로, 포항 호미곶을 호랑이의 귀(虎耳)로, 일본을 향해 포효하는 호랑이 모양으로 그렸다. 때로는 태평양을 향해서 포효하고, 때로는 대륙을 향해서 울부짖는 한반도 호랑이였다.

IMF 외환위기 국난을 당하고 있던 김대중 대통령과 대한 국민을 위로하고자 폴 케네디(Paul Kennedy)가 청와대를 방문했다. 그는 『강대국의 흥망사(The Rise and Fall of the Great Powers)』를 저술했다. 그는 한반도의 지정학적 위상을 "미국, 일본, 중국, 러시아라는 거대한 네 마리의 코끼리 사이에 끼인 작은 동물."[11] [12]로 언급하였다. 사실 조선제국 말에 재일 청국 외교관이었던 황준헌(黃遵憲)은 속칭 '조선책략'에서 "한반도 어깨와 등에 호랑이와 이리들이 우글거리고 있다(有北豺虎同据肩背)."라는 표현을 했다. 당시 김대중 대통령은 '4마리 코끼리'에 대해 "풀밭 도랑에 있는 황소처럼 해양과 대륙의 풀을 마음대로 뜯어 먹을 수 있다."[13]라고 농담을 했다. "곰은 재주만 부리고 돈은 중국 사람이 가진다."라는 우리 속담의 역발상을 말했던 것이다. 설령 네 마리의 코끼리 사이에 끼어 있다고 해도 '코끼리 서커스단의 곡예사(Acrobat of Elephant Circus)'가 된다면 적당히 코끼리에게 재주를 부리게 하고, 한 마리가 분노하면 다른 세 마리로 진압하게 조정하며, 구경꾼으로부터 흥미진진함을 보여줄 수 있어야 능숙한 조련사가 된다.

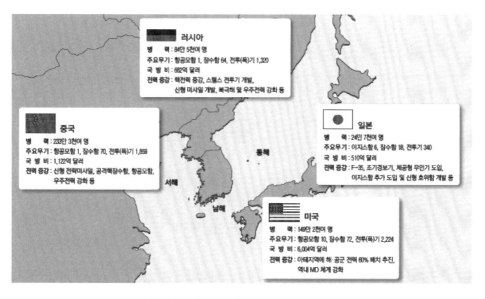

러시아
병   력 : 84만 5천여 명
주요무기 : 항공모함 1, 잠수함 64, 전투(폭)기 1,320
국 방 비 : 682억 달러
전력 증강 : 핵전력 증강, 스텔스 전투기 개발,
           신형 미사일 개발, 북극해 및 우주전력 강화 등

중국
병   력 : 233만 3천여 명
주요무기 : 항공모함 1, 잠수함 70, 전투(폭)기 1,859
국 방 비 : 1,122억 달러
전력 증강 : 신형 전략미사일, 공격핵잠수함, 항공모함,
           우주전력 강화 등

일본
병   력 : 24만 7천여 명
주요무기 : 이지스함 6, 잠수함 18, 전투기 340
국 방 비 : 510억 달러
전력 증강 : F-35, 조기경보기, 체공형 무인기 도입,
           이지스함 추가 도입 및 신형 호위함 개발 등

미국
병   력 : 149만 2천여 명
주요무기 : 항공모함 10, 잠수함 72, 전투(폭)기 2,224
국 방 비 : 6,004억 달러
전력 증강 : 아태지역에 해·공군 전력 60% 배치 추진,
           역내 MD 체계 강화

동해

서해

남해

한반도 주변 4국 군사력, 2014 국방백서, 14면

3

한반도를 일본의 방패 손잡이로

한반도가 싸움판이 되고 우리가 대리전을 해서야?

고구려 선인들은 한반도에 국한되지 않고 아시아대륙을 넘나들었다. 그뿐만 아니라 유라시아를 거대한 황소에, 매어진 한반도를 쟁기 보습으로 봤다. 거대한 태평양, 인도양 등을 푸른 들판으로 보았던 것이다. 물론, 1976년에 상영한 영화『황혼(Carrie)』에 "사랑의 밭은 쟁기날로 갈라지는 땅의 고통이 있어요…"라는 노랫말처럼 한반도에는 아픔이 많았다. 대륙은 해양으로, 해양은 대륙으로 진출하고자 하는 교두보 역할을 한반도가 해야 하는 지정학적 위치였다.[14] 이렇게 각축하는 장소가 되었던 한반도는 늘 분단의 아픔을 안고 살아왔다.

우리가 사는 한반도는 빈번하게 이웃 나라로부터 외침을 받았다. 상대국에서도 군사적 교두보를 가만히 넘겨줄 리가 없기에 "못 먹을 감 쑤시고 본다."는 심술을 부리고 말았다. 주변 강대국은 언제나 분단을 시키고자 음모를 했다. 임진왜란 당시, 일본과 명나라는 각자의 이익을 위해서 강화

회담의 실익을 챙기고자 암암리에 한강을 경계선으로 분할점령을 도모했다. 충청, 경상, 전라 등 하삼도(河三道)를 일본에 넘기는 음모였다.[15] 물론 함경도, 경기도, 평안도, 강원도, 황해도 등 상오도(上五道)는 명나라가 차지하는 것이었다. 조선제국 당시, 한반도에서 전쟁을 했던 청일전쟁, 러일전쟁도 전리품으로 조선의 분할지배를 기획했다.[16] 1945년 8월 15일, 무조건 항복을 연합군에게 하면서도 한반도만은 일본의 지배에 놓으려고 러시아를 통해서 공작을 하였다.[17] 이에 미국과 러시아는 일본보다 더 빨리 38도선을 경계로 분할해 나눠 가졌다.

서방의 열국들이 조선제국을 서로 차지하려고 이권쟁탈전을 하던 19세기처럼 지금도 우리나라의 주변 국가에선 호시탐탐 자신들의 국익을 챙기기 위해서 한반도를 활용하고자 한다. 침략의 발판을 위한 대리전쟁터, 병참기지, 교두보 확보 혹은 식민지로 활용하고자 했다. 지금도 국익을 위해서 차지하고자 한다. 대표적인 군사적 활용방안이 바로 '한반도 방패(Korea Peninsula Shield)'다. 일본이나 미국은 한반도를 중국과 러시아의 방어에 방패로, 중국과 러시아 역시 일본과 미국의 방어에 한반도를 방패로 사용하고자 하는 것이다.

대리전쟁터(지구촌 동네 싸움판)의 사례론 청일전쟁과 러일전쟁을 한반도에서 했던 것이다. 한국은 강대국의 싸움장소뿐만 아니라, 때로는 좋게 표현해서는 대리전, 현대식 용어는 전쟁용역 혹은 용병 역할을 했다. 고려의 원나라를 대신하여 두 차례 일본정벌에 나섰다가 실패를 했다. 세종 때 이종무의 대마도 정벌 또한 명나라를 위해서 대리전을, 임진왜란 역시 명나라를 위한 대리전이었다.

현실적인 결과만 본다면 6·25전쟁은 '일본경제 부흥을 위한 남북한 싸움한판'이라고, 미국과 소련은 싸움판의 전주였다. 일본의 경제는 6·25동란

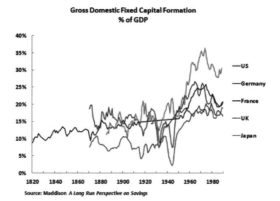

Gross Domestic Fixed Capital Formation
% of GDP

Source: Maddison *A Long Run Perspective on Savings*

기간에 연 30% 이상의 급속성장은 물론이고, 1961~1970년까지 10년 동안 400%의 경제성장을 했다. 미국이 사전 기획[18]한 속셈을 감추었으나, 일본은 감복한 나머지 "조선에 전쟁이 터졌다니 신이 일본에 축복을 내린 것."[19]이라고 속내를 감추지 못했다. 그뿐만 아니라 일본의 입장에서 최대걸작은 휴전으로 남북한의 분단이다.[20] 남북한이 통합되면 언젠가는 일제 침략에 보복을 할 수 있었는데, 미국이 아예 능숙하게 솜씨를 살려 손을 봐줬다. 그뿐만 아니라 군사적 행동을 아예 못하도록 전시작전권까지 미국이 움켜쥐고 있으니 안심이다. 한반도 목줄을 이중 삼중으로 단단히 해놓았다.

일본의 한반도 정복계략

일본은 수천 번 주변 국가를 침범하여 수합한 정보를 토대로 지도를 그리고 정복전략을 수립했다. 가마에 탄 일본 문신이라도 가마꾼의 발걸음 수까지 헤아려 자신이 움직이는 거리를 측량한다. 그들의 정보수집 능력은 대단했다. 한 번 보면 주변의 거리 등을 측량한 것처럼 정확했다. 손가락, 팔도 잣대를 대신했고, 목소리의 전달시간을 계산해서 거리로 환산하기도 했다. 특히, 분위기 정보 혹은 육감 정보로 전체를 간파하는 초인적인 정보 분석력을 가졌다. 일제 침략기에도 "일본 고등계 형사는 감으로 한다."할 정도로 첩보 활용에 신출귀몰했다.

그뿐만 아니라 중국인들이 저술한 각종 병법(전략)서는 일본인들이 조선을 대상으로 활용하였다. 오사카 고베(神戶)에 '아꾸다 진자(生田神社)'라는, 진구왕후(神功王后)를 모신 작은 사당이 있다. 이곳에 전해 내려오는 전설 하나가 "진구왕후가 삼한을 정벌하고 돌아와서 이곳에 신사를 세웠다."라는 일화가 적혀있었다. 이렇게 소설처럼 허망한 이야기를 갖고 동경대학의 식민지사관 팀(TFT)에서는 AD 4~6세기 한반도 남부를 지배했다는 임나일본부설(任那日本府說)이라는 역사를 만들어내었다. 또한, 만주사변을 통해 관동군으로 하여금 광개토왕의 비문까지 조작하여 역사적인 금석문(金石文)까지 만들었다. 36계략(三十六計)에 "시체를 빌려서 영혼을 찾아낸다(借屍還魂)."는 계책을 우리나라 역사에 적용하고 있다. 조선과 미국은 1882년 조미 통상수호조약을, 조선과 일본은 1905년 을사늑약을 체결하였음에도 1905년 7월 29일 미국과 일본은 비밀리 '가쓰라-태프트 밀약'을 체결해 일본이 조선을, 그리고 미국은 필리핀을 식민지화하는 것에 상호밀약을 체결하여 1928년까지 극비로 알리지도 않았다. "남의 칼을 빌려서 상대를 죽인다(借刀殺人)."라는 계략을 조선이 눈치조차 차리지 못하도록 능숙하게 구사했다.

일본이 우리나라를 대상으로 내세웠던 전쟁의 대의명분(大義名分)은 임진왜란 땐 "명나라를 칠 테니 조선은 길만 빌려달라(征明假道)."였다. 1910년, 경술국치 후 동남아시아 식민지전쟁의 슬로건은 "동아시아의 대동단결로 공동번영을 누리자(大東亞共榮)."였다. 제2차 대전의 종전 이후에도 일본은 번번이 우리나라에 전략을 구사하여 국익을 챙겼다. 대표적인 계략은 '불난 집에 도둑질하기(趁火打劫)'다. 우리나라가 6·25동란으로 정신이 없는 동안 일본은 미국 등 전승국과 샌프란시스코 강화조약을 하면서 대마도와 독도를 일본 영토로 복속시켰으나, 영국의 반대로 독도만은 한국영토로 되찾을 수 있었다.

이렇게 당하고도 1995년 11월에 김영삼(金泳三) 대통령이 중국 장쩌민(江澤民)에게 "일본의 버르장머리를 기어이 고치겠다."라는 말을 했다. 이 말은 곧바로 눈덩이가 되어 1997년 우리나라가 IMF 외환위기 국난을 당해 미국과 일본에 경제적 지원을 요청했으나, 봉변만 당하고 말았다. 더욱이 1999년엔 본색을 드러내 일본의 배타적 경제수역 안에 독도를 넣었다. 눈 뜨고 당하고도 박근혜 대통령은 취임 이후 줄곧 위안부 문제를 제기해 신경전을 벌였으나, 2015년 7월에 UNESCO에 군함도(端島) 산업시설을 등록하는 데[21] 합의를 해주었다. 즉, 우리 민족에겐 일제강제노역의 현장임에도 우리 정부는 일본을 위해 손을 들어주는 꼴을 보였다. 2015년 12월 28일에 한일정상회담을 거쳐 위안부 문제에 대해 "최종적 불가역적 합의(the last, the irreversible agreement)"[22] 체결로 생존하신 피해자에게 아픈 상처에 또다시 생채기를 내었다. 똑같은 함정에 몇 번씩 빠지는 건 덫을 놓고 함정을 파는 일본이 문제가 아니라, 덤벙거리다가 빠지는 우리가 문제다.

한반도는 미국 뒤에 숨은 일본의 방패(aegis)

오늘날 한반도의 역학관계는 명나라와 일본이 대치하고 있던 임진왜란 혹은 서방 열국들이 군침을 흘리면서 잠에 깬 조선을 보고 입맛을 다시던

19세기 한 말과 같다. 특히, 일본은 과거처럼 미국을 앞세워 뒤에서 속셈을 채우는 제2의 정명가도(挺中假盾)[23] 혹은 미국의 손아귀에 있는 전시작전권을 활용하여 차도살인계(借刀殺人計)를 구사하고 싶어 한다. 적어도 다시금 G2 경제 대국 일본의 꿈을 실현할 제2의 6.25 축복, 남북한 전쟁을 기획할 수도 있다. 미국 뒤에서 조정하고 이득을 챙기는 속성을 버리지 않고 있다.

중국은 한반도에 고고도 미사일방어체제인 사드(THAAD)를 설치하는 것을 극구 반대하고 있다. 그것엔 한반도의 미국 방패 뒤에 일본이 숨어 있고, 한반도에 설치하는 사드는 중국을 방어하고자 하는 미국의 의도를 간파하고 있기 때문이다. 북한의 위협에 남북한의 생존권적인 전략방어 수단으로 외치지만, 중국은 '항장검무(項莊舞劍)'[24]라는 속내를 읽고 있다. 물론, 일본은 미국 뒤에 숨어서 한반도를 방패로 이용하는 이지스[25]전략(aegis strategy)이 숨어있다.[26] 이를 다른 말로 바꾸면, 한반도는 청일전쟁, 러일전쟁 당시처럼 미사일 등이 떨어지는 전쟁터가 되고, 강대국의 방어를 위한 총알받이가 되는 것이다. 좋은 말로는 방패(shield)가 된다. 최악의 경우는 강대국의 대리전을 해야 하고, 제2의 6·25와 같이 일본은 "신이 일본에 축복을 내리는 어부지리(漁父之利)"를 확보하고자 하는 속셈이 밑바닥에 깔려있다.

일본은 강대국과의 빈틈을 타서 남한은 물론이고, 북한까지도 호시탐탐 노리며 과거 일제 침략기의 한반도 식민지를 잊지 못하고 몇 번이나 입맛을 다시고 있다. 작게는 한반도에 불이 났을 때 일본은 도둑질을 했고, 크게는 일본의 진출을 위해서 우리는 스스로 등을 밟고 가도록 엎드리는 어리석음을 지금도 수도 없이 범하고 있다. 일본의 근성은 사전에 준비했다가 기회가 오면 절대로 놓치지 않는다. 일본속담처럼 "유능한 독수리는 발톱을 감추고 있다(有能な鷹は爪を隱す)."[27]라는 사실을 늘 명심해야 한다.

4

원산명태와 조선 놈들은 때릴수록 부드러워진다지

국민들의 혼(魂)을 정상화시키겠다

일반적으로 "역사는 그 자체를 반복한다(History repeats itself)."라는 성경(전도서)의 구절에 이어, "태양 아래 새로운 것이 없다(There is nothing new under the sun)."라고, 단순하게 어제는 오늘의 역사가 되고, 오늘은 내일의 역사가 된다. 시간의 흐름이 아니라 사건, 상황 등이 유사하게 반복되었다. 이런 역사는 시대적 의미를 부여하고 오늘에 가치를 찾아서 재해석했다. 이를 두고 역사해석은 역사적 평가라고도 하였다. 19세기 영국의 역사학자 카르(E. H. Carr)는 『역사란 무엇인가(What is history)』에서 "역사란 과거와 오늘의 끊임없는 대화다."[28]라고 정의한 바가 있다.

동양에서도 공자(孔子)는 역사의 준엄한 교훈을 되새기고자 손수 『춘추(春秋)』를 집필하였다. 그는 "기술하되 짓지는 않는다(述而不作)."는 마음으로 사실에 입각하여 객관적으로 서술하였다. 우리 조상들도 조선실록을 기술하는 데 춘추필법으로 공정성을 기하고자 노력하였으나, 불미스럽게도 국왕이 실록 기술에 간섭하는 대사건이 발생하였다. 1498년(연산군 4년)에 김종직(金宗直)이 지었던 조의제문(弔義帝文)[29]을 제자 김일손(金馹孫)이 사초(史草)에 집어넣음으로써 반대파가 문제를 제기하였다. 무오사화(戊午士禍)로 크게 번졌다. 이미 죽었던 김종직의 무덤을 파서 부관참시(剖棺斬屍)를 했고, 200여 명의 선비가 죽임을 당하는 피바람이 조선조정을 휩쓸었다.

2013년 2월 25일 박근혜 정부가 출범하였다. 제1성으로 '비정상의 정상화(normality from abnormality)'를 외치면서 "역사는 민족의 혼이다. 왜곡 교육은 묵과할 수 없다."라고 단단한 각오를 드러냈다. 그해 6월 18일에는 국무회의를 통해서 "자기 나라 역사를 모르면 혼이 없는 인간이 되는 것이고, 바르게 역사를 배우지 못하면 혼이 비정상으로 될 수밖에 없습니다…. 통일을 이뤄야 하는 중대한 시기에 서 있는 대한민국의 미래는 우리 젊은이들에게 달려있고… 현재 7종 교과서에 가장 문제가 있는 근·현대사 분야에 집필진이 대부분이 전교조를 비롯해서 특정이념에 경도되어 있습니다."라고 생각을 밝혔다.[30] 이렇게 '바른 역사를 못 배우면 혼의 비정상화'를 바로잡고자 "왜곡교육 묵과할 수 없다."고 정상화 선언을 하였다.

2015년 11월 10일, 대통령은 취임 초기에 언급했던 "잘못된 역사 배우면 혼이 비정상." 사실에 대해 아침 청와대 국무회의에서 다시 강조하였고, 역사교과서만을 국정교과서로 하겠다고 천명하였다.[31] 국내 반대여론이 비등하였다. 특이하게 "한국은 역사 국정교과서를 대낮이라면, 북한은 밤에 해당해 다르다고 민주적 자유를 회귀하겠다는 의향을 밝혔다."고 뉴욕 타임즈(New York Times) 사설[32]이 평가했다. BC 400년경, 맹자는 "전쟁이 나 오십 걸음 도망간 사람이 앞서 백 걸음 도망친 사람을 비웃었다(五十步笑百步)."[33]고 했던 일화를 들어서 둘 다 같다는 평가를 했다. 어릴 때 시골에서는 "지린 똥도 똥이다."고 했다. 이에 외교부에서는 NYT의 '역사교과서 국정화' 사설에서 "민주적 자유를 후퇴시키려는 작정인 것으로 보인다."는 비판에 대해서 "(오해를 하고 있는 모양인데) 이해를 도모할 것"으로 대응했다.[34]

한국인의 머릿속에 일본의 혼(日本の魂)을 불어넣겠다

일본제국은 문화의 우월성과 지배를 주장하면서 식민지 찬탈의 정당성 부여에 골몰해왔다. 황국신민(皇國臣民)과 내선일체(內鮮一體)를 정당화하기 위해서 체계적이고 장기적 작업을 지금까지도 손 놓지 않고 있다. 임나일본부설(任那日本府說)과 황국신민사관(皇國臣民史觀)이 조선사의 전반에 흐르게 하였고, 일본 고유의 색깔을 확연하게 드러나도록 입혀 왔다. 일제 침략기에 주도면밀하게 하였기에 아직도 식민지 사관이 우리 역사의 골수에 스며들어서 가려낼 수 없게 되었다. 참으로 한심한 건 일본의 의도된 분장을 바로잡아야 하는데, 정설이 아니다 혹은 진보성향이라는 빌미로 우리 스스로가 내치고 있는 사실이다.

먼저 일본 내부에서는 임나일본부(任那日本府)란, AD 369~562세기의 193년간 가야(任那)에 야마토 정권(大和政權)이 지배기구를 세워 백제, 신라 및 가야를 통치했다는 허구화한 사실이다.[35] 즉, 조선국의 남부를 직접 경영하였다는 게 남선경영(南鮮經營)이다. 이런 연구는 17~19세기에 체계화하고 완성했다. 오사카 고베 이꾸다진자(生田神社)의 일화를 실마리로 환상적인 소설을 썼다. 이를 기반으로 메이지유신(明治維新) 때는 조선을 정복해야 한다는 정한론(征韓論)으로 발전했다. 한 발 더 나아가 대동아공영(大東亞共榮)을 대의명분으로 내놓고 조선보호를 위한 식민지통지를 정당화했다.

여기에도 부족해서 일본과 조선의 역사적 뿌리는 같다는 일조동조론(日朝同祖論)을 만들어냈다. 그래서 일본은 외침으로부터 조선을 보호해 줘야 한다는 선린정신(善隣精神)에서 을사보호조약을 체결했다고 한다. 1930년 더 나아가서 황국신민론(皇國臣民論)으로 극치에 도달했다. 끝내 미쳐도 단단히 미친 내선일체(內鮮一體)를 외쳤다. 그들의 주장은 36년간 조선근대화는 온정적인 일본 천황의 은전이고 인류애의 발현이었다. 위안부, 징용 혹은 징병의 희생은 일등 일본국민과 동등한 대우에서 일본인과 같이 입었던 '옥에 티'에 해당한다는 변명이었다.

그들이 제시하는 조선식민지 사관의 이론적 근거는 i)『일본서기』에 적힌 내용으로 진구황후(神功皇后)가 파견한 왜군이 AD 369년 한반도에 건너와 7국 4읍을 점령, ii) 임나지역에 일본부를 설치, iii) AD 562년에 신라에 의해 멸망, iv) 1880년에 발견한 광개토왕 비문에 신묘(AD 391)년 "왜가 바다를 건너와 백제, 임나와 신라 등을 격파하고 신민으로 삼았다."라는 금석문이다.[36] v) 남조(송제양)의 기록에서 왜왕이 "왜백제신라임나진한모한제군사왜국왕(倭百濟新羅任那秦韓慕韓諸軍事倭國王)"이라는 관직을 요청하였으나, 송(宋)나라에선 백제를 제외하고 나머지 지역의 지배를 인정해 칭호를 내렸다. 이를 인정하여 백제가 야마토 정부에 칠지도(七支刀)를 바쳐 오늘날 이소노카미 신전(石上神宮)에 국보로 보관하고 있다는 주장이다.[37]

식민사관의 체계화는 19세기 말 동경제국대학(東京帝國大學)에서 시작해 신공왕후의 신라정복설, 임나일본부설, 한국역사가 만주에 종속된다는 만선사(滿鮮史), 한국경제를 일본의 고대촌락경제수준으로 보는 고촌

경제론(古村經濟論), 정한론, 일선동조론, 정체성론, 타율성론 등 자신의 입맛에 맞도록 한국역사를 마사지(按摩)했다. 정체성론(正體性論)은 정치적, 사회적 변화를 겪으면서 정체성이 없는 사대주의, 붕당 등으로 사회경제적 낙후성을 면하지 못해 일본이 보호해야 한다는 것이다. 문화수준이 낮아서 당리당략의 이익을 챙기고자 파벌로 싸움하여 당쟁과 사화를 일삼았다는 게 당파성론(黨派性論)이다.

우리의 역사 국정교과서는
일본의 식민사학자를 파안대소(破顏大笑)케 한다

우리나라의 '역사 국정교과서'는 일본에는 천재일우의 '제2의 6·25전쟁'처럼 '신의 축복'이다. 자신의 역사를 정권의 성향에 맞게 주무르는데, 남의 나라 역사를 조작하는 것은 당연시하기 때문이다. 이 또한 일본엔 천재일우(千載一遇)다. 식민지침략의 역사를 일본의 구미에 맞게 뜯어고쳐 부끄러운 역사로부터 탈출할 수 있도록 한국이 제공한 기회다.[38] 잘만하면 일제의 근대적 침략역사를 미화할 수도 있고, 치부를 완전히 지울 수도 있다. 몇 차례 시도하려다가 국제적 비난으로 중단하였던 i) 태평양 전쟁의 A급 전범을 처벌하도록 결정했던 도쿄재판, ii) 한국이 줄곧 사과를 요구해 왔던 위안부 문제, iii) 중국과 역사인식논쟁으로 붉어진 난징대학살, iii) 일청(일러)전쟁 이후 침략적인 행위에 대한 역사적 검증을 하겠다고 나섰다. 소리 소문도 없이 총리 직속기관으로 역사검증기구를 발족해 작업을 시작했다.[39]

『남경대학살』 중국영화, 도쿄 전범재판(International military Tribunal

for the Far East)의 장면에서 "가난에 시달리는 아시아의 산업개발을 통한 공동번영차원에서 주변 국가를 개발했을 뿐이다. 침략전쟁 따위는 전혀 없었다. 자위 차원에서 방어한 것뿐이지, 선제적 공격은 하나도 없었다."라고 했다. 또 하나의 무죄추정의 단서로는 전승국 11개 국가의 12명의 재판관 중 유일하게 무죄를 주장한 인도인 라다비노드 팔(Radhabinod Pal) 재판관의 말이다. "도쿄재판은 비록 법복을 입었다고 하지만, (전승국이) 복수의 욕망을 채우고자 하는 달램의 결과였다. (패전국 일본엔) 패전과 억압에 완전히 깨진 도의적 굴욕이었다. (종합적으로 볼 때 도쿄 전범재판은) 적법한 재판으로는 간과할 수 없는 것이었다."라는 발언을 최근에 하고 나왔다.[40] 그는 그 재판에 참석할 당시는 캘커타 고등법원 판사이며 캘커타 법대 세법학 강사로 국제전쟁엔 문외한이었다. 이렇게 과거 부끄러운 자기네의 역사 분장을 위해 지금도 노력을 아끼지 않고 있다.

5

한반도 잡것들의 숨통을 움켜쥐는 방안이 있을 텐데?

우리나라 지도자는 감언이설(甘言利說)에 속고도?

1993년 9월, 프랑스 프랑수아 미테랑(François Maurice Marie Mitter-rand) 대통령이 청와대 김영삼 대통령을 방문했다. 이때에 프랑스 대통령의 손엔 조선 말기에 밀반출되었던 '휘경원 원소도감 의궤(徽慶園園所都監儀軌)[41]' 두 권이 들어있었다. 그것을 선물로 주면서 이것뿐만 아니라 조선왕실의궤 191종 297책을 반환하겠다는 약속까지 했다. 이 왕궁의 의궤는 1866년 병인양요(丙寅洋擾) 당시 흥선대원군이 프랑스 신부 9명과 천주교도 8,000명을 처형한 것에 항의해 궁중을 약탈했고 그때 편취한 물건으로, 127년이나 지난 의궤를 반환하겠다는 약속은 참으로 신기했다.

때마침 1991년에서 시작했던 경부고속전철(TGV)사업이 국제 경쟁 입찰로 일본, 독일, 프랑스 3개국이 경쟁을 하고 있었다. 일본 신칸센은 1차에 탈락하였으나, 독일(ICE)과 프랑스(TGV)가 경합 중에 있었다. 당시 대통령은 프랑스의 선의에 감탄하였던 참이었다. 두말할 필요도 없이 TGV로

선정되자 일필휘지로 서명했다. 그러나 프랑스의 의궤반환 약속은 어떠한 서면으로도 존재하지 않았다. 경부고속전철사업이 끝난 지가 20년이 흘렀지만, 한 권도 돌아오지 않았다.[42]

AD 752년 윤3월에 일본 북구수(北九州) 다자이후(大宰府)에 신라 사절단이 도착했다. 경덕왕의 왕자라는 김태렴(金泰廉)과 수십 명의 상단(商團)으로 꾸려진 사절단이라고 했다. 3개월간 일본 수도에 머물면서 천황을 알현했고, 국빈예우를 받았다. 효겸천왕(孝謙天王)을 뵙고 큰절을 올리며 경덕왕의 친언(親言)을 전달했다. "일본을 받들어 모시겠다. 경덕왕이 왕자 김태렴을 대신하여 조공과 인사로 알현합니다."라는 외교멘트와 큰절을 올렸다. "신라가 일본을 모시는 건 사실이다. 왕자로 조공을 받치니 그 정성에 짐이 기쁘다. 앞으로 영원히 그대 나라를 보살피리라."라고 천왕은 희색만면한 얼굴로 답변을 했다.

당시 일본은 왕위 계승과정에 내부분란과 세력 간의 갈등으로 실권이 상실된 상태였고, 국왕 자체가 병약했다. 궁정, 승려 및 귀족들은 분란을 자제하지 않고 빈발시키는 때였기에 신라 사절단은 국왕에게는 천군만마였다. 심리적 틈새(취약점)를 비집고 들어갔다. 이에 감동한 국왕은 특산품인 어포, 고급비단 등을 후사하고 연일 연회를 베풀어주었다.

AD 753년, 일본 천왕은 신라의 국빈의례에서 답례를 하고자 신라에 사신을 보냈다. 결과는 왕자라는 작자는 허구였다. 일본 천황의 후사와 은전을 등에 업었던 일본 사신들은 오만방자한 행동을 했고, 신라 국왕의 알현조차 못 하고 무참하게 깨지고 말았다. 그로부터 7년 뒤 AD 760년 9월 16일, 급찬(級湌) 김정권(金貞卷)을 단장으로 꾸려진 외교사절단이 일본에 갔을 때 일본 천황은 그동안 당했던 수모에 대해 분통을 터뜨렸다.

신라 정벌 10개년 계획을 수립해 추진

한편, 이렇게 호되게 당했던 일본 천황은 가만히 있을 순 없었다. AD 752년, 안록산 사건으로 당나라가 정치적 혼란에 빠졌다. 우방 신라를 당나라가 지원할 여유가 없다는 사실을 간파했다. 이런 기회를 놓칠 일본이 아니었다. 과거 AD 663년에 백제를 도우려고 금강 하류(白村江) 전투에서 나당연합군에게 참패를 당해 전함 500척과 5만 병사가 전사했던 것에 복수할 기회라고 생각했다. 또한, 수차례 외교상 사신들이 당했던 수모까지 되갚아줄 천재일우의 호기였다.[43]

당시 최고 권력자였던 후지와리 나가마라(藤原仲麻呂)[44]가 비리로 귀족들의 공격을 받게 되었다. 자신의 비리비난을 신라정복의 여론으로 돌려 덮고자 했다. 그는 '장벌신라야(將伐新羅也)'라는 체계적이고 장기적인 신라 정벌기획을 작성하여 추진하였다.[45] 전쟁의 대의명분(大義名分)은 '자신들의 국왕을 알현하지 못하게 한 신라의 오만불순(不謁日臣之傲)'에 대한 버르장머리를 뜯어고치겠다는 거다. 기본전략(基本戰略)은 발해의 후방협공전(後方挾攻戰)에다가 일본군의 소탕전(掃蕩戰)으로 정복하는 계책이었다.

AD 756년에 후쿠오카반도 이토성(怡土城)에 병참기지와 무기제조창을 세웠고, 이토성 북쪽에 주선사(主船司) 설치, 전함 집결 및 점검을 마쳤다. AD 761년 1월에 미농(美濃)과 무사시(武藏) 지역에 귀공자를 대상으로 신라어 통역관을 양성했다. AD 759년에 전함 500척을 건조하도록 지시했고, 신라의 기습역공에 대비해서 북육도 89척, 산음도 145척, 산양도 161척, 남해도 105척 등 7개 섬에 분산 배치했다. AD 761년 11월에 최종점검 시에 394척이 건조 완료되었다. 일본백성들의 반전론 설득을 위해서 AD

757년 11월 관리임용시험에 "요즘 신라가 오만불손하기 짝이 없다. 날뛰는 고래와 멧돼지를 잡듯이 신라를 잡으려고 하는데 싸우지 않고 신라를 굴복시킬 방안을 논하라."라는 책문 출제까지 할 정도였다. 관리를 동원하여 대국민 설득과 홍보전을 전개했다.

발해의 후방협공전에 참전을 유도하기 위한 원린근공(遠隣近攻)의 외교관계를 조성하고자, 첫째로 신라와 국교단절, AD 753년에 일본에 온 신라 사절단을 오만불손하다는 트집을 잡아 천황과 접견을 거부했다. 다음으로, AD 758년에 일본 천황이 사절단을 발해에 파견해 협공전에 대한 제의를 했다. 이에 같은 해, 발해에선 양승경(楊承慶)을 단장으로 23명을 일본에 답방으로 파견했다. 일본은 극진히 대접하고 무희(舞姬), 솜 1만 근 및 비단을 선물로 하사했다. 다음 해 양승경은 발해로 귀국했다. AD 762년, 일본은 무사시(武藏) 지방 고려대산(高麗大山)을 발해로 다시 파견했다. 그럼에도 발해는 거부하는 의미로 무신의 답방을 문신으로 대신해 왕신복(王新福)을 파견하였다. 끝내 일본의 신라 침공기획(新羅侵攻企劃)은 무산되고, 기획자 나카마라(仲麻呂)는 AD 764년 반란에 연유하여 체포, 처형되고 말았다.

일본의 한반도 접수방안은 차도살인(借刀殺人)

대한제국의 멸망은 당시 국가지도자의 결단과 직결되었다. 국왕인 고종은 무려 44년(1863~1907)이나 국정을 맡았다. 가장 아쉬운 점은 i) 일본과 미국의 나눠 먹기 담합 등 국제정세를 보다 면밀하게 살피지 않았다. ii) 민족주의자와 친일세력의 양다리 걸치기를 용인했다. iii) 의병에게 양손을 잡아주면서 봉기밀지(蜂起密旨)까지 건너면서, 한편으로 일본 정벌군대에게 공식적 토벌을 윤허하였다. 이런 행위는 조선 의병을 학살해도 눈감아 주겠다는 뜻이었다. iv) 그것도 모자라서 "조선이여, 눈을 뜨라."는 개화파 김홍집과 김옥균을 친일세력의 눈치를 봐서 대중 앞에서 참했다. v) 난세를 극복할 기본방책도 비전도 백성들에게는 제시하지 못했다. 한 마디로 국왕이 난세를 이렇게까지 하는 것은 분명히 무책임의 극치였다. 입으로는 민성천성(民聲天聲)을 외쳤지만, 그의 안중엔 백성은 하나도 없었다.

당시 국제정세의 대세를 언급한 황준헌(黃遵憲)의『조선책략(朝鮮策略)』 46을 보면, 상비군으로는 러시아가 200만 명, 일본이 20만 명, 전함의 배수능력은 51만 톤과 26만 톤으로 일본이 열세였다. 대원군은 이에 착안하여 러시아 대사관으로 아관파천(俄館播遷)을 단행했다. 여우 같은 일본군이 1894년 4월에 산둥반도에서 후퇴한 것은 이보전진을 위한 일보후퇴 전술이었다. 고종은 겉으로 보이는 위해(威海)에서 일본군의 철군만 눈여겨봤다. 그래서 고종은 을사늑약 당시에 일본과 러시아를 선택해야 할 지경에 러시아를 선택하였다. 국제정세의 주류(mainstream)는 표리부동(表裏不同)했다. 러시아는 공산 혁명과 국가분열로 인해 무정부 통치 공백기였다. 반면, 일본은 국민단합과 군부세력에까지 엘리트로 채워져 전략과 전술에도 능수능란했다. 극동아시아라는 작은 세계를 갖고 놀았다.

보다 자세히 언급하면 일본 군부 엘리트들은 i) 1905년에 미국 루스벨트에게 노벨평화상을 안겨주겠다고 회유하면서 자기네들을 위한 조선 식민지화 전략을 구사했다. 바로

자료 :심봉사 조선(kankokunohannou.org.jp)

가쓰라-태프트 밀약을 체결하였다. 1906년에 노벨평화상을 안겨다 주었다. ii) 미·일 밀약으로 일본이 조선을 식민지화하는데 국제조약으로 공식화했다. 한편, 미국엔 필리핀이란 미녀를 안겨다 주면서 "이제 일본에 신경 꺼!"라는 신호를 주었으며, 그로 확신하게 되었다. iii) 더욱 놀라운 것은 일본 극우파는 손문(孫文)과 스탈린에게 혁명자금을 지원하여 신해혁명과 '피의 일요일(Blood Sunday)' 거사를 뒤에서 조정하였다. iv) 이런 속셈과 사정을 몰랐던 고종은 두 눈으로 청일전쟁과 러일전쟁에 일본이 승리하는 것을 보고도 똥고집을 피웠다가 결국 백성들에게 한일합방이라는 미명하에 노예생활을 안겨다 주었다.

일본은 여우보다도 더 영악했고 교활했다. 자신의 손에 피를 묻혀가면서 직접 한반도를 침입하는 과거의 우직한 방법을 택하지 않았다. 언제든지 중국이나 미국이란 강대국의 힘을 빌려서 이들이 다 잡아놓은 한반도를 어부지리(漁父之利)로 탈취했다. 일본은 보다 적극적이고 주도적으로 국제정세를 이끌어 제2차대전 종전 당시 소련을 활용한 38도선으로 한반도 분단을 뒤에서 조정했다. 또한, 6·25전쟁 당시에 소련과 미국을 앞세워서 휴전선으로 남북분단을 획정케 했다. 일본 국가지도자의 머릿속엔 앞으로도 무궁무진한 획책들이 나올 수 있다.

일본의 입장에서는 지금도 그들에겐 최적의 여건이 조성되어 있다. 즉 i) 남한의 전시작전권이 미국에 있기에 한반도 싸드, 이지스(THAAD Aegis) 뒤에 숨어 자유롭게 국익을 위한 배후조종이 가능하다. ii) 남북한이 주적관계에 있기에 일본평화헌법의 북한작전권역은 일본의 군사자율권에 속하기 때문이다. 언제든지 북한을 탈환하여 과거의 식민지를 되찾고자 하는 야욕을 버리지 않고 있다. iii) 한반도에서 미군이 전시작전권을 던지고 미군까지 철군할 때에는 제2의 6·25 전쟁과 같은 축복의 시기가 도래할 수도 있다. 진정한 신의 축복이 있다면 제2의 조선식민지의 기회가 전혀 없는 건 아니다. 남북한의 국가지도자들에겐 '정권유지'만 있고, 국민이고 국익 따위는 없기 때문이다. 또한, 이런 남북대치상태에서 남북한지도자의 고정관념으로는 고차원의 방정식을 절대로 풀 수 없기 때문이다.

6

일본 국가는 '태양처럼 솟아오른다(旭日)'는 환상

『료마가 간다』에 일본 사람들은 왜 그렇게 광분하는가?

일본국민의 특징은 i) 일본속담처럼 "비 오는 날에 비질한다(雨降る日に 掃き掃除する)."는 민족이다. 평소 최악을 대비했다가 실제 최악이 닥치더 라도 뒤집어 최선을 만드는 사람들이다. 오늘날 용어로 전화위복(轉禍爲 福)에 전문가들이다. 단적인 사례로 2006년 세계야구클래식(WBC)에서 우리나라가 2:0, 3:2로 일본을 2번이나 대파했다. 당시 일본의 우승확률 은 30만분의 1도 안 되었다. 그런데 3차 한일전에서 0:6으로 우리는 완패 했다. 일본은 여세를 몰아 제1회 WBC 우승을 찾지 했다. ii) 위기일수록 뭉치고 최후까지 최선을 다한다. "끝이 좋아야 다 좋다."[47]라는 독일속담 을 실행하고 있다. 2011년 3월 11일, 후쿠시마 원자력발전소 방사능 유출 사고가 발생했는데도 국민들은 흥분하기는 고사하고 도리어 더 냉정했 다. "나 일본인이기에 행복해(私は 日本人で よがった)."[48]라는 포스터가 일 본 전국신사에 나붙었다. 유명 여배우의 사진으로 차분히 미소 짓는 모습에 지구촌을 놀라게 했다. iii) 평소에 볼 수 없는 모습, 위기 때에 민간인들도 머리띠를 두르고 극단적인 집단할복(集團割腹)까지 했다. 일제군인들은 자살특공대 혹은 옥쇄(玉碎)와 같은 상상을 초월하는 행동까지 서슴지 않았다. "감추면 꽃이 된다(隱すと花になる)."라는 일본속담처럼 평소엔 어떤 속셈도 감춘다.

이런 일본인의 정신적 배경이 되는 인물이 있다면 아마도 에도막부 시대(江戸時代) 메이지유신(明治維新)의 정신적 지주가 된 사카모토 료마(坂本龍馬, さかもと りようま)다. 그는 1836년 1월 3일에 태어나서 1867년 12월 10일에 세상을 떠난 전설적 인물이다. 그의 삶에 생동감이 넘쳐 일본 사람들이 '사내답다(おとこらしい)'는 칭송을 아끼지 않고 있다.[49] 일본 사람들의 정신세계에 아직도 그는 여전히 살아있다. 시바 료타로(司馬遼太郎)의 소설 『료마가 간다(龍馬がゆく)』[50]는 1962년부터 1966년까지 산케이신문(産經新聞)에 연재되었고, 또한 NHK TV 연속극으로도 방영되었다.

요약하면 그는 시골 출신 무사(郷士)로 성장했다. 사업가로 무역회사와 정치조직을 겸한 가메야마조합(龜山社中, 後 가이엔타이)을 결성했다. 또한, 삿초동맹(薩長同盟)을 알선했으며, 대정봉환(たいせいほうかん),[51] 즉 막부의 통치권은 천황에게 돌려주자는 주장을 정립하였다. 이어 에도막부(江戸幕府)를 타도했고, 메이지 유신에 정신적 지주가 되었다. 그는 대정봉환(大政奉還) 1개월 만에 교토 여관 오미야(江屋)에서 31세 나이로 암살되고 말았다.

무역회사 시작 첫 출항에 그의 배(이도아 마루)가 기슈번의 배(메이코 마루)와 충돌했다. 선원들은 무사했으나 배는 침몰하였다. 기슈번은 도쿠가와 이에야스의 후손으로 정지적 배경이 단단했다. 이에 반해, 가이엔타이 해운회사는 무소속 무사집단에 불과했다. 권력에선 '코끼리와 쥐'에 비유되었다. 이런 위기에 료마는 손을 놓고 있을 수 없었다. 먼저 세상 이목을 집중시키고자 i) 노래를 지어 항간에 유포하였다. "배를 침몰시킨 ♫보상은 돈으로 받지 않고, 영지로 받았다네. ♫하나 요사코이 영지를 받아 굴을 먹겠네, 요사코이, 요사코이. ♫"간절한 소망의 기도문이었다. ii) 공정한 재판을 위해서 '만국공법'으로 국제재판을 해야 한다고 주장했다. iii) 협상 장소인 여관에 미리 무장한 직원을 배치해 "료마, 뭘 우물쭈물해? 넌 멍청이야! 기슈번의 땅을 통째로 먹어버리면 되잖아."라고 시위를 하게 했다. iv) 침몰한 배에 있었던 상품은 당시 최고의 귀중품 소총 400정이라고 주장했다. v) 그가 할 수 있는 일은 당시로는 상대방이 상상조차 할 수 없었던 것을 해내었다. vi) 그는 보상금으로 오늘날 미츠비시(Mitsubishi) 그룹을 탄생시켰다. 담판으로 얻은 땅 '토모노우라'라는 아름다운 이름에 반해 아내에게 선물했다.

가메야마조합(龜山社中)이 있던 곳

그는 쇄국과 개화의 과도기에 과감한 결단이 일본인들에게 크게 영향을 끼쳤다. 가문은 향사(下士)로 상업에 종사하였기에 가세는 유복했다. 10세 때 어머니가 병사했기에 새어머니 손에 성장했다. "예절이 밝지 못함을 반성시키고자 객실에 무릎을 꿇어 앉혀 놓은 채 끼니도 굶길 정도로 엄격했다." 그럼에도 어머니를 따랐다. 14세 때에 히네노 도장에서 무예 수련을 시작하여, 17세에 무술 유학을 하러 에도(江戶)에 갔다. 19세 때 스승으로부터 검술목록을 건너 받았다. 그의 지론은 i) "무엇이든 과감하게 도전하라. 어느 쪽으로 넘어져도 인간은 길 위에 구르는 한낱 돌멩이와 같다. 최후엔 재가 되어 생을 마친다. 그러니 과감하게 도전하라." 생전의 그의 말이다. ii) "모두가 죽는단다. 어차피 죽을 것인데 왜 태어났을까? 세상에 태어나는 이유를 각자가 찾는데 그 과정이 삶이다."고 했다.

떠오르는 태양(Rising Sun)

메이지유신(明治維新)으로 일본의 축적된 힘을 밖으로 분출하고자 하는 지식인들 사이엔 정한론(征韓論)이 팽배했다. 로마의 신화를 복사하여 일왕을 '태양여신 아마테라스의 자손'이라는 태양신 숭배사상으로 신화를 조작하였다. 이에 궤를 맞춰 일본을 '떠오르는 태양의 나라(旭日昇天國)'라고 하였고, 상징물 국기를 욱일승천기(旭日昇天旗) 혹은 욱일기(旭日旗)로 1870년 5월에 국가상징을 정했다. 가운데 붉은 원은 태양, 줄무늬는 사방으로 뻗는 햇살로 '떠오르는 태양(Rising Sun)'이라고 의미를 부여하였다. 욱일승천기는 1889년까지 일본 천하에 펄럭거렸다.

한편, 태평양 전쟁 당시 '대동아공영권(大東亞共榮圈)'을 주장할 때는 '대동아기(大東亞旗)'라고도 했다. 기세가 등등하였으나, 1945년 8월 15일 일본제국은 패망했다. 연합국은 미국, 소련, 중국 및 영국의 분할통치계획[52]에 대한 첩보를 사전에 입수했고, 일본은 발 빠르게 조선반도 식민지를 버리고 일본 전 국토를 선택했다. 일본제국의 상징물인 욱일기와 기미가요는 금지되었다. 그러나 1947년 5월에 새로운 평화헌법을 제정했고, 1954년 자위대를 창설하였다. 사실상 군대와 욱일기(Rising-Sun Flag)는 부활하였다. 단지 여덟 줄의 햇살무늬를 채택했다. 1999년 8월 13일 「국기와 국가에 관한 법률」 제정에 따라 일장기와 기미가요가 공식적으로 국기와 국가로 지정되었다.

1992년에 미국작가 알프레드 크노프(Alfred A. Knopf)의 소설 『떠오르는 태양(Rising Sun)』이 베스트셀러로 판매됨에 따라 1993년 영화로 제작되어 상영되었다. 미국과 일본의 문화, 일본회사의 기업전략, 직장인으로서 마인드세트(mind-set) 등의 차이에 의해 백인 여인이 살해되는 사건이 LA 일본회사에서 발생한다.

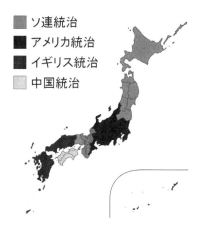

ソ連統治
アメリカ統治
イギリス統治
中国統治

종전직후 일본 4개국 분할계획(wikipedia)

경찰관 웨브 경위가 수사에 나섰다. 알 수 없는 지시에 의해 코너라는 일본인과의 긴밀한 관계가 있는 신비한 인물이 나타난다. 양파껍질처럼 파고들수록 깊이 빠지는데, 끝내 고대 일본의 야쿠자 세계와 초현대적 세계가 전개된다. 첨단기술을 가운데 놓고 미·일 양국 간의 투자유치의 치열한 경쟁이 겉으로 드러난 일면을 그리고 있다.[53]

미국 대통령 바락 오바마(Barack Hussein Obama)는 지난 2015년 4월 29일, 아베신조(安倍晉三) 일본 제90대 총리를 환영하는 만찬장에서 '조화로운 감정(Harmonious Feeling)'이라는 하이쿠(俳句)를 읊었다. 미·일 신밀월관계를 열었다는 평가를 받았던 건배사였다. 더욱 가까워진 미·일 방위협력지침(guide line)에 합의해 미·일 동맹이 평화유지활동과 해상안보, 병참지원 등 일본법과 규정에 부합되었다. 아베 신조 총리는 제2차 세계대전으로 "미국에 끼친 피해에 대해 일본과 일본국민을 대표해서 깊이 고개 숙여 절을 올린다."는 말과 함께 고개를 숙였다. 한국과 중국에 대해서는 "자본과 기술을 헌신적으로 쏟아 그들의 성장을 뒷받침했다."고 강변했다.

한편, 이와 같이 군국주의 일본으로 나감에 주변국으로부터 약한 자에게 비열할 만큼 강함을 보여주고 있다. 이에 대하여 자성을 촉구하는 일본 지성인들도 있다. 『로마인의 이야기』를 쓴 일본 출신 작가 시오노 나나미(鹽野七生)는 "최근 일본경제의 활력이 떨어지는 것은 고령화 때문이 아니다. 사회지도층의 정신자세가 문제다. 떠안고 가야 할 것은 어떤 희생을 치르더라도 그렇게 하겠다는 각오가 있어야 한다. 지도층이 그렇지 않는 게 문제다."고 일침을 가하고 있다. "일본의 지도자들은 1980년대부터 경제적 번영을 누리면서도 세계운명의 일익을 일본이 맡겠다는 기개가 없었다. 이같이 한 발 뒤로 물러서는 자세가 사회에 전파되고 말았다."고 『일본인에게: 국가와 역사(日本人へ 國家と歷史篇)』[54]라는 저서에서 쓴 소리를 했다.

7

거짓말도 백 번에 사실, 만 번에 역사가 된다

우리나라는 비난하면서도 매번 당한다

한 보수적 논객이 "세계에서 일본을 우습게 생각하는 유일한 민족이 한국인이다."라고 했다. 36년간 식민지 지배를 당하고도, 6·25동란을 통해서 일본의 경제적 부흥을 도왔다. 60년 동안 반제품 혹은 원자재를 일본에서 수입해 재가공, 출혈 수출해서 일본의 무역흑자를 지켜주었다. 속칭 일본경제의 가마우치(cormorant) 역할을 하며 충성스러운 황국신민으로 혹사당하기만 했다[55]. 남들은 한국의 NATO(No action, talking only) 주의에 한심하다고 생각하고 있다. 아직도 한국사회에 사용되고 있는 한자어는 80% 이상이 일본식 표현이다. 계란(鷄卵), 기차(汽車), 국민(國民), 백화점(百貨店), 정식(定食), 제본(製本), 식당(食堂) 등 모두가 일본용어를 그대로 사용하고 있다. 어떤 점에서 욕하면서 더욱 일본화되어가고 있다. 과거 일제식민지 시대는 어쩔 수 없다고 치더라도 광복 70년이 지났는데 아직도 일제의 최면에서 깨어나지 못하고 있다.

어떤 의미에선 일본제국은 한민족의 혼을 들어내고 일본혼(日本魂)을 불어넣고 있는 모양이다. 8·15 광복이 된 지 반백 년이 훨씬 지났지만, 많은 지식인들이 을사보호조약, 국민, 복명서, 질의조복 등의 용어를 자신도 모르고 사용하고 있는 것을 보면 '식민사관 100년'이 아직도 건재함을 보여주고 있다. 일본이 조선을 서방 열강(외침)으로부터 보호한다는 의미에서 1905년에 체결한 을사늑약을 우리는 을사보호조약이라고 한다. 황제의 나라 일본(皇國)에 신하 되는 조선 백성(臣民)이라는 황국신민(皇國臣民)[56]의 준말로 국민(國民)이라는 용어를 버리지 않고 여태까지 사용해왔다. 단지, 국민학교를 1996년 3월 1일부터 초등학교로 개칭하였을 뿐이다. 그러나 아직도 정치계에서는 대국민담화, 국민복지, 국민경제 등 일제 식민지시대의 국민(皇國臣民)이란 용어를 즐겨 쓰고 있다.

이렇게 자신도 모르게 우리 역사 혹은 정신은 일본에 의해서 최면에 걸려있다. "미워하고 욕하면서도 인정하고 닮아왔다." 아직도 일본은 과거 역사에 일본침략의 합리화로 미개국개발이론을 제시하고 있다. 식민사관을 보다 튼실하게 일제강제노역의 현장을 세계문화유산에 등재하는 등 역사 공고화 작업을 하고 있다. 일본은 지금도 끊임없이 과거의 분장작업과 동시에 미래사 만들기 작업에 혈안이 되고 있다. 아무리 허위 사실이라도 역사 유물, 기록관, 관련 행사 등을 역사적 사실에 접목해 새로운 일본의 역사를 만들고 있다. 또한, 미래 역사에 대해서 마사지한 한국역사를 지구촌에 대량으로 정보를 제공함으로써 정설 혹은 주류(main stream)를 형성하고 있다. 단적인 예로 독도(獨島)가 한국영토라는 정보보다 다케시마(竹島)가 일본영토라는 것이 수십 배나 웹사이트에 범람하고 있다.[57] 우리나라의 외교부 홈페이지에는 없는데, 일본 외무성 홈페이지에선 다케시마(Takashima)가 일본영유권임을 일관하는 국가공식 입장을 게시하고 있다.[58]

일본의 한국역사와 민족혼에 최면 걸기

일본이 한국의 미래, 특히 한국역사와 정신(혼)에 최면을 걸고 있다. 그 방법은 i) '낙숫물로 댓돌 뚫기(水滴穿石)'이고, ii) 병법36계의 차시환혼(借屍還魂)이며, iii) '삼인성호(三人成虎)'전략이다. 지금까지도 우리는 알면서도 대응하지 않았다. 앞으로도 대응할 생각도 행동도 보이지 않는다. 이런 상황을 지속한다면 계속 당할 수밖에 없다. 첫째로 물방울로 받침돌을 뚫는다는 것이다. 일본인들의 말로 표현하면 "거짓말이라도 백 번을 반복하면 사실이 되고, 천 번을 하면 사상이 되며, 만 번이면 역사가 된다."[59]라는 것이다. '거짓말의 반복' 매직(magic)은 히틀러 독재정권 당시 괴벨스(Paul Joseph Goebbels)뿐만 아니다. 이후 스탈린, 마오쩌둥 등 많은 공산독재자들의 정치선전에도 가능함이 입증되었다. 한마디로 말하면 일본이 한국인과 미래한국사에 대해서 '괴벨스의 마법(Goebbels' Margic)'[60]을 걸겠다는 것이다.

두 번째로 일본은 전설, 소설, 영화 등의 역사적 소재가 있으면 이를 살려서 정신(혼), 의미, 유적 및 역사유물을 보완하여 역사적 사실(historic fact)로 살려낸다. 한국사에 관련된다면 아무리 하찮은 시체라도, 있으면 이에 일본의 영혼을 불어넣는다(借屍還魂). 한국인의 징병과 징용의 참혹한 현장인 해저탄광까지도 2015년에 근대산업시설로 UNESCO에 등재하였다. 현재 시점에선 일제 침략의 징용현장이다. 그렇지만 '기술과 자본을 투입하여 미개국 조선에 산업발전을 위해서 산업일꾼을 양성했던 현장'으로 시도하고 있다. 즉, 조선의 산업근대화를 위해 산업일꾼을 육성했던 실습현장이다. 나아가서 '동아시아 공동번영의 산실'로 변신시킬 것이다. 미개국 국민의 교육현장으로 인류발전에 기여한 성지가 신장개업할 것이다.

심지어 종군위안부의 시설(위안소)이 그들에게는 '조선의 권부지도자들이 사회적 약자인 여성을 일본군에게 인신매매(haman trafficking) 했던 가렴주구(苛斂誅求)의 조선 통치 역사현장'이 될 것이다. 두말할 필요도 없이 무능한 조선정부는 여성의 인신매매까지 해서 권력욕을 채웠다는 역사적 사실이 방증이 된다. 또한, 일본인 자신들이 쓴 소설의 주인공을 살려서 동상, 역사유적과 한국사의 왜곡을 시도한다. 현재 일본 내에서만 300여 곳 다케시마 연구소(Takeshima Institute)가 있다. 연구결과물을 온라인과 오프라인에서 무료로 세계 유수도서관 및 웹사이트에 제공하고 있다. 독도의 영유권에 대해선 수년 전부터 그들의 역사교과서에 올렸다. 이 사실을 세계적 관광기념품, 캐릭터 및 예술작품에까지 녹여내고 있다. 이런 노력은 머지않아 번복할 수 없는 미래역사가 된다. 정작 우리나라에선 독도연구소 하나 없다. 단지 한·일간 독도 문제가 불거지면 궐기대회 혹은 지방대학의 국제학술대회 개최가 고작이다.

 여기에 그치지 않고, 지구촌 모두가 인정하도록 그들은 한국어로 저술하고, 웹사이트 등에 조작한 역사적 사실을 대량으로 끊임없이 올린다. 온라인은 물론 오프라인에서도 각종 정보를 제공해 주류를 만들어가고 있다. "세 사람[61] 이상이 말하면 없는 호랑이도 만들어낸다(三人成虎)."[62]는 전략을 구사하고 있다. 거짓말은 한 문장이면 충분하지만, 이를 반박하는 데는 수십 장의 문서와 증거가 동원되어도 해명이 되지 않는다. 제때에 해명하고 반박하지 않으면 기정사실이 되어버리기에 나중(미래)에서는 홍수를 막는 것과 같다. 손 놓을 수밖에 없게 된다. 현재 검색사이트 구글(Google)을 통해 검색하면 물량에서는 죽도(竹島, Takeshima)가 독도의 10배 이상이다. 질적인 면에서는 우리나라의 정보는 개인의 의견, 리플(반박 혹은 답변)에 불과하고 정부기관 혹은 전문연구기관의 연구결과물은 한 건도 없다.

우리에겐 배울 생각은 전혀 없는 것인가?

우리나라 지도자의 특성을 가장 잘 알고, 적당하게 활용할 줄 아는 일본지도자들은 너무 영민하다기보다 지나치게 교활하다. 왜냐하면, 동양 유교에서 "지도자의 말은 곧바로 믿음을 주어야 한다(君言卽信也)."라고 했다. 언행일치(言行一致)다. 아무리 강건한 국가라도 믿음을 기반으로 쌓이지 않았다면 스스로 붕괴(無信不立)하고 만다. 한때 '공인된 3대 거짓말'로, 첫째는 정치인들의 공약, 둘째 기상청의 일기예보, 셋째 통계청의 통계라는 말이 있었다. 공공요금이 올랐고, 시장바구니는 점점 줄어들며, 지갑의 돈이 헤퍼지는데도 물가지수는 0% 혹은 디플레이션 현상이라고 한다. 국가에 대한 믿음을 점점 잃는다.[63] 한땐 의도적으로 정권의 입맛에 맞도록 '통계 마사지'까지 했다.[64] 1960년대 시골에서는 3대 거짓말로 "노처녀 시집 안 가겠다. 노인이 죽고 싶다. 냉수 마시고 이빨 쑤시면서 참 잘 먹었다."라는 농담이 유행하였다.

그런데 우리나라 국가지도자들은 '행동 없이 말만 하는 현상(No action talking only)'을 캐릭터로 만들어가고 있다. 일제가 내세웠던 당쟁론, 타성론, 사대론 등의 식민지 사관도 우리나라 국가지도자들이 실마리를 제공했고, 오히려 앞장서서 이론을 정립하였다. 일제식민지 시대에서는 강압적이라고 할 수 있다. 그러나 지금도 나토(NATO)현상이 심각하다. 2015년 11월 24일, 박근혜 대통령은 국무회의에서 "맨날 앉아서 립 서비스(lip service)만 하고, 경제 걱정만 하고, 민생이 어렵다고 하고, 자기 할 일은 안 하고, 이거는 말이 안 된다. 위선이라고 생각한다."라고 우리나라의 지도자를 향해 지적했다.[65]

우리나라는 오만방자한 일본의 역사 왜곡에 대해 손쉬운 맞불작전조차 한 적이 없다. 오히려 우리가 한국사를 먼저 훼손시키는 작업을 자행하고 있다. 미워하고 비난만 하다가는 우리는 자신도 모르게 닮아가며 물들어 가고 있다. 하필이면 닮지 않아야 좋은데도 고령화, 경기 장기침체까지도 그대로 따라가고 닮아가고 있다. 현상탈출을 위한 적극적인 노력이 필요한데 국가지도자들은 당리당략만 챙길 뿐 국익과 역사엔 관심조차 없다.

8

일본은 일취월장하는데 한국은 만년초보

맨날 맨땅에 헤딩하는 우리나라

지난 2002년 1월에 공무원정년 평등화 방안을 제출하기 위해 참여정부 출범을 앞두고 설치된 대통령인수위원회를 방문했다. 목적은 국책연구소에서 파견된 P 박사를 찾아가 제안서를 전달하는 거다. 이왕에 대구광역시에서 파견된 K 서기관을 뵙지 않고 내려오는 것은 도리가 아니라는 생각을 했다. 시간을 쪼개서 그분을 찾아갔다. 문을 열고 들어가는 순간 제록스 기계 앞에서 손에 종이뭉치를 들고 열심히 복사하고 계셨다. "대구시에서는 고관대작이신 분이 여기서 카피 맨(copy man)으로 타락하셨네요?"라고 의아해서 물었다. 그분의 답변은 교수 및 박사께서 정책입안을 하는 데 학문적인 도움을 직접 드리지 못해서 허드렛일이나 해서 돕고 있다고 했다.

"죄송합니다. 10분만요? 서기관님과 복도 홀로다방(자판기)에서 한잔해도 될까요?"라고 팀장에게 양해 말씀을 드렸다. 그분과 같이 복도코너에 설치된 자판기 옆 창틀에 몸을 기대고 커피를 마시면서 "1970년대 신규직원으로 동사무소에 첫 근무를 했을 때에 호적등본이나 초본을 얇은 종이(onion paper)에 먹지(墨紙)를 뒷면에 대고 눌러 써 베끼기를 했다. 1980년대 신규직원에겐 복사하는 일을 시켰으며, 2000년대에는 프린트나 커피를 시켰다."는 말에 서로 얼굴을 쳐다보면서 웃었다. 이런 일을 두고 맨땅에 헤딩한다는 표현을 한다.

지금도 우리나라의 공직사회는 신규직원에게 이렇게 맨땅에 헤딩하도록 시킨다. 일본에서는 신규직원에게 자신이 맡은 업무에 대한 매뉴얼(job manual)을 던져주고 선배에게 질문을 하도록 한다. 매뉴얼을 들고 바로 업무에 들어가면서 수시로 옆 선배에게 질문하면서 직무숙지기간을 가진다. 우리나라는 매뉴얼 자체가 선배들의 머릿속에만 있을 뿐 종이로 된 매뉴얼은 없다. 업무토론 때에는 서로가 자신의 말이 FM(field manual)이라고 말한다. 전산직 선배는 자신의 말이 곧바로 SOP(standard operation process)라고 한다. 결국은 "계급이 깡패다."는 결론이 난다. 군대에서 즐겨 했던 말로 "밤송이를 까라면 깐다. 못을 뽑으라면 뽑는다."

2014년 4월 16일, 세월호 여객선의 침몰사건으로 300여 명의 익사자가 발생했다. 누구 하나 재난 매뉴얼에 따라 조치하지 않았다.[66] 생명이 촌각에 달렸는데도 청와대에서는 7시간이나 보고를 지연하였다. 해수침몰선에 갇힌 사람 하나 구조하지 못해도 구조작업은 아예 마음에 두지 않았던 것 같다. 결국은 국가개조작업을 한다고, 관피아(관료마피아)를 척결하겠다고 국가지도자는 국민에게 약속을 했다. 결과는 청피아(청와대 마피아)로 대체했다는 비아냥거림만 샀다.[67] 이렇게 하고도 2015년 5월 20일에는 MERS(중동 호흡기질환) 질병 관리에서도 무방비상태로 20일간 좌충우돌했다.[68] 결국, 사망자는 33명, 확진자는 186명, 격리자는 16,000여 명으로 179일 만에 최종환자가 사망함으로써 종결선언을 했다. 경제적 피해는 30조 원 이상으로 추산할 정도다.[69] [70] 매년 우리나라가 당하는 대형사건이나 국가재난을 매뉴얼 하나 없이 우왕좌왕하는 모습이 "맨날 맨땅에 헤딩한다."라는 표현이 가장 적합할 것 같다.

일본의 반면교사(反面敎師) 지혜

우리나라는 같은 재앙을 몇 번이고 반복한다. 일본은 자신들이 당한 재난이고 사고에서 반드시 교훈을 얻고 두 번 다시는 당하지 않는다. 당하더라도 피해만은 최소화한다. 심지어 다른 나라의 사례를 반면교사(反面敎師)로 삼아 교훈을 얻고 사전대비를 한다. 물론, 담당 공무원은 다른 나라의 재해현장에 출장 가서 구조 혹은 방역작업에 참여하며, 직접 혹은 간접 경험을 한다. 여기서 얻은 경험을 기반으로 실무 매뉴얼을 작성하며, 귀국하여 철두철미하게 사전에 대비한다. 대표적인 사례가 2001년 영국의 대형구제역 재난[71]에 방역작업에 참여했다가 일본에 귀국하여 구제역 매뉴얼(口蹄疫のマニュアル,Manual for Foot-Mouth Disease)을 마련했다. 다음 해에 일본의 축산농가에 구제역 증상이 나타나자마자 선제적 방역작업을 시행하여 단시일에 청정국가로 회복했다. 10년 이상이 지났는데도 두 번 다시 구제역이란 말조차 나오지 않았다.

우리나라는 매년 연례행사로 구제역 피해를 당하고 있다. 심지어 약효도 없는 백신을 축산농가에 보급하여 국제적인 망신을 당하기도 했다. 아직도 몇백 년 전, 조선 시대에 사용하던 '살처분(殺處分)' 방법을 전가의 보도(傳家之寶刀)처럼 사용하고 있다. 구제역 피해를 당한 축산농가에 지급

하는 보상금도 동아시아국가에 비해 낮게 지급하고 있다.[72]

일본에서는 일상생활에서도 매뉴얼이 필수적이다. 문제 해결을 위해서 과거의 매뉴얼이 적용되기 어려우면 업그레이드(upgrade)를 하고, 또한 최신정보로 갱신(update)한다. 업무 담당자가 휴가를 가거나 교체가 되는 경우는 대체근무자에게 반드시 업무 매뉴얼을 주며, 설명을 해준다. 만일 매뉴얼 전달이 되지 않았다면 i) 서비스의 품질이 최하로 떨어진다. ii) 예상을 뛰어넘는 시간이 소요되고, iii) 필요 이상의 증빙서류와 민원인에게 부담을 요구하기도 한다. 이런 최악의 사태를 방지하기 위해서 매뉴얼이 필요하다. 대형사건이나 재난방지를 위해서는 반드시 사전에 SOP가 마련되어 있어야 한다. 이에 따라 신속하고 정확하게 추진되어야 한다. 그렇지 않고서는 위기관리는 공허한 립 서비스에 그치고 만다.

지난 세월호 침몰사건을 현장에서 조치했던 담당 근무자들의 말씀은 과거 대형사고 뒤에 원인분석, 조치경위 등을 중심으로 작성된 '백서(매뉴얼)'는 재난현장에서는 무용지물이다. 재난현장에서는 스마트폰으로 SNS 혹은 카톡(Ka-talk)으로 지시되고 있기에 적어도 SBM(SNS-Base Manual)이 필요하다. 이렇게 통신기술이 발달함에 따라 활용하는 통신매체, 의사소통의 도구에 따라 매뉴얼도 새로운 정보통신매체에 담겨야 한다.

일본은 평시위기관리도 철저하다. 최악의 사태를 방지하기 위해 : i) 위험요소에 대해 평소에도 몇 번이고 점검을 한다. ii) 예상되는 각종 리스크(various risks)에 대해서 대응 시나리오로 대비한다. iii) 예상사고나 재난에 대한 평시관리 매뉴얼을 작성해 담당자가 아니더라도 대응조치를 할 수 있게 숙지한다. iv) 이외의 대형재난이나 참사가 발생하더라도 피해 최소화가 가능하게 테스크포스 팀(task force team)을 만들어 신속하게 처리한다. 일본 사람들에겐 "체크리스트 없이 완벽은 없다(No checklist,

자료: 일본 화장실 이용매뉴얼(2015년 오사카에서)

Not Perfect)." 혹은 "매뉴얼 없는 일 처리는 없다(No Manual, No Mea-sure)."는 금과옥조가 있다. 심지어 일본 공중화장실에서 뒤를 보는 데 휴지를 사용하는 방법까지 그림으로 처리 매뉴얼을 작성하여 부착하고 있다. 모든 공장엔 작업 매뉴얼이 누구나 알 수 있게 그림으로 설명되어 있어서 경력 10년의 베테랑도 이에 100% 따른다. "아마도 짐작하건대 일본 사람의 신혼부부는 침실에 작업공정을 매뉴얼로 그려놓지 않았을까 궁금하다." 일본친구에게 말했더니, 빙그레 웃으면서 아직도 대답은 없다. 공자님께선 "지나치면 없음만 못하다고 했다(過猶不及)."

일본은 때로는 미국처럼 '매뉴얼의 함정(trap of manual)'에 빠지곤 한다. 대표적인 사례가 2011년 3월 11일, 후쿠시마(福島) 원자력발전소의 방사능 누출사고로 789명의 사망자가 발생했다. 평소 매뉴얼대로 하다가 매뉴얼에 적혀있지 않았다는 이유로 간과하는 바람에 크게 3가지 실수를 했다. i) 바닷물을 끌어다가 원자로를 냉각시켜서 폭발을 방지하자는 현장책임자의 보고를 무시했다. 그 결과 방사능 누출로 40년 이상의 지속적인 피해를 키웠다. ii) 이재민 구호를 위해서 생필품을 제공하는 데 헬기를 사용해서 긴급수송을 하자는 현장실무자의 보고를 받고도 도로를 내어서 차량으로 공급하는 바람에 더 많은 사망자와 피해를 키웠다. iii) 과거 매뉴얼에 없는 신생사고의 생소한 여건에 대해서는 매뉴얼로 대응할 것이 아니라, 현장사정에 따라서 융통성이 있어야 한다.[73]

선진국의 베이스캠프는 우리나라보다 더 높다

선진국의 잣대는 교통질서에서 문화의 수준을 물론, 도의적 신뢰에까지 다양하다. 업무처리에서도 우리나라처럼 안면(학연,지연,혈연)중심에서 벗어나 객관적인 원칙에 근거를 하고 있다. 그런 점에서 우리나라는 매뉴얼도 없고, 객관적인 기준도 없다. 속칭 고무줄 잣대보다 유식하게 말하면 "녹비에 가로 왈 자다(鹿皮之曰)."라고 한다. 사슴 가죽에 한자 날 일(日) 자를 썼다면 사람에 따라서는 세게 좌우로 당기면 가로 왈(曰) 자가 되고 그대로 두면 날 일(日) 자로 보인다. 고무줄 잣대가 권력자에겐 참으로 편리하다. 어떤 처벌도 받지 않아도 되기 때문이다.

우리나라는 작게는 담당자가 업무 매뉴얼을 갖지 않는 것만 아니라, 크게 보면 국가지도자에겐 국가대계(國家大計)마저 없다. 정권이 교체되면 앞 정권의 정책은 전부 폐기처분이 된다. 일반적으로 경제정책은 빨라야 6개월에 몇 년이 걸리는 경우가 허다하다. 그런데 모든 정권은 단기간에 전시적 효과를 보고자 갈망한다. 결과는 '샤워실의 바보(fool in a shower)'[74]밖에 될 수 없다. 이런 근시안적인 민족성에 대해서 일찍 고려 말 정몽주는 "국가가 대계를 갖지 않으면 백성만 곤궁할 뿐이다(國不有大計, 民常有困窮)."라는 경고를 했다.

한 나라가 세계적인 강대국으로 성장하고 발전하는 것은 에베레스트(Everest)에 오르는 것 같다. 높은 곳에다가 베이스캠프(base camp)를 설치하면 그만큼 산정에 오르는 데 힘이 적게 든다. 해발 제로(sea-level zero)에서 출발해서는 절대로 정상에 오를 수 없다. 기후와 시간은 물론 인간의 체력도 그렇게 허락을 하지 않는다. 국가의 베이스캠프는 국가계획, 사회적 각종 시스템, 신뢰와 문화의 수준이다. 이런 점에서 우리나라의 국가적 베이스캠프는 해발 제로에 머물고 있어 맨날 맨땅에 헤딩해서는 안 된다. 이제는 보다 높은 곳에다가 베이스캠프를 설치해야 한다.

9

"한국 국가지도자의 눈엔 백성이 없다."를
일본은 이미 알고 있다

백성 따위는 보이지 않았던 조선 군신(朝鮮君臣)의 눈

18세기 프랑스의 루소(J. J. Rousseau)는 "시민은 투표하는 날만 주인이고, 투표한 뒤엔 곧바로 노예로 전락한다."고 민주주의의 허울을 벗겼다. 이웃 나라 영국의 민주주의를 지켜봤던 그는 냉소적으로 말했으나, 오늘날 미국에선 지성인들도 "민주주의가 참으로 좋은 게, 선출된 지도자들이 무슨 짓을 해도 모든 책임은 국민이 지게 되니 무엇을 못하겠어."라고 할 정도이니, 참으로 심각한 단계에 접어들었다. 우리나라도 "젊은이들은 아예 무관심하고, 늙은이들이 극성스럽게 참여하는 민주주의(silver democracy)가 되고 있다."는 단면을 보여주고 있다.

우리나라의 국가지도자들은 예쁜 말만 골라서 한다. 특히 선거철엔 사랑을 받는다. 주민들의 가려운 곳을 긁어주는 것처럼 시원하게 한다. "국민 행복시대를 열겠습니다."라는 역사상, 지구촌에 이렇게 예쁜 말은 없다. "(특정 정당의) 막대기만 꽂아도 당선된다."[75]고 할 정도다. 특정 정당의 공천만으로도 국가지도자가 되는 건 "떼놓은 당상이다." 이런 처지에 우리나라의 국가지도자들에겐 주민들이고 국민들이 무서울 리 없다. 따라서 우리나라 국가지도자들의 눈에 백성 따위는 보이지 않는다.

물론, 과거 우리나라의 군왕에게 백성은 군림의 대상을 넘어서 '죽일 놈들'이었던 때가 있었다. 조선 말기 고종은 40년 이상 국정을 맡으면서도 친일파 대신들에게 휩싸여 국가의 장래를 예단하지 못했다. 1894년 청일전쟁을 계기로 일본제국이 파견한 군대는 증강했으며, 냉혈한 사령관 하세가와 요시미치(長谷川好道)[76]는 조선 총독을 겸직했다. 러일전쟁이 승리함으로써 이토 히로부미(伊藤博文)를 파견해 을사보호조약을 맺게 했다. 을사늑약을 결사적으로 반대하는 의병의 거사를 윤허하는 밀서를 고종은 의병장들에게 내려보냈다. 한편으로, 공식적으로 일본군의 의병 토벌을 허락했다. 1906년부터 1909년 일본제국군대의 조선 의병들의 학살을 단행했다. 특히, 1909년 9월부터 2개월간 일본군은 남한대토벌작전을 전개해 4,000여 명의 의병과 100여 명의 의병장을 체포하여 대구 관덕정(觀德亭)에서 참형을 한 뒤에 시가(市街)에 의병들의 머리를 효시했다.[77]

영국속담에 "그 주인에 그 하인(Such the master, such the servant)."이라는 말이 있다. 의병을 집결시켜서 일본군에게 토벌하게 하는 군주의 눈에는 백성이 없었다. 단지, 토벌대상이고 죽일 놈들이었다. 그의 신하 대신들도 하나같이 국왕을 닮아 안하무인(眼下無人)이었다. 일본 천황으로부터 '합방공로작(合邦功勞爵)'으로 76명의 왕족과 많은 사대부는 작위와 은사금을 하사받았다. 다음 해엔 1,700여만 원의 일본 천황의 임시은사금을 다시 풀어 지방관에게도 베풀었다. 지역유지들에겐 은사공채(恩賜公債)를 하사했다. 고관대작을 하시던 모 대신은 후작이라는 작위와 50만 4

천 원의 은사금을 받았다.

국민에게 갑(甲)질하는 오늘의 한국지도자들!

이후 100년이 지난 2016년 오늘날 국가지도자들의 눈엔 주민도, 국민도 보이지 않는 것 같다. 단지, 조선의 군신들이 매국(賣國)질을 했다면, 오늘날은 현대식 용서로는 갑(甲)질할 뿐이다. 어디서 많이 들어본 말이다. "국가를 위하고 국민들을 위해서 헌신한다."는 립 서비스다. 그렇게 국민을 위한다면 "200억 원을 기부한 사람에게 215억 원의 세금을 물려야 하는가?"[78]라는 언론엔 유구무언일 것이다. 2014년 세월호 참사, 금년도 MERS 사태 수습에서 좌충우돌했던 부끄러운 사실을 놓고 볼 때, 국가지도자들에게 진정한 국민이 있었다면 백배사죄(百拜謝罪)를 했을 것이다. "유감스러운 일이다."라고? 국민이 국가지도자에게 잘못을 했다는 말인지 속뜻을 모르겠다. 다른 나라의 재난을 보고 그런 말씀을 했다면 '긍휼히 여기는 아름다운 마음씨'가 돋보인다. 유체이탈 표현이라고 해도 그러는 게 아니다.

최근 장기적 경제침체로 인하여 젊은이들에겐 "인문계 출신 대학생 90%가 논다"라는, '인구론(人九論)'에서 헬 코리아(Hell Korea)라는 말까지 난무하고 있다. 국가도 공식적으로 취업절벽(job-seeking cliff)이라는 표현을 사용하고 있다. 젊은 백수들의 눈에 국가지도자들의 갑(甲)질로 자녀들을 취업시키는 비리를 보고 "금수저를 물고 태어났으니(be born with golden spoon in one's mouth)."라고 웃고 넘길 마음엔 여유조차 없다. "난 흙수저를 물고 태어났기에 취업을 못 하나?"라는 자괴감으로 사회는 상대적 박탈감을 초래한다.[79] 연일 언론에서는 국가지도자들의 '금수저 작태'를 보여주고 있어 해도 너무 한다.

신라 시대엔 신분제도가 엄격해 성골이 아니면 귀족이 될 수 없었다. 육두품으로 신분상승에 한계를 느낀 젊은이들은 당나라로 유학을 가서 빈공과를 거쳐 당나라 관리가 되었다. 또한, 당군(唐軍)의 용병으로 가서 무관이 되는 길을 택했다. 한편, 진골이나 성골 중에서도 왕족이 아닌 가문에서는 회임(懷妊)한 아내나 딸을 국왕이나 권부의 귀족에게 잠자리를 하게 하여 '○○의 마복자(摩腹子)'[80]라는 이름으로 오늘날의 '금수저'를 확보했다.

어느 소설의 한 구절을 인용하면, "마복자는 친아들 못지않은 지위나 위상을 보장받기 때문에 유력자의 마복자는 아무나 될 수 있는 것은 아니었다. 마립간의 마복자가 되는 것은 더욱 그러했다. 원칙적으로 회임한 여자가 왕족이거나 적어도 지체 높은 귀족 집안 출신이어야 한다."[81] 오늘날 말로 해석하면, 성 상납으로 '○○의 후계자' 혹은 '○○의 사람'으로 인정받는다는 게다.

그뿐만 아니라 어느 시대나 장소를 막론하고 기득권을 장악한 사람들은 절대 놓지 않았다. 고려와 조선 시대에서는 음서제도(蔭敍制度)를 통해 자식에게도 관직을 마련했다. 귀족들이 벼슬길을 공식적으로 확보했다. 물론, 이전에도 공음전(功蔭田) 등이 있어 대대로 상속되기도 했다. 오늘날 우리나라에서도 많은 분야에서 기득권을 확보하기 위해 특별채용(전문직, 계약직종, 정무직 등)제도와 사회적 관행을 갖고 있다. 최근에 붉어진 사건으론 여야를 가리지 않고 국회의원이 i) 로스쿨에 다니는 아들이 변호사시험에 떨어지자 압력행사, ii) 자신이 쓴 시집을 피감기관에 '편리를 봐주기 위해' 국회의원회관 내 카드단말기 설치 판매, iii) 로스쿨 졸업한 딸

을 기업체에 취업 청탁, iv) 아들을 정부법무공단 소속 변호사 특혜채용
의혹 등이 언론에 벗겨졌다.

백성이 없는 한국은 까뭉개도 된다는 걸!

이런 꼴불견이 사회를 뒤흔들어도 해당 국가지도자는 진심 어린 사과
한마디 하지 않았다. 300여 명의 사망자를 낸 2014년 4월 16일 세월호 참
사가 발생했을 때도 "유감스럽다."는 표현을 청와대 국무회의에서, 2015
년 MERS 사태에 대해서도 같은 모양새를 취했다. 언론에서는 이를 두고
'유체이탈 화법'이라고 비아냥거렸다. 이런 신묘한 기법을 많은 국회의원
을 비롯한 국가지도자들이 배웠거나 전염되었다. 일종의 코스튬 플레이
(costume play)다. 즉, 만화나 게임에서 주인공을 모방하여 자신도 그렇게
연출하는 기법이다. 국회의원은 대통령을 본받고, 사회지도자들은 국가
지도자로부터 따라 배운다. 자신에게는 책임감을 전혀 느끼지도 않고 과
오는 '네 탓'이고, 종국적인 책임은 국민에게 돌아가는 것이다. "버티면 이
긴다." 혹은 "까뭉개면 잊어지게 된다."라는 심오한 철학을 바탕으로 하고
있다. 이것이 바로 우리 국가지도자 리더십의 핵심이다.

우리나라 국가지도자가 우리 국민을 까뭉개는 것을 눈여겨보고 있는
사람은 일본의 지도자들이다. 그들은 이미 눈치를 챘다. "국가지도자들이
국민까지 까뭉개고 있는데, 우리가 한국을 까뭉갠다고 그들이 말할 수 있
겠나?"라는 이치를 깨달았다. 최근 박근혜 대통령이 '위안부 문제'를 여러
번 언급하였다. 그러나 그들은 까뭉개고 있다. 피할 수 없는 경우에는 유
체이탈 화법을 활용해 "유감스러운 일이다(遺憾)." 혹은 "가슴 아프고 애

석한 일이다(痛惜)."라는 외교적 수사를 사용한다. 때로는 망언을 통해서 까뭉개기도 한다. 결국은 일본의 바람대로 먼 미래를 생각한다는 빌미로 눈앞에 '최종적, 불가역적'이라는 표현까지 일본에 우리가 먼저 했다.

미국에선 '닭고기 수프(chicken soup)'란 통용어가 있다. 미국 어머니들의 생각엔 "닭고기 수프는 약은 되지 않더라도 몸에 해롭지 않으니 밑져봐야 본전이다."라는 뜻이다. CIA 혹은 FBI와 같은 정보기관에서는 통신위성과 감청 등을 통한 첩보활동을 '치킨 수프 프로젝트(chicken-soup project)'라고 한다. 우리말로는 '심심풀이 땅콩'이라는 말과도 일맥상통한다. 일본정부는 우리나라 대통령이 위안부 문제를 거론하는 것을 심심풀이 땅콩으로 간주했다. 그래서 위안부 문제를 미국에 사과하면서 '인신매매(human trafficking)'로 표현했다. 심지어, 총리실 직속으로 자체적으로 역사적 사실까지도 심의해 입맛에 맞게 재해석하겠다고 천명했다. "역사적 부끄러운 부분을 미화하고, 재해석하자."는 시도를 하고 있다.[82]

10

일본, '욕먹고 미움받을 용기'로 다시 일어난다

남에게 폐 끼치지 말라(人に迷惑掛けないで)

세계인들이 일본 사람이나 일본사회를 보고 놀라는 것은 친절하고, 청결하며, 질서정연하다는 것이다. 업무에 대해서 경험이나 노하우(know-how)를 교환하고자 일본공무원들과 정보공유를 하면 우리에게 첨단에 속하지만, 그들에겐 최신정보가 아니면 공개하고 관련 자료를 우송으로 보내준다. 정성스럽게 메모까지 하고, 남는 돈이 있으면 기념우표로 맞아 떨어지게 계산해서 앙증맞은 계산서까지 동봉해 보낸다. 농담하기를 좋아하는 친구 녀석은 "일본인은 첫날밤을 기다리는 새색시처럼 목욕재계하고 만반을 준비한다."고 했다.

이런 모습을 드러내도록 하고 있는 근본(根性)은 일본 부모들은 자녀들을 양육할 때에 늘 입에 달고 있는 말이 있다. "남에게 폐 끼치지 말라." 먼저 남의 입장을 생각하고, 남의 불편사항을 고려해서 자신이 먼저 알아서 해치운다. 마을단위로 정기적 대청소를 하는데, 모였다고 인사를 나누고 녹차 한 잔씩 나누고 헤어진다. 대청소는 고사하고 먼지 하나 없기 때문이다. 며칠 전부터 남에게 폐가 될까 봐 자기 집 앞은 물론이고, 눈에 띄는 곳을 다 정갈하게 치웠기 때문이다.

그러나 겉보기보다 속은 영 딴판이다. 가장 인간적이고 정감이 많다. 따라서 질투심 혹은 시기심도 많다. 우리나라 속담에 "사촌이 땅을 사면 배가 아프다."라고 한다. 물론, 최근엔 "배고픈 것은 참을 수 있어도 배 아픈 것은 못 참는다."라고 옆 동료 여직원은 말한다. "남의 불행은 내게 최고의 행복(Schadenfreude)."[83]이라는 독일속담도 있다. 너무 솔직해서 욕을 먹고 있지만, 이것보다 더한 것은 일본속담으로 "감추면 꽃이 된다(隠すと花になる)." 축하를 해서 승화시키지 못할 마음의 앙금은 반드시 망언으로 표출한다.

특히, 가장 잘 대변하는 실례가 일본여성들의 황혼이혼이라고 한다. 젊었을 때는 참고 감추며 살아왔으나, 은퇴하여 퇴직금을 많이 받았을 때에 이혼을 청구해 치명타를 날리고 최대 희열을 느낀다. 기세등등하던 일본의 늙은 남성들은 치명타 한 방에 '비 맞아 길바닥에 딱 붙은 낙엽(雨に降られて道端にフィットする落葉)' 신세가 되고 만다. 이런 현상은 일본의 대외적 외교사에서 자주 빈발한다. 이를 두고 일본에서는 "유능한 독수리는 발톱을 감춘다(有能なワシは 爪を隠す)."[84]라고 한다. 처음부터 우리나라처럼 으르렁거리거나 날카로운 이빨을 드러내지 않는다. 상대국가의 허점을 탐색하여 숨통을 거둘 수 있을 때에 발톱을 내놓는다. 일본과 상대해서 매번 우리나라가 당하는 이유가 바로 이것이다.

일본이 가진 날카로운 발톱은 i) 호시탐탐 탐색하여 정보로 무장하고 있고, ii) 언제나 준비하고 있어서 빈틈을 보이지 않는다. iii) 기회를 포착하면 수단과 방법을 가리지 않고 반드시 낚고 만다. 이런 일본 사람들의 근

성을 잘 나타내는 속담으로 "비 오는 날 비질한다(雨降る日掃き掃除する)."
는 민족이다. 우중충하게 비가 내리면 우리나라 사람들은 "게으른 놈 낮
잠 자기 좋은 날."이라고 한다. 빗물 소리처럼 튀김이나 전(煎)을 만들어 한
잔한다. 끝내 평소에 쌓였던 감정으로 집안 혹은 이웃 간에 화기애애하던
술판이 울음과 피투성이 싸움판이 된다. 일본 사람들은 i) 할 일 없던 차
에 평소에 미뤄놓았던 집안 대청소를 한다. ii) 비가 내려 물 뿌리지 않아도
먼지 나지 않고, iii) 청소를 해 운동이 되어 몸도 개운하며, 집안 분위기도
일신해 온 가족이 다 좋아한다. 일석삼조(一石三鳥)다.

모래알들이 멸사봉공으로 난공불락의 성(城)이 된다

일본사회는 참으로 개인주의가 팽배해 있다. 남에게 조금도 폐를 끼치
지 않으며, 동시에 남에게 도움을 요청하는 것을 극히 꺼린다. 우리처럼 이
웃 간에 모여서 대화를 나누고 음식을 같이하는 일은 드물다. 결혼식에
초청받은 사람만이 참석한다. 물건이나 돈으로 부조하며, 동시에 참석에
대한 사례를 부조보다 더 크게 한다. 월세를 구하는 데 복덕방에 수수료
는 물론 별도의 사례까지 한다. 인간관계를 중심으로 보면 개인주의가 강
해 결집력이 전혀 없는 모래알처럼 보이나, 실제는 반대현상이 일어나고
있다. 그들은 국가를 위한다면 집단할복도 하고, 집단옥쇄도 한다.

모래알이 멸사봉공(滅私奉公)[85]으로 난공불락의 성(城)이 된다. 멸사봉
공이란 중국 고전 『전국책』진책(戰國策 秦策)에서 국가와 사회를 위해서
자신의 희생을 감수해야 한다는 봉공극기(奉公克己)에 연유했다. 일본 제
국주의자들은 "개인적 사정과 이익을 버리고 국가, 사회 및 공익을 위해서

봉사해야 한다.”는 국가지도이념으로 제창하여 왔다. 피식민지 국가의 황국신민(皇國臣民)들에게 정신(挺身), 충성(忠誠) 등으로 변성되어 강요했다.

물론, 일본국민들에게도 가미카제(神風)라는 이름의 자살특공대까지 결성했다. 종전 무렵에서는 국가를 위해서 집단적으로 자결하는 “국가를 위해서 옥쇄하라(國家のために玉碎せよ).” 혹은 “모두 옥쇄하라(總員玉碎せよ!)”라고 국민에게까지 지시를 했다고 한다.[86] 옥쇄(玉碎)란 중국의 고서 『북제서 원경안전(北齊書 元景安傳)』에서 “어찌 본래의 근본을 버리고 다시 얻겠는가? 다른 성을 따른다니. 대장부라면 차라리 옥으로 부서질지라도 기와로 완전히 남겠는가?”[87]라는 구절에서 나왔다. 그러나 일본에서는 천황을 위한 멸사봉공의 마지막 길로 제시하였다.

일본의 인명경시사상은 지금도 여전하다. 절도범죄가 하나 발생하면 범죄자의 인권은 하나도 고려되지 않는 모양이다. 지방신문은 물론이고, 국가방송과 신문은 대서특필하고 나온다. 우리가 알고 있는 ‘무죄추정의 원칙’도, ‘범법자의 인권중시’도 아예 없다. 그래서 도둑이 전혀 없다는 우스개가 나올 정도다. “엄격한 인권 무시가 바로 엄벌의 첫발이다.”라고 생각하고 있다. 우리나라에서 대도(大盜)라고 대서특필했던 J도 일본에서 좀도둑으로 밝혀서 악명을 날렸던 사례가 바로 그것이다.[88] 또한, 2015년 10월에 발생한 야스쿠니 신사 화장실에 방화혐의로 검거된 한국 젊은이는 개인 인권은 안중에 없이 일본 언론에 얼굴과 이름(チョンチャンハン)을 여지없이 밝혔다.[89]

욕먹고 미움받을 용기(惡口를得て憎まれ勇氣)

우리나라 사람들에게는 남으로부터 욕을 얻어먹거나 미움을 받는 것에 스트레스를 느낀다. 그러나 일본 사람들에게는 치욕적이거나 명예훼손의 경우엔 자결 충동까지 느낀다. 사무라이 문화(武士文化)에서 자신이 만든 물건 하나에도 목숨을 건다. 바로 목숨을 걸고 물건을 만든다는 뜻인 '잇소겐메이(一所懸命)'다. 우리말로 그저 '열심히'로 번역하고 있으나, 자신이 만든 물건을 분신으로 생각한다는, 철두철미한 일본의 노동정신이 깃들어 있다. 중세시대 사무라이가 목숨을 걸고 봉토를 수호한 데에서 연유하여 자신이 맡은 일까지 대대로 전수되어 왔다.[90] 태평양전쟁 때에는 일본군은 물론이고, 주민들까지 천황폐하를 위한 만세삼창과 집단자결과 옥쇄를 강요했다. 평소에 이 한목숨 다 바쳐서 일을 하지만(一所懸命), 전시에는 국가를 위하여 일생을 다 바친다고 생각했다(一生懸命).

이런 일본 사람들이 최근에 변하고 있다. 후쿠시마의 원전폭발, 장기적인 경제침체, 희망이 보이지 않는 젊은이들에겐 자존심도 인내심도 바닥이 났다. 그들에게 한 가닥 빛을 던져주고 있는 게 바로 용기(ゆうき)다. 2013년 12월에 다이아몬드출판사에 출간한『미움받을 용기(嫌われ勇氣)』라는 책이다. 우리나라에서는 2014년 11월에 번역하여 41주간 베스트셀러로 읽혀지고 있다. 일본의 젊은이들에겐 범죄가 아니라면 욕을 얻어먹고, 미움을 받을 수 있다는 용기를 갖고 당당하게 헤쳐 나아가라고 일러주고 있다.

한편, 일본국가는 국제사회에서 이미 '미운 오리 새끼(醜いアヒルのこ)'가 되더라도 대동아공영권의 일제식민지시대의 옛 위상을 되찾겠다고 나오고 있다. 즉, "욕 얻어먹는다고 못난 게 아니고, 욕한다고 잘난 것이 아니

다(罵人的不高, 挨罵的不低)."라는 중국속담을 일본지도자들은 터득하고, 특유한 자신의 리더십으로 체질화했다. 최근 극동아시아에서 일본은 한국, 중국, 북한 등과도 대치를 하면서도 미국의 핵우산과 이지스(방패) 뒤에 숨어서 국익을 도모하고 있다. 진정한 용기란 "사나운 호랑이를 맨손으로 때려잡고, 태산을 옆구리에 끼고 바다를 넘는 만용이 아니라, 매사를 처리할 때에 후회할 짓을 하지 않으며, 사소한 일이라도 임할 때에 두려움을 알아차리고 이를 대비하여 성사를 도모하는 것이다."[91]라는 공자의 가르침을 일본은 지키고 있다.

참/고/문/헌

1) Wikipedia, 新羅 : 当初の「斯蘆」という文字の發音は現代日本語では「しろ」現代韓國語では「サロ」だが, 漢字の上古音では「シラ」である. 日本では習慣的に「新羅」を「しらぎ」と讀むが, 奈良時代までは「しらき」と清音だった. 万葉集 (新羅奇), 出雲風土記 (志羅紀) にみられる表記の訓はいずれも清音である. いずれにせよ, 「新羅」だけで「しんら」＝「しら」と讀めるのに, 後に「き」または「ぎ」という音が付加されている.

2) wikipeida, silk: "The word silk comes from Old English sioloc, from Greek σηρικ serikos, 'silken', ultimately from an Asian source (cf. Chinese si 'silk', Manchurian sirghe, Mongolian sirkek)."

3) 정경훈, 야고부 : '정보실패', 매일신문, 2015.11.18.

4) Wikipedia, On 13 February 1917, Mata Hari was arrested in her room at the Hotel Elysée Palace on the Champs Elysées in Paris. She was put on trial on 24 July, accused of spying for Germany, and consequently causing the deaths of at least 50,000 soldiers. Although the French and British intelligence suspected her of spying for Germany, neither could produce definite evidence against her.

5) 朴堤上, 符都誌, "每歲十月行白衣祭.此因黃穹氏束身白茅之義也.設朝市於達丘.開海市於栗浦.立陸海交易之制, 常時巡行勸獎農桑紡績 野有露積 家有貯布."

6) 정인열, 인샬라, 매일신문, 야고부, 2015.11.21.

7) John 1:1~2: "In the beginning was the Word, and the Word was with God, and the Word was God. He was with God in the beginning."

8) 김춘수, 꽃 : "내가 그의 이름을 불러 주기 전에는/그는 다만/하나의 몸짓에 지나지 않았다./내가 그의 이름을 불러 주었을 때/그는 나에게로 와서/꽃이 되었다."

9) 최영진, 신조선책략, 김영사, 2013. PP.138-142 passim

10) 한반도 지형상 호랑이 꼬리가 힘차게, 매일신문, 2015.12.14. p.11

11) 국방일보, 2014.12.7. 제7차 시사안보- 동북아 정세와 우리의 각오.

12) Korea Joongang Daily, Interview, Paul Kennedy wants Korea against Populism 2012, Ser Mya-ja, Sep 21, 2012.

13) Kim Kyung Won, Survival Diplomacy of Ants Surrounded by Elephants, Dec. 2006. Korea Focus : Winter 2006, Vol.14, issue. p.15

14) 정명복, 생생 국가안보, 그리고 통일, 도서출판 선인, 2015. p.202.

15) 講和會談,明はまたシムユギョンを漢陽の日本軍本陣に送る和議をずっと推進したし, 日本軍も戰況の不利, 名君の眞珠, 普及困難, 惡役(惡疫)の流行で戰意を失う和議に応じて 1593年 (先祖 26年) 旧暦 4月に全軍を南下させる西生け捕り(西生浦)から熊川(雄川 : 昌原)に至る間に城を積む和議進行を待つようになった. しかし日本軍は和議進行途中晋州城に眞珠大勝に對

する仕返し的な攻撃を加えたら 10万の倭兵に對立する 3千名余の朝鮮軍が 9日間の熾烈な戰鬪あげく義兵長キムチョンな·輕傷優兵士催輕灰(崔慶會)·忠靑兵士黃塵(黃進) などが戰死する聖恩遂に陷落されたが倭軍にもひどい被害を被らせる倭軍の全羅道負けた挫折させた.これは壬辰の亂の中で一番熾烈な戰鬪の一つだった. これが第2次晋州城戰鬪だ.

16) 정명복, 전게서. p.202

17) 박정훈, 남북분단 책임 있는 일본, 이럴 순 없다. 조선일보, 2015.10.23. A면 34면 3단

18) 1949년에 3만여 명의 미군을 전원 철수하고 군사감시관 몇 명만 남겼다. 그해 이승만 대통령의 다음 해(1950년)에 200만 달러 원조요청에 삭감하고 반액만 설정했다. 1950년 1월 12일 에치슨 국방장관의 기자회견으로 미국의 방어선에서 한반도 제외를 선언(Acheson line declaration), 이승만 대통령이 "탄약마저 이틀 치뿐이고...."라는 호소에도 "북침을 우려한다."라고 잘라버렸다. 또한, 6·25 침입의 보고에도 7일 이상 개입 여부를 검토한다고 속셈을 감추었음.

19) 日本の政治家が'6.25は神が日本に下した祝福だ'と妄言をした程,戰爭特需で大きく復興したんです,2014.12.2., hankokunohannou.org

20) 박정훈, 전게서

21) 연합뉴스, 2015.11.27.

22) South Korea, Japan agree to irreversibly end 'comfort women' row, Reuter, Dec.28,2015, Seoul : "South Korea and Japan reached a landmark agreement on Monday to resolve the issue of "comfort women", as those who were forced to work in Japan's wartime brothels were euphemistically known, an issue that has long plagued ties between the neighbors... Calling the agreement "epoch-making", Kishida told reporters later: "I believe this has set up a stage for advancement of security cooperation between Japan and South Korea, as well as among Japan, the United States and South Korea".

23) 이수태, 가톨릭 뉴스, 2015.3.4. 일본의 방패가 되라는 미국의 요구 앞에서.

24) 項莊席間舞劍,企圖刺殺劉邦.比喩說話和行動的眞實意圖別有所指.出處 史記·項羽本紀: "今者項莊拔劍舞.其意常在沛公也."

25) Wikipedia, The aegis or aigis (Ancient Greek: Αἰγίς; English pronunciation.

26) Kalyan Kumar, Internation Business Times, Nov.27,2015, China Opposes US Missile Shield in Korean Peninsula: US-South Korea Joint Military Drill From March 2.

27) 【讀み】のうあるたかはつめかくす. 【意味】有能な者ほど,いざという時にしか實力を發揮しないと言う意味.【由來】有能な鷹が獲物を捕える時に銳い爪をむき出しにしては悟られてしまうので,普段は隱しておくことから.

28) E H Carr, what is history, University of Cambridge & Penguin Books, 1961, p.182 : "History is an unending dialogue between the present and the past."

29) 弔義帝文 : 丁丑十月日, 余自密城道京山, 宿踏溪驛,夢有神披七章之服, 頎然而來, 自言 "楚懷王, 孫心爲西楚霸王所弑, 沈之郴江." 因忽不見. 余覺之, 愕然曰 : "懷王南楚之人也, 余則東夷之人也. 地之相距, 不啻萬有餘里, 而世之先後, 亦千有餘載....嗚呼! 勢有大不然者兮, 吾於王而益

懼. 爲醯腊於反噬兮, 果天運之蹉跎. 郴之山礙以觸天兮, 景晻愛以向晏. 郴之水流以日夜兮, 波淫泆而不返. 天長地久, 恨其可旣兮, 魂至今猶飄蕩. 余之心貫于金石兮, 王忽臨乎夢想. 循紫陽之老筆兮, 思璧蜳以欽欽. 擧雲壘以酹地兮, 冀英靈之來歆.

30) 동아일보, 2013.6.18. 박 대통령 "바른 역사 못 배우면 혼 비정상".

31) 경향신문, 2015.11.10. 박 대통령 "잘못된 역사 배우면 혼이 비정상 돼".

32) New York Times, South Korea Targets Dissent, By THE EDITORIAL BOARDNOV. 19, 2015.

33) 孟子, 梁惠王上編: 梁惠王曰 寡人之於國也, 盡心焉耳矣. 河內凶, 則移其民於河東, 移其粟於河內. 河東凶亦然. 察鄰國之政, 無如寡人之用心者. 鄰國之民不加少, 寡人之民不加多.何也. 孟子對曰 王好戰, 請以戰喩.塡然鼓之, 兵刃旣接, 棄甲曳兵而走. 或百步而後止, 或五十步而後止. 以五十步笑百步, 則何如. 曰:不可, 直不百步耳, 是亦走也.曰. 王如知此, 則無望民之多於鄰國也.

34) 연합뉴스, 2015.11.26. 외교부, NYT '국정화 비판' 사설에 "이해 도모 노력할 것".

35) 日本書紀, 卷第十九欽明天皇紀: "又於任那境, 徵召新羅問聽與不, 乃俱遣使奏聞天皇恭承示敎.儻如使 ..... 今,日本府印岐彌謂在, 任那日本臣名也旣討新羅, 更將伐我, 樂聽新羅虛誕謾語也."

36) 廣開土大王陵碑文の安羅 : 任那日本府の官人として登場する人物らの指向は,親伽倻,反百濟,非日本的である.これは特定國家による支配機關說を否定するものであり,一方では伽倻諸國が周邊諸國から自立していこうとする傾向を示すものであるとも言える.當時伽倻諸國の自立を主導していたのが安羅國である.安羅國は廣開土王碑文にも出てくるように,4世紀末, 5世紀頃には金冠國と並んで伽倻諸國の有力國へと成長した.6世紀以降になると,南部伽倻の盟主的勢力へ成長し,衰退期に伽倻諸國の求心点の役割を果たした.任那日本府問題が安羅國を舞台に展開されたのも伽倻諸國の自立を狙う主体勢力としての姿を示すものである.結論的に任那日本府の實態は,伽倻諸國が國家的危機に直面した6世紀前半の安羅國が中心となって伽倻諸國の獨立のために活動した人間集団,あるいはその団体と見る認識が妥当であると考えられる.

37) 任那日本府説とは,大和政権が4世紀後半から562年まで伽倻(任那)地域に日本府という支配機構を 設置,統治したという学説である. 8世紀初めに編纂された『日本書紀』によると,369年に日本が伽倻7国を征服し,562年には任那官家が滅びたと記録されている.官家という言葉は「ミヤケ(屯倉)」という大和政権の地方支配の形で,王室直轄領的な性格を持つ.要するに、任那官家というのは,伽倻に設置された日本の古代王室の直轄領というのである.『日本書紀』の任那官家滅亡記録 : この学説は皇国史観が支配していた近代には日本の韓国支配の歴史的根拠として積極的に利用された.特に,1880年頃広開土王碑の再発見により同碑に出てくる「倭」が韓半島南部を支配していたという記録に基づき,任那日本府説は疑う余地もない定説として位置づけられた.以来,韓国支配期になると,日本の国定教科書にもそのまま反映され,教育の現場で日本の優越主義と韓国支配の正当化に活用された.

38) 최영진, 전게서, pp.142~146 passim: "일본은 역사적 수치를 부정하고 벗어나려고 한다(藏頭露尾), 아시아에서 벗어나서 글로벌 차원으로 국제적 설득을 도모한다(借屍還魂)...."

39) YTN TV 뉴스, 2015.11.12. "거꾸로 가는 일본…"아베 직속 역사검증기구 이달 발족".

40) The Dissenting Judge: Justice Pal who found Japan not guilty, Tokyo Trials Discussion in 'World Affairs' started by Enemy, Sep 8, 2012. http://defense.pk/

41) 1822년(순조22) 12월부터 1823년 3월까지 현목수빈의 휘경원을 조성한 기록이다. 책두에 순조의 생모인 현목수빈 박씨가 1822년 12월 26일에 졸서하였으며, 12월 29일 원호를 휘경원으로 정하였고, 다음 해 1월 22일 양주 배봉산에 봉표하였다는 사실을 기록하였고, 이어서 목록이 상·하편으로 나뉘어 실려 있다.

42) 한국경제, 2015.11.19. 36면 3단 : "1993년 프랑수아 미테랑 당시 프랑스 대통령이 고속철도 사업 관계로 방한했습니다. 도서 중 한 권을 돌려주며 전체 반환을 약속했지만, 반환은 이뤄지지 않았죠."

43) Wikipedia, 新羅征討計畵 : 同年(758), 唐て安祿山の亂が起きたとの報が日本にもたらされ,仲麻呂は大宰府をはじめ諸國の防備を嚴にすることを命じる. 天平宝字3年（759年）新羅が日本の使節に無禮をはたらいたとして,仲麻呂は新羅征伐の準備をはじめさせた.軍船394隻,兵士4万700人を動員する本格的な遠征計畵が立てられるが,この遠征は後の孝謙上皇と仲麻呂との不和により實行されずに終わる.

44) Wikipedia, 藤原仲麻呂[ふじわら の なかまろ,慶雲3年（706年）- 天平宝字8年9月18日（764年10月21日）] は,奈良時代の公卿.名は仲麿または仲丸とも記される.淳仁朝以降は改姓·改名し藤原惠美押勝（ふじわらえみ の おしかつ）.藤原南家の祖である左大臣·藤原武智麻呂の次男.官位は正一位·太師.惠美大臣とも稱された.

45) 續日本記: "淳仁天平寶字三年(759)六月, 令大宰附造行軍式, 以將伐新羅也, 九月造船五百隻…爲征新羅也."

46) 朝鮮策略: 爲淸駐日公使館參贊官黃遵憲於 西元一八八〇年所撰.

47) Ende gut, alles gut (engl. All's Well That Ends Well) ist ein Stück von William Shakespeare, dessen genaue Abfassungszeit unsicher ist. Nach seinem Inhalt passt es nicht eindeutig in die Kategorie Komödie und wird als problem play (Problemstück) und als dark comedy (dunkle Komödie) bezeichnet. Die Vorlage lieferte eine Novelle aus Boccaccios Decamerone (3. Tag, 9. Geschichte).

48) 私,日本人でよかった. : このポスターを作ったのは,皇室を重んじ,日の丸の揭揚を推進する.全國の神社界です.全國神社廳が推薦し,応援しているのが,ありむら治子自民党全國比例代表です.

49) Wikipedia, 坂本龍馬: "土佐脱藩の志士.18歳で劍術修行のために出府した際に黑船來航に直面し,衝擊を受ける.勝海舟に師事し,軍艦を手に入れようと奔走する.子供のような一面を持ちつつ,つかみどころのない性格をしている."

50) 龍馬がゆくりょうまがゆく) は,司馬遼太郎の長編時代小說.幕末維新を先導した坂本龍馬（龍馬）を主人公とする.「産経新聞」夕刊に1962年6月21日から1966年5月19日まで連載し,1963年から1966年にかけ,文藝春秋全5卷で刊行された. 1974年に文春文庫創刊に伴い全8卷で刊行,單行·文庫本ともに改版されている. 司馬の代表作であり,世間一般でイメージされる龍馬像はこの歷史小說で作られたと言ってもよい. これまでに, 大河ドラマの他に, 民放各局でも何度か

テレビドラマ化されている. とりわけ萬屋錦之介は中村錦之助時代から,この作品の「龍馬像」に惚れ込み, 中村玉緒や弟の中村嘉葎雄等とも, 初版刊行まもない時期に舞台公演をしており, 司馬自身の「樂屋訪問」や「打ち上げ」での寫眞もある.

51) 大政奉還 (たいせいほうかん) とは,江戸時代末期の慶応3年10月14日1867年11月9日) に江戸幕府第15代將軍德川慶喜が政權返上を明治天皇に上奏し,翌15日に天皇がこれを勅許した政治的事件である.

52) Wikipedia,日本の分割統治計畫 (にほんのぶんかつとうちけいかく) とは : "第二次世界大戰において,ドイツが降伏後米·英·ソ·仏4カ國に分割統治されたように,本土決戰後の日本も北海道·本州·九州·四國を連合國それぞれが統治しようとした計畫である.連合國は第二次世界大戰中,日本の古來の領土とともに,日本が明治以降に「獲得した地域」を連合國によって分割して占領,統治する方針を打ち出していた.連合國は日本降伏後,かかる地域を以下のように分割占領,統治した."

53) Rising Sun is a 1993 American crime film written and directed by Philip Kaufman, starring Sean Connery (who was also an executive producer), Wesley Snipes, Harvey Keitel, and Cary-Hiroyuki Tagawa. Michael Crichton and Michael Backes wrote the screenplay, based on Crichton's novel of the same name.

54) 鹽野七生, "日本人へ―國家と歷史篇", 2010年, 文春新書

55) 가마우지 경제(cormorant economy) : 핵심 부품과 소재를 일본에서 수입해 다른 나라에 수출하는 우리나라 산업경제의 구조적 특성상 수출하면 할수록 정작 이득은 일본에 돌아간다는 의미를 지닌 용어. 이 말은 중국이나 일본 일부 지방에서 낚시꾼이 가마우지 새의 목 아래를 끈으로 묶어두었다가 새가 먹이를 잡으면 끈을 당겨 먹이를 삼키지 못하도록 하여 목에 걸린 고기를 가로채는 낚시방법에 빗댄 용어다. 1980년대 말, 일본 경제평론가 고무로 나오키(小室直樹)가 『韓國의 崩壞, 1998/9, 비즈니스出版社』라는 책에서 처음 사용하였다.

56) 皇國臣民ノ誓詞 (こうこくしんみんのせいし) とは, 1937年(昭和12年) 10月 2日 に朝鮮で發布された文章である. 皇國臣民としての自覺を促すべく朝鮮總督府學務局囑託の李覺鐘が考案し,▨時の朝鮮總督.南次郎が決裁したものである. 兒童用の「其ノ一」,大人用の「其ノ二」の2種類がある. 皇國臣民ノ誓詞 (其ノ一) : 私共は,大日本帝國の臣民であります. 私共は,心を合わせて天皇陛下に忠義を盡します. 私共は, 忍苦鍛錬して立派な强い國民となります. 皇國臣民ノ誓詞 (其ノ二) : 我等は皇國臣民なり,忠誠以て君國に報ぜん. 我等皇國臣民は互に信愛協力し,以て団結を固くせん. 我等皇國臣民は忍苦鍛錬力を養い以て皇道を宣揚せん.

57) 竹島(島根縣)―Wikipedia ja.wikipedia.org/wiki/竹島_(島根縣)(344만 개 접속),竹島 外務省 Ministry of Foreign Affairs of Japan www.mofa.go.jp/mofaj/area/takeshima/

58) Wikipedia, 竹島の領有權に關する日本の一貫した立場(外務省): 竹島は,歷史的事實に照らしても,かつ國際法上も明らかに日本固有の領土です.韓國による竹島の占據は,國際法上何ら根據がないまま行われている不法占據であり,韓國がこのような不法占據に基づいて竹島に對して行ういかなる措置も法的な正當性を有するものではありません.日本は竹島の領有權を巡る

問題について,國際法にのっとり,冷靜かつ平和的に紛爭を解決する考えです.(注)韓國側からは, 日本が竹島を實效的に支配し, 領有權を再確認した1905年より前に韓國が同島を實效的に支配していたことを示す明確な根據は提示されていません.

59) Paul Joseph Goebbels: The principle that when one lies, it should be a big lie, and one should stick to it. They keep up their lies, even at the risk of looking ridiculous.... This and similar lines in Adolf Hitler's Mein Kampf about what he claimed to be a strategem of Jewish lies using "the principle & which is quite true in itself & that in the big lie there is always a certain force of credibility; because the broad masses of a nation are always more easily corrupted in the deeper strata of their emotional nature than consciously or voluntarily," are often misquoted or paraphrased as: "The bigger the lie, the more it will be believed."

60) 괴벨스의 연설문: "작은 거짓말보다 큰 거짓말에 대중은 속아 넘어간다. 거짓말도 100번 말하면 진실이 된다. 거짓말로 매일 하면 진실이 된다.... 선동은 한 문장으로 가능하다. 그것을 반박하려면 수십 장의 문서와 증거가 필요하다.... 99가지 거짓과 1개의 진실이 적절한 배합이 100% 진실(거짓)보다 더 큰 효과를 낸다.... 대중은 거짓말을 처음 부정하고 그다음엔 의심하지만, 되풀이하면 결국엔 믿는다...."

61) 로마 속담: "3이면 완벽하다(Omne Thrum Perfectum)."

62) 戰國策·魏策:魏國大臣龐蔥, 將要陪魏國王子到趙國去作人質, 臨行前對魏王說, '現在有一人來說街市上出現了老虎,大王相信嗎'魏王道: '我不相信.'龐蔥說: '如果有第二個人說街市上出現了老虎,大王相信嗎'魏王道: '我有些將信將疑了.'龐蔥又說: '如果有第三個人說街市上出現了老虎,大王相信嗎'魏王道: '我當然會相信.'龐蔥接著說: '街市上不會有老虎,這是很明顯的事,可是經過三個人一說,好像眞的有老虎了.現在趙國國都邯鄲離魏國國都大梁,比這裏的街市遠了許多,議論我的人又不止三個.希望大王明察才好.'魏王道: '我知道.' 於是龐蔥放心陪太子而去.後來,魏王還是聽信讒言沒有再重用龐蔥.

63) 연합뉴스, 2015.11.15., 체감경기와 동떨어진 경제지표들... 개선 요구 목소리 커져.

64) 뉴스토마토, 2014.5.20. 통계 마사지하는 정부

65) 경향신문, 2015.11.24., 박, 야당 향해 "맨날 립 서비스만... 위선"

66) 김이기, 모두의 안정을 위한 매너 매뉴얼, EBS '사선에서' 2015.10.20.

67) 관피아 척결 약속하더니... 정작 '청피아' 논란, JTBC, 2015.2.6. 정치부 회의, 청와대 40초 발제.

68) "무시하고 감추고" 메르스 사태 총체적 부실 결과, 이데일리 sbt, 2016.1.14.

69) 매일경제, 2015.6.22. 황교안 "메르스 경제손실 10조 원 추산".

70) 조경업, 유진성, 메르스 사태의 경제적 손실 추정, 한국경제연구원, 2015. 6.

71) Wikipedia : 2001 United Kingdom foot-and-mouth outbreak.

72) 농민신문, 2015.11.27. 한국 '구제역 살처분 보상금', 동아시아국보다 지급률 낮아.

73) 문병기, 매뉴얼 딜레마, 동아일보, 2014.5.21. 74) Fool in a shower is a term that was coined by Milton Freidman, an American Nobel Prize-winning economist, who advocated a marketplace with minimal government intervention. His policy prescriptions maintained that any

stimulus to the economy should be done slowly, rather than all at once because it takes time to determine the effects of the changes. For example, a change in the federal funds rate takes about six months to fully integrate into the economy.

74) Fool in a shower is a term that was coined by Milton Freidman, an American Nobel Prize-winning economist, who advocated a marketplace with minimal government intervention. His policy prescriptions maintained that any stimulus to the economy should be done slowly, rather than all at once because it takes time to determine the effects of the changes. For example, a change in the federal funds rate takes about six months to fully integrate into the economy.

75) 박성원, 동아일보, 2015.11.13. '박근혜黨' 만드는 게 국민 심판인가.

76) 長谷川好道,反亂が始まると同時に,駐留軍は反亂軍の根城と思われる地域に片っ端から焦土作戦を敢行している.たとえば,8月23日,忠清北道堤川地方で全村燒夷作戦が實施されている.駐留軍司令部の發行した『朝鮮暴徒討伐誌』は.村邑は極目殆んど焦土たるに至りと報告している.イギリスのデイリー・メール紙も,「堤川は地図の上から消え去った」と報道した…英國政府が,日本軍隊の行動,往々過酷に涉るとの風聞ありと連絡してきた」と,当時の林外相は伊藤統監に注意を喚起している. 伊藤統監は,苛酷に失する軍事命令ありたるを以て,軍司令官に其の命令を変更せしめ」ると返答している…

77) 홍순권, 한 말 일본군의 의병학살, 제노사이드연구 제3호, 2008.2, 131-163

78) YTN, 2015.12.3. 215억 원 기부에 225억 원 세금 부과

79) 김낙년, 한국에서 부와 상속'논문, 동국대학교, 2015.11.17.

80) 花郎世紀 跋文 : "花郎世紀 花郎者仙徒也. 我國 奉神宮 行大祭于天 如燕之桐山 魯之泰山也. 昔燕夫人 … 以母寵爲毗處王摩腹子 世所謂摩腹七星也. … 而置花郎 以公爲其首 號曰風月主." 一世風月主 魏花郎 : "魏花郎者剡臣公子也 母曰碧我夫人 以母寵 爲毗處王摩腹子 世所謂摩腹七星也 阿時公 父曰善牟 母曰寶兮 守知公 父曰伊欣 母曰俊明 伊登公 父曰叔 ……."

81) 정재민, 소설 이사부, 고즈원, 2010, p.8

82) 최영진, 신조선책략, 김영사, 2013. pp.153-155 passim

83) Richard C. Trench, "On the Study of Words," 1852

84) 上手の猫が爪を隱す.

85) Wikipedia : 滅私奉公 (めっしほうこう) は, 私を滅し, 公に奉ずることを意味する言葉である. 一般的には,私心や私情を抑えて, 國家・地方公共団体・社會・世間などに對して奉仕する精神を意味する. しばしば個人主義の對極にある思想のひとつと見なされ, 過度な實踐は自己犧牲を伴い, 全体主義に繋がることもある.日本の戰前教育は直接的ではないものの, 主に忠君愛國教育として取り入れており, 個人主義の發祥の地である歐米諸國においても, 公に對する忠誠や獻身的精神は究極の愛の形として高く評價されることもあるが, 日本の戰後教育は個性を重視する觀点から否定的である.

86) 테사 모리스 스즈키 저, 김경원 역, 우리 안의 과거, 휴머니스트, 2006.6.26. 287면

87) 北齊書·元景安傳: "豈得弃本宗,逐他姓,大丈夫宁可玉碎,不能瓦全."

88) 매일신문, 2015.10.9. 대도 J, 늙은 좀도둑일 뿐

89) 「靖國神社のトイレを確認しに來た」逮捕された 韓國人の男, 韓國出國は本人の意思, 産經新聞, 2015. 12.9. :"靖國神社の爆發事件で,麴町警察署を出る全昶漢 (チョン·チャンハン) 容疑者＝9日午後8時45分,東京都千代田區 (鴨川一也撮影) ※畫像の一部を加工しています. 靖國神社 (東京都千代田區) の公衆トイレで爆發音がして不審物が發見された事件で,警視廳公安部は9日,建造物侵入の疑いで,韓國人の住所,職業ともに不詳, 全昶漢 (チョンチャンハン) 容疑者 (27) を逮捕した.容疑について「よく分からない」と否認しており,再來日の理由を「日本の記者から質問を受けて,靖國神社のトイレを確認しに來た」と供述している..."

90) wikipedia : "一所懸命の土地 （いっしょけんめいのとち）は,中世日本において各々の在地領主が本貫とした土地であり,命をかけて最後まで守り拔く覺悟を持った土地をいう.その土地の地名を名字として名乘ることが多い......"

91) 論語, 學而編 : "子路曰, 子行三軍,則誰與, 子曰, 暴虎馮河, 死而無悔者, 吾不與也. 必也臨事而懼, 好謀而成者也."

중국, 만리장성 산해관에서

1

지구촌을 영원히 치세할 야욕을 가진 중국인

소음과 소란의 카오스에서 태어난 중국

그리스신화에선 무질서의 혼돈(chaos)에서 정돈된 질서 로고스(logs)를 찾음으로써 세상(우주)이 태어났다. 중국 또한 무질서, 혼돈, 소음과 소란에서 잉태된 그런 로고스의 나라다. 마치 지상에는 모든 삼라만상이 자기 특유의 목소리로 재잘거리고, 미쳐 날뛰고 있는 포효하는 맹수 같기도 하다. 하늘에서는 천둥과 번개가 그렇다. 인간 세상에서도 각자 자기의 목소리를 내고, 이득과 당리당략을 위해 광란하고 있다. 그리고 모든 것을 삼킬 것만 같다. 고대 중국의 세상은 인간의 파도와 태풍에 의한 혼돈의 경연장이었다.

자료 : 산해관 축성 복원도 (산해관 박물관 안내도)

고대 중국은 자연 질서만이 아니라 인간들도 개인, 집단과 무리들의 사생결단의 원탁에 결투를 벌였다. 일명 제자백가(諸子百家) 혹은 백가쟁명(百家爭鳴)의 시대였다. 가장 치열했던 춘추전국시대는 400년간 지속되었다. 그중에서 가장 점잖아 돋보이는 공자와 맹자가 주류였던 유교였다. 그들의 주장은 경국제세(經國濟世)의 학문으로 발전되었다. 오늘날 중국의 사상적, 정신적 초석이 되었다. 오늘날 지식정보시대에 그들의 지식이란 광맥은 노천광산으로 거듭나게 되었다. 서양처럼 제왕의 힘 혹은 무력으로 치세하려는 것이 아니라 이성(理性)과 숙의(熟議)를 통한 민본주의를 마련했다. 그렇게 광란했던 소음과 소란은 결국은 민본사상을 배태하기 위한 산통 과정이었다. 서양에서 부러워했던 "성숙한 소통 없이는 국가경륜은 망할 것이고, 지혜로운 지도자가 많다면 나라는 흥할 것이다."라는 사실을 잠언에 남기고 있다.[1]

소진(蘇秦)과 장의(張儀)의 합종연횡(合縱連橫)은 오늘날 EU, OECD, ASPEC, LN, UN 등 선례가 되었다. 그뿐만 아니라 "오직 백성을 나라의 근본으로 생각하라(民惟邦本)."[2]라는 외침은 '국민에 의한 국민을 위한 국민의 정부'라는 풀뿌리민주주의(grass-root democracy)의 토양이 되었다. 한편, 지금 무책임의 극치를 보이는 "민주주의는 좋은 게 지도자의 모든 책임은 선출한 국민에게 전가할 수 있다."라는 정치지도자의 도덕적 해이(morale hazard)까지도 가볍게 여기지 않았다. BC 400년경에도 "백성은 존귀하며, 국가사직은 그다음이고 제왕이야 가장 가벼울 뿐이다(民爲貴, 社稷次之, 王爲輕)."[3]라는 이념은 오늘날 민주주의보다도 한 발 더 나간 정치이념이었다.

민본사상에서 가장 중시되었던 건 경제(經濟)였다. '국가경륜의 목적은 백성들을 도탄에서 구제하는 것(經國濟民)'이라고 생각했었다. "백성의 삶이 안정되고 난 뒤에 비로소 국왕의 자리가 안정된다(民心安然后君位安)."[4] 라는 사실을 인식했다. 경제 가운데에서도 "백성들이 배불리 먹도록 하는 게 군주가 하늘처럼 여겨야 할 생각이다(食爲民天)."[5]라는 사상이 주요했다. 오늘날 용어로는 먹거리 마련 혹은 일자리 창출이다. 이런 기본마저 등한시하는 국가경륜을 빗대 "백성은 국가라는 배를 앞으로 나아가게 하는 물이 될 때도 있으나, 이를 역행할 땐 배를 뒤집는 풍파도 될 수 있다(水則載舟, 水則覆舟)."는 사실을 당 태종은 뼈저리게 경험하고 후손에게 경계하도록 기록을 남겼다.[6]

지구촌을 영원히 지배할 절대 반지

고대 중국은 400년간 제자백가들의 학술경연대회를 개최하였다. 결론으로 얻는 것은 영원히 지구촌을 지배할 수 있는 절대 반지는 민본(民本)이라는 점이었다. 마치 2001년 개봉한 영화「반지의 제왕(The King of Ring)」같다. 고대 중국인들은 이미 절대 반지를 찾았다. "모든 반지를 지배하고, 모든 반지를 가두는, 모든 반지를 불려 모아서 암흑 속에 묻어버릴 하나의 절대 반지"[7]를 알아내었다. 하늘과 땅, 자연과 인간의 상생을 위한 순리를 찾아 국가지도자(군주)는 백성을 근본으로 섬겼다. 군주가 되고자 했던 국가지도자들은 제왕서(帝王書)를 통해서 수양하고 리더십을 닦았다.

이들에게 학문이란 많이 아는 것이 목적이 아니었다. 근본적인 원인에 대한 의문도 가져보며, 고정관념을 파괴해 생각의 틀까지도 바꿨다. 아는 것에 멈추면 '배운 자의 무식함(doctorial ignorance)'을 드러낼 위험이 많다. 이에 벗어나고자 이성적 판단에 따른 철두철미한 실행을 덕목으로 삼았다. 특히 국가의 지도자에겐 엄격한 수양을 통한 성품, 행동적 양심 및 리더십을 요구하였다.[8] 한마디로, 수신제가치국평천하(修身齊家治國平天下)다. 이런 내용을 담았던 제왕서를 역대 군왕은 읽고 행했다. 고려 광종은 한비자(韓非子), 대학연의(大學衍義), 정관정요(貞觀政要) 등을 옆에 끼고 지냈다. 세종도 셋째아들이지만 아버지 태종의 묵인 아래 제왕서 대학연의를 익혔다.

이들 지도자들이 가장 고민하였던 건 바로 국태민안(國泰民安)[9]이었다. 오늘날 용어로 말하면 '민주주의적 복지국가의 번영'이다. 이런 복지국가 건설을 위해 기본 토대는 국가지도자와 국민과의 믿음이었다. 진시황제가 진나라의 통일을 위해 가장 먼저 시도했던 게 백성들의 믿음을 얻는 것이었다. "백성의 마음을 얻어야 비로소 천하를 얻는다(得民心得天下)."는 공식이었다. 같은 맥락에서 2013년 2월 25일에 출범했던 박근혜 정부가 2014년 1월 4일에 "통일 대박"을 외쳤다. 또한, "믿음을 얻지 못하면 무엇 하나 확립할 수 없다(無信不立)."고 제1성을 외쳤다.

진정한 믿음은 마음을 터놓고 소통하는 데, 그리고 핵심은 음식 끝에 마음 상하지 않는 데에서 나온다. 속된 말로 "밥통 속에서 인심이 나오고, 소통이 나온다." 점잖게 돌려서 말하면 경제적 여유 속에서 힘이 나오고, 인정머리도 나오게 된다. 우리나라가 수천 년 동안 중국을 섬기게 되었던 원인은 바로 '비단장수 왕 서방'이라는 경제력이다. 중국이 최근 150여 년 동안을 제외하고 이 지구촌을 다스릴 수 있었던 절대 반지(absolute ring)는 경제력이었다. "돈이면 귀신까지도 부릴 수 있었다(錢可通神)."[10] 최근 150년 동안에 그들은 뼈저리게 느꼈던 교훈이 "가난을 보고 웃어도 몸 판다고 비웃지 말라(笑貧不笑娼)."고 하면서 다시 한 번 더 세계 제패를 위해 일어났다. 더욱 심하게는 "차라리 목숨을 줘도 돈은 놓지 않겠다(寧捨命不捨錢)."는 절대 반지를 잡을 심상이다.

'비단장수 왕 서방'의 패러다임

21세기에 들어서 지구촌은 민주주의 확산, 정보통신과 과학기술의 획기적인 발전은 20세기의 '개방과 확장된 세계(open and expending world)'에서 새로운 차원의 국익을 추구하고자 하는 '제한과 폐쇄적 세계(circumscribed and closed world)'로 변하고 있다. 근본적인 사고의 변혁의 밑바닥에서는 i) 과도한 식민지 확장 혹은 무력에 의한 필요 이상의 자원 확보로 소탐대실(小貪大失)을 바라지 않게 되었다. 또한, ii) 자국의 문제도 한 짐인데 지배국 현지민의 갈등과 천재지변의 난제에 책임과 부담을 떠안기를 바라지 않고 있다.[11] 허장성세의 강대국보다는 알찬 복지와 행복의 강소국(small strong state with welfare and happiness)에서 실속을 챙기는 사고방식으로 변천해가고 있었다.

이런 변화의 기미를 세계 지성들은 눈여겨봤고, 흐름의 방향을 간파하고 있었다. 냉전의 종식(the end of cold war)과 공산이념의 몰락(fall of communist's ideology)으로 자본주의가 제시하는 새로운 패러다임이 전파되었다. 새로운 패러다임은 국가행정력의 약화, 경제위기, 인구의 격증 및 환경문제를 야기시켰다. 이런 흐름을 간파했던 후쿠야마((Francis Fukuyama)는 1992년에 '역사의 종말(The End of History and the Last Man)'에서 언급했다. 또한, 전쟁의 불가피성, 민족국가의 문화권 사이에 충돌 발생이 예측되었다. 특히 기독교와 이슬람문명에 갈등이 눈에 띄고 있다. 이슬람 소수 테러리스트로 간과하지 않았고, 중국과 이슬람문화의 결합으로 기독교문화에 대처라는 상상을 펼쳤던 헌팅턴(Samuel Huntington)은 1996년에 '문명의 충돌(The Clash of Civilizations)'의 새로운 렌즈로 세상을 보여줬다.

그뿐만 아니라 이미 21세기 난세가 예언되었다. 낙후된 지역의 인구급증, 경제발전 지체로 지구촌의 혼란을 예견하였으며, 기후변화, 천연자원 고갈, 국가의 실패 등으로 새로운 패러다임의 변혁을 예상하였다.[12] 19세기 영국의 웰스(Herbert George Wells)는 "초기 항해자들은 가능한 한 약탈했고, 어쩔 수 없을 때만 교역을 했다."라고 했다. 약탈에 따른 희생, 지키기 위한 부담, 보복의 악순환 등에서 벗어나고자 '약탈에서 영향력 행사(from robbery to power-broking)'로 바뀌고 있다[13]고 예언했다.

단적인 사례로 소련은 과거 점령자나 전승국으로 취했던 이득이 관리비 등의 부담에 비해서 못 미쳤다는 것이다. 원유와 곡식을 친구 가격(friendly price)으로 제공했던 것은 물론이고 한발 더 나아가 위성국가(satellite countries)까지 모두 포기했다. 1975년 통일을 달성했던 베트남은 주변국 캄보디아와 라오스를 침공해 점령하였으나 1979년 캄보디아 킬링필드(killing field) 등의 국내외에 골치 아픈 일에 얽히기보다 아예 손을 멀리 뗐다. 자국의 일부 영토까지도 포기했다. 아프리카에선 서양 열강들이 속속히 100년 전과 반대현상으로 1945년 전후 리비아(Libya), 이집트, 수단(Sudan), 모로코(Morocco), 튀니지(Tunisia), 1975년 앙골라(Angola), 1980년 짐바브웨(Zimbabwe), 1990년 나미비아(Namibia)… 2011년 남수단(South Sudan)이 194번째로 신생독립국을 선언했다. 즉, 서양 열강들이 군사, 정치적으로 손을 놓고 떠나버렸다. 심지어 강대국이나 선진국에서는 UN PKO(peace-keeping operation)에 파병까지도 기피하고

우리나라와 같은 개도국에서만 파견하고 있다.[14]

과거 강력한 무력으로 식민지국을 장악했던 전쟁패러다임(war para-digm)에서 싱가포르, 스위스 등의 경제적 강소국가가 공존과 번영하는 교역중심 패러다임(trade-centered paradigm)으로 전환하고 있다. 즉 전쟁에서 무역으로 패러다임(war-to-trade paradigm)이 변천하고 있다. 그래서 '세계의 공장' 중국이 새로운 '비단장수 왕 서방(絲綢長王先生)'으로 옛 당 제국(The Graet Tang Empire)의 명성을 되찾아가면서 새로운 세상을 열어가고 있다. '칼 대신 지갑을 들고(raising wallet instead of the sword)' 영향력을 행사하고 있다.

2

미국 믿지 말고, 소련에 속지 말며,
일본이 일어나니, 조선이 조심하자

지구촌, 작은 모빌 장난감

우리가 살고 있는 지구촌엔 복잡한 사건이나 예상외의 현상들이 동시 다발적으로 발생하고 있다. 그러나 관련 사항을 간추려서 인과관계, 발생 확률, 전후좌우 등을 따져서 그림을 그린다면 물고기 뼈 모양이 될 것이다. 모든 뼈가 귀결되는 등뼈가 있듯이 지구촌의 다양한 사건의 현상도 중심축에 모여들 것이다. 다른 한편으로 어느 한쪽을 건드리면 연결되어 순차적으로 연계적으로 움직인다. 아주 단순하게 생각하면 요람 위에 달아 놓은 젖먹이용 모빌 장난감(mobil plaything)과도 같다. 이런 연관성을 종교에서는 연기설(緣起說) 혹은 황금률(golden rule)로 풀이하지만, 최근에는 '계획된 우연(planned happenstance)'이라고도 한다. 누군가의 계획, 도모, 원인 제공으로 나타나는 우연한 필연이다.

호수 위에서 유유히 떠다니는 백조는 평화스럽게 보이지만 물밑에선 두 발로 부단히 헤엄을 치고 있다. 잠시도 쉬지 않고 물을 저어서 물 위에 떠서 놀 수 있게 원인을 제공하고 있다. 이처럼 좋게 말하면 누군가의 디자인 혹은 도모에 의해서 나도 모르게 우연한 필연의 결과를 얻고 있다.

아우구스티누스(Aurelius Augustinus)의 『명상록(Confessions)』에서는 "개에게 돌을 던지면 개는 돌을 보고 짖어대지만, 호랑이에게 돌을 던지면 돌을 던진 사람을 향해서 달려든다."라는 구절이 있다. 한반도에서 발생한 국토분단, 동족상잔, IMF 외환위기 등의 재난을 우리는 단순하게 '돌을 보고 짖어대는 개' 꼴로 당하기만 하고 있다. 사전에 누군가 자신들의 이득을 위해 기획하거나 도모하겠다는 의심조차 하지 못했다. 나쁘게 말하면 전략을 구상하고, 음모한 배후를 우리의 지도자들은 생각조차 하지 않았다. 물론 2차 대전의 종전을 예상하고 계획적이고 체계적으로 정부 수립 절차를 실행하지 않았다. 오직 한다는 것은 이념분쟁과 사회분열의 조장이었다. 전승국의 전리품 협상에 대해 생각도 하지 않았고, 손마저 놓았다. 패전국 일본은 '미영소중 4개 분할' 통치계획을 탐지하고 승전국을 설득하여 온전히 보전할 수 있었다.

국가지도자로서 김영삼 대통령이 "일본의 버르장머리를 고쳐주겠다."[15]고 했다. 한순간만은 속 시원했을지는 모르나, 말 한마디로 외환위기에 대한 경제적 지원을 요청했지만 싸늘한 냉대만 받았다. 온 국민이 피와 눈물을 흘리면서 제2의 국채보상운동을 전개해 IMF를 극복해야 했다. 2012년 8월 10일 10시 40분 이명박 대통령의 독도 방문으로[16] i) 일본 사람들에게 독도가 어디에 있고, ii) 한국 대통령까지 국제문제로 제기하였으며, iii) 일본에 영토 문제를 제기하도록 자극을 주었다. '잠시 속 시원함'을 위해서 던진 돌에 국가운명이란 개구리는 맞아서 죽을 수도 있다. 국가지도자가 일시적 감정을 자제하지 못해 가벼운 행동거지는 이솝의 「도련님과 개구리」[17] 우화에서 경계하는 '돌에 맞아 죽는 개구리'로 국민과 국가운명을 만들 수 있다.

일본도 말 한마디로 1945년 8월 6일 오전 8시경 히로시마(廣島)와 8월 9일에 나가사키(長崎)에 원자폭탄의 세례를 받아 국민 20~30만여 명 사상자를 내었던 뼈아픈 사례가 있다. 바로 그 말은 '묵살(默殺)'이다. 1945년 7월 중순에 무조건 항복을 한다는 것이 '불패의 신, 천황'에 대한 치욕이라고 일본제국 군부 엘리트들은 생각했다. 그래서 소련을 통해서 미국에 조건부 항복으로 선회를 요청했다. 손톱조차 들어가지 않았다. 최종적으로 국가지도자들이 전략회의를 개최하고 그 결과를 기자회견에 발표했다. '조용히 죽은 듯이 묵묵히 있겠다(默殺する).'는 뜻으로 '묵살(もくさつ)'이라는 용어를 선택했다. 그러나 전쟁에 진절머리를 느꼈던 일본통역관이 무의식적으로 '거부하다(deny)'는 뜻으로 언급했다. 영국 BBC가 "일본이 연합군의 최후통첩을 거부했다."[18]라고 보도했고, 7월 30일 뉴욕 타임즈(New York Times)도 "일본이 연합국의 항복촉구를 공식적으로 거부했다."[19]라고 보도했다. 일본에 호의적 보도는 하나도 없었다. 이를 본 트루먼 대통령은 격분한 나머지 마침 독일에 쓸 목적으로 13년이나 걸쳐 제조했던 비장의 원자폭탄을 일본현장에 실전 실험하기로 8월 3일에 서명했다.

국가의 지혜 창고엔 황금보석이 넘쳐난다

중국 진(秦)나라는 지리적 위치, 영토의 규모 및 물산의 풍요에서도 주변 국가에 비교하면 형편없이 열악했다. 단지 내세울 수 있는 게 등용한 국제적 안목을 갖춘 국가지도자(인재)들이었다. 특히 다른 나라에서 모여든 인재들을 적재적소에 활용했다. 상앙(尙鞅)은 정부불신의 백성을 결집하기 위해 불신만은 없애고자 이목지신(移木之信)[20] 시책과 저잣거리의 저울눈을 속이는 일이 없도록 도량형제도를 개혁하는 변법을 시도하였다. 한비자(韓非子)의 제자 이사(李斯)는 법치주의 기반을 다졌다. 국적이 다른 대신들이 아방궁 건축, 만리장성 등의 대형토목공사를 하는 것을 질투하여 '진나라를 망하게 하고자 국력을 낭비한다'고 내국인들이 모략했다. 끝내는 국적이 다른 인재를 쫓아버려야 한다는 상소(逐客書)를 내었다. 진시황은 이사(李斯)의 축객 반대 상소문인 간축객서(諫逐客書)[21]를 믿고 받아들여 통일의 기반을 다졌다. 믿음을 주고 단합을 이끌어 중국 최초의 천하 통일을 이룩했다.

오늘날도 국가의 번영은 과거의 인재등용처럼 인적자원의 적극적인 활용에 좌우된다. 국책연구기관 혹은 정보기관을 통해서 시기적절하고 효과적인 국책사업을 추진하는 게 동서고금을 막론하고 국가번창에 직결되었다. '국가의 지혜 창고엔 황금보석이 넘쳐난다'는 말이다. 국가의 백년대계를 갖지 않고 정권의 영욕에 좌우되다가 빈곤을 벗어나지 못하고 단명하는 나라가 많다. 고려 말, 정몽주(鄭夢周)는 "나라가 대계를 갖지 않으면 백성만 곤궁할 뿐이다(國無大計, 唯民貧窮)."라고 했다. 이와 같은 말은 IMF 외환위기를 당해 허덕이고 있을 때, 『강대국의 흥망사』를 저술한 폴 케네디가 청와대 김대중 대통령을 찾아와서 위로 격려로 했던 "이 지상에서 국가 대계 없이는 어떤 강대국도 있을 수 없다(Without national grand plan, there is no superpower in this world)."고 1392년 이방원의 철퇴(鐵槌)에 맞아 죽었던 포은(圃隱) 선생님이 되살아난 듯이 같은 말을 했다.

이스라엘 중앙공안정보기관(Central Institute for Intelligence and Security)은 속칭 모사드(Mosaad)라고 한다. 이 정보기관은 "지략이 없으면 백성이 망하여도, 모사(국가자문기관)가 많으면 평안을 누리리라."[22]라는 잠언 11장 14절의 구절을 모토로 삼고 있다. 오늘날 군사경제의 최강국 미국도 1,800여 기관의 수많은 싱크탱크(think tank)를 갖고 있다. 그들은 우리나라에 관련된 정보와 사건 하나하나에도 원인을 분석해 미국의 국익을위한 대안을 마련하고 있다. 미국의 싱크탱크에서는 한반도의 지도 위에다가 수십 번이고 37도선, 38도선, 39도선에다가 분단선(divide line)을 수없이 획책했다. 그뿐만 아니라 미군 철군 계획도 여러 번 했고, 실제로 2번이나 시도했다. 1949년 5월 28일에 주한미군 철수완료로 1950년 6월 25일한국전쟁(Korea War)이 발발했다. 1976년 11월 지미 카터의 대선공약으로 1978년 여름까지 지상군 9,000명을 철수하고 1982년 7월까지 주한 지상군 철수를 완료했다. 단지 공군과 해군 일부만 지금까지 남아있다. 그들은 도상계획(map plan)을 하지만, 군사훈련 혹은 실행을 해왔다.

우리나라 언론에서는 2004년 4월 22일 북한 용천역 폭발사건을 김정일 국방위원장을 암살하기 위한 목적으로 질소비료 폭탄을 사용한 쿠데타 미수사건으로 보도했다. 일부 해외 언론에선 "시리아와 이란의 핵폭탄 제조 프로젝트에 관련된 몇 명의 과학자들이 피살되었고, 핵무기 제조물질을 운반하던 열차가 파괴되었으며 이는 이스라엘 모사드의 작품일지 모른다."라고 보도했다.[23][24] 물론 우리나라의 모 월간잡지에서도 용천지역(핵무기군사기지)은 일본제국의 군대가 핵무기 제조를 위해 수풍발전소의 전기시설과 주변에 풍부한 우라늄 채취를 위해 군사적 비밀지역으로 통제하고 원자폭탄을 제조하던 곳이라는 점을 제시하기도 했다.[25]

2007년 미 해군연구소(U.S. Navy Institute)에서 발간된 '일본정벌 전략 : 전쟁계획 오린지(War Plan Orange : The US Strategy to Defeat Japan)'[26]에 의하면, 미국이 일본에 대비해서 1897년부터 1945년까지 48년 동안 대응하는 장기전쟁계획서를 마련했다. 미국의 치밀성과 장기적 대비성

에 우리를 놀라게 한다. 우리나라로는 상상도 못 하는 i) 정권 혹은 국가지
도자가 여러 명이 바뀌었는데 지속적으로 그대로 추진했다는 점, ii) 계획
에 참여한 수천 명의 군 장성과 국가지도자 중 어느 한 사람도 1970년 비
밀문서에서 해제되기 전까지 함구했다는 거다. 저자 밀러(E.S. Miller)는
"역사적 가장 성공적인 전쟁계획이다. 크고 혹독한 패망의 대가를 안겨다
준 다른 강대국에 대한 사전전쟁계획이었다."라고 평가했다. 이런 맥락
에서 본다면 철두철미한 사전계획 없이는 미국은 한 발자국도 움직이
지 않는다. 철저한 플랜 맨(plan man)의 습성을 지닌 미국으로 한국전쟁
(Korea War, 6·25동란)에 대한 사전계획이 없을 리가 없다. 패전국 일본
의 경제부흥을 위한 프로젝트로 한국전쟁 기획(Korea War Plan)이 '제

2의 가쓰라-태프트 밀약(The 2nd Taft-Katsura Secret Agreement)'으로 존재할 가능성이 있다.

건전한 위기감을 늘 가져라(居安思危)[27]

"미국을 믿지 말고, 소련에 속지 마라. 일본이 일어나니, 조선만이 조심해야 한다."[28]는 유행어가 1945년 8월 15일 이후 수년간 온 국민들이 하루에 몇 번씩 했던 말이다. 심지어 6·25동란 이후에도 1960년 초반까지 어른이고 아이들도 노래까지 했던 말이다. 미국과 일본은 1905년 7월 가쓰라-태프트 밀약으로 일본은 한국을 미국은 필리핀을 식민지로 양국이 이해하면서 서로 밀어주었다. 1941년 12월 7일 하와이 진주만을 공습하기 전까지는 우방이었다. 미국은 사전에 일본패망전략을 수립하고 대응하고 있었다. 최후의 발악으로 생각하지도 못했던 뒤통수를 맞았다. 일본은 1945년 7월에 무조건 항복을 조건부 항복으로 미국을 설득해달라고 소련에 당부했다. 소련은 자신의 국익을 위해 남북한 분단을 낚아채고, 일본에게 원자폭탄의 세례를 안겨다 주었다. 이렇게 국제관계는 서로가 속이고 속으면서 자신들의 이익만을 낚아채는 모습을 야바위판을 방불하게 했다. 결국, 미국은 사전 전쟁계획에 따라 일본을 패망시켰다. 그러나 최강대국 미국마저도 자국민에게 10만 명의 사망과 20여만 명의 피해의 아픔을 안겨다 주었다. 일본의 군사대국으로 재건을 방지하기 위해 미영소중의 4개 전승국이 분할통치하고자 했으나 일본의 끈질긴 설득외교로 자위대만 보유하도록 하고, 미 군사 방위망을 적극 활용하도록 했다.

한편 1948년 8월 15일, 우리나라가 정부수립을 하자 미국은 1949년 6

월까지 군사자문단 500여 명만 남기고 3만여 명의 미군을 완전히 철수했다. 당시 이승만 대통령은 주변국 정세를 무시했다. 또한, '이틀분 실탄만 갖고 있다'는 국내 현실까지 무시하고 '점심은 평양에서 저녁은 신의주에서 먹자'면서 북진 통일만을 외쳤다. 1950년도 군사원조 예산을 200억 달러를 미군에게 요청했으나, 미국정부는 반액으로 감축해서 '이틀분 실탄만 남았다'는 것은 국방 현실이 되었다. 1950년 1월 12일 애치슨(Dean G. Acheson) 국방장관은 기자회견을 통해서 미 군사방위선에서 한국을 제외했다. 이 같은 위기상황을 놓칠 리 없는 북한은 1950년 6월 25일 소련의 지원을 받고 중국을 설득하여 남침을 감행했다. 중국은 약속을 어기지 않고 북한군이 밀리는 상황에 적극 개입하여 지원했다. 이승만 대통령은 6·25동란이 발발되자 1950년 7월에 UN 연합군과 미군 맥아더 사령관에게 국군통제권을 반환기한도 없이 넘겼다. 또한, 1953년 7월 휴전협정에도 서명을 극구 거부하는 바람에 북한, 중국 및 미국만이 휴전협정 당사자로 서명했다.

미국이 한국을 진정한 우방국으로 국익을 챙겨주기보다 자신의 국익을 챙기는 경우가 종종 발생이었다. 특히 일본과 국익을 같이 할 때는 1905년 가쓰라-태프트 밀약, 1945년 8월 15일 태평양종전을 위한 일본의 4개국 분할 대신에 한반도를 분단, 1949년 대한민국 철군과 1950년 1월 한국방위 제외로 6·25 전쟁, 1976년부터 1982년까지 주한미군의 지상군 철군을 서슴지 않고 했다. 최근에도 한국정부에 길들이기 위한 한국만을 따돌리고 주변국과는 협상하는 속칭 봉한정책(封韓政策)을 실시했다. 가장 대표적인 것이 남북한이 군사적 대치상태에 있기에 가장 위협적이고 긴장감을 주는 통미봉남(通美封南)정책이다. 우리나라 국민 모두가 다 알고 있는 사례를 들면, 1993년도 북한은 NPT 탈퇴선언을 하고 미국에 접근했다. 핵무기개발이란 빌미를 놓고 1994년에 비밀리 제네바 합의를 했으며, 협상 결과 중유와 경수로를 제공하기로 했다.[29] 나중에 우리 정부에 알려 1995년 KEDO(Korean Peninsula Energy Development Organization) 사업을 추진하다가 11년 6개월 만에 중단하고 말았다. 또한, 1996년 9월 15일 북한군 소형잠수함이 남한 영해에 침입했다는 정보를 확보하고도 남한정부에 통보조차 하지 않았다. 마지못해 한국 출신 미 해군정보국 한 장교가 관련정보를 한국에 비밀리 넘겼다. 그는 스파이 범죄로 체포 처벌을 받았고, 우리나라 정부는 관계없다고 오리발을 내밀었다. 가장 최근엔 2015년 12월에도 2016년 1월 6일 제4차 핵(수폭) 실험하기 직전까지도 평화협정을 위해서 미국과 합의를 했다. 결과는 비핵무기 조건에 북한이 거절하여 협상이 중단되고 말았다.[30]

6·25동란 일명 한국전쟁(Korea War)은 일본에겐 신의 축복이었다. 일본의 경제적 부흥을 위해 잔치를 벌이는데 한국이란 돼지를 잡은 격이다. 한국전쟁 당시는 일본의 GDP 성장률은 연간 60% 이상, 1960년부터 1970년까지 10년간 400% 이상 경제성장을 했다. 이런 여세를 몰아서 1980년 일본은 G2 경제 대국으로 부상했다. 비록 2012년에 중국에게 G2 자리를 내주고 G3로 내려앉았다. 이렇게 영원한 우방도 영원한 적도 없다는 사실을 인식하면 8·15 광복을 맞아 외쳤던 "미국 믿지 말고, 소련에 속지 말며, 일본이 일어나니, 조선 사람이 조심하자."는 선인들의 말이 새삼 되새겨진다. 우리나라는 스스로 힘을 기르지도 못했고, 눈치를 살펴서 조심조차 하지 못해 결국 일본의 잔치에 돼지로 죽임을 당했다. 앞으로는 우리의 불행이 일본 혹은 어느 주변 강대국의 축복이 되어서는 안 된다. 춘추좌씨전 중국고전에 "편하게 살 때에 최악을 상정하여 만반의 준비를 해야 걱정이 없게 된다(居安思危, 思則有備, 有備无患)."[31] 즉, 건전한

위기감(sound crisis mind)을 갖고 최악을 대비해 두 번 다시는 일본에 당하는 일은 없어야 한다. 지금도 우리나라는 마음 놓을 때가 아니다. 『반딧불이의 무덤(火垂るの墓)』[32]의 작가 노사카 아키유키(野坂昭如)는 85세의 나이로 2015년 12월 9일에 별세하면서 마지막 에세이에서 "이 나라(일본)는 과거 태평양 전쟁을 시작하기 전의 그때로 다가가고 있음이 확실하다."라고 잡지사에 제출하는 마지막 부분에 적었다고 한다.[33] 일본은 또다시 한반도를 식민지로 주워 먹고자 입맛을 다시고 있다. "일본 자위대의 북한 파견을 한국정부와 상의할 사항이 아니다."[34]라고 일본의 언론매체에서 공공연히 보도하고 있다.

3

성을 쌓은 자는 망한다(築城則亡)

길을 낸 자는 흥했지만, 성을 쌓은 자는 망했다

인류역사상 천 년의 역사를 가진 나라는 서양에선 1,480년간 존속한 로마제국과 동양에선 992년간 사직을 가졌던 신라뿐이다. 두 나라의 특성은 성(城)을 쌓지 않고, 비록 정벌전쟁을 하기는 했으나 주변국과 고립되지 않고 끊임없이 교역과 교류를 하였다. 심지어 로마군대는 정복과 동시에 도로 건설을 하여 '한 번 정벌로 소통해 동화시킨다'를 슬로건으로 했다. 근대식민지 정복으로 대영제국, 미 연방국, 일본제국 등의 대제국은 '잔인(cruelty)과 국익(national interest)'을 위해 지배를 했다. 그러나 로마는 '관용(toleration)과 자유(freedom)'로 치세를 하였기에 국명을 거꾸로 해도 '사랑(Amor)'이었다. 그래서 천 년을 넘게 존속할 수 있었던 원동력이 되었다.

신라(新羅) 역시 국명 자체가 '새롭게 펼침(Newly development)' 혹은 '새로운 비단(new silk)'에서 나왔다. 삼국사기에서는 지증왕 4년에 "나날이 덕업으로 새로워지고, 세상 만방에 펼쳐라."라고 국명에 의미부여를 하였다.[35] 당시 신라의 말로 거친 비단이란 '깁, 사로(斯盧) 혹은 사라(斯羅)'를 국명으로 하다가 중국이나 대식국(大寔國)에서 '새로운 비단'을 공급하는 나라라고 해서 먼저 신라(sila)라고 하였다. 주변 국가에서 신라라고 하자 마지못해 503년에 국명을 신라로 정하고 992년의 국가운명을 존속하였다. 서라벌 아낙들의 섬섬옥수로 만든 조하주(朝霞綢)를 호연지기를 지녔던 사내들은 대월국(大月國, Roma)에까지 교역할 수 있게 육로와 해로를 통해 비단길(silk road)을 만들어 나갔다. "모든 길은 로마로 통한다(All roads lead to Rome)."라는 말처럼 "모든 비단길은 신라로 통한다(All silks lead to Sila)."라는 역사를 만들었다. 또한, 신라 역시 로마 귀족처럼 국가지도자가 솔선수범했다. 품일 장군은 자신은 물론이고 아들 화랑 관창을 전쟁에 먼저 보내 장렬하게 죽게 했다. 두 천년제국의 정신적 지주는 바로 '노블레스 오블리주(Noblesse oblige)'였다.

그러나 신라의 개방적인 외교를 이어받았던 고려 역시 500년의 국가사직을 존속하였다. 그런데 1392년에 개국한 조선은 중국에 대한 사대와 일본에 대한 교린만 하고 나머지는 폐쇄하는 철저한 쇄국정책을 썼다. 국가경륜 480년 동안 1872년 강화도조약까지 줄곧 쇄국정책 일변도였다. 1866년에 천주교의 병인양요(丙寅洋擾)와 신미양요(辛未洋擾)를 계기로 "서양 오랑캐의 침입에 맞서서 싸우지 않는 것은 화평하자는 것이며, 싸우지 않고 화평을 주장하는 자는 매국노이다(洋夷侵犯非戰則和, 主和賣國)."라는 척화비까지 전국에 세워서 백성들의 눈, 귀와 입을 막았다. 심지어 대부분의 국왕들은 눈을 가리고 귀를 스스로 막았다. 용상 뒷면에 '일월곤륜도(日月崑崙圖)'라는 병풍까지 만들어서 사고범위에 철저한 자기폐쇄에 들어갔다. 주변 사람들로부터 가림판이었던 일월곤륜도 병풍에는 거창한 의미를 부여하고자 시경의 천보시(天保詩)를 견강부회했다. 즉, "하늘이 당신을 보호하시고 안정케 하시니. 아주 굳건히 하도다. 높은 산과도 같으며 큰 땅과 같으시니. 강물이 흐르고, 달이 점점 솟아오르니, 해 또한 떠오르리라. 결과 무너지지 않으리. 청송처럼 무성하고, 그대의 후손도 번창하리라(天保定爾, 亦孔之固. 如山如阜, 如川之方至. 如月之恆, 如日之升, 不騫不崩. 如松柏之茂, 無不爾或承.)."[36]라는 의미를 집약해 그림을 그렸다. 우리나라 조선에만 있었던 불통의 유산이었다. 불통위정의 한계를 수차례 드러내었다. 임진왜란, 병자호란 등의 국가 대란까지 당했는데, "내가 하는 건 로맨스이고 남들은 불륜이다."라는 논리는 500년간 지속되었다. 결국은 한일 합방의 비운을 자초했다.

중국의 사례를 든다면, 기원전 220년 중원을 최초로 통일한 진시황은 나라 안에서는 자신의 실정을 기록한다는 빌미를 잡아서 학자들을 생매장했다. 그뿐만 아니라 서책을 불사르는 분서갱유(焚書坑儒)까지 하였다. 나라 밖에서 침입하는 적을 막겠다는 의지로 만리장성을 쌓았다. 결국은 자신 주변의 모두에게 성을 쌓았다. 통일 후 15년 만에 망국의 비운을 맞았다. 중국의 역대 왕들은 흉노, 돌궐 등의 북방 오랑캐를 막고자 1,844년간 만리장성을 쌓았다. 1,644년 50만 대군을 통솔하던 대명제국의 오삼계 장군은 이름도 없는 15만 명의 청군에게 맞아 난공불락과 같았던 만리장성의 문을 열어주고 말았다. 오삼계 장군이 열었던 만리장성의 문은 바로 산해관(山海關)이었다.[37] 적의 침입을 막지 못하는 만리장성을 더 이상 쌓지 않았고, 결국은 성을 쌓았던 민족은 모두 망했다. 거대한 만리장성도 적을 막는 데 한 조약돌만도 못했고 적장의 외마디 호령에 스르르 무너져 내리고 말았다.

AD 716년 몽골 대평원을 점령해 건설하였던 돌궐 제국(突厥帝國, Turk

Empire)의 장군 톤유쿠크 (Tonyuquq)는 자신의 묘비에 "성을 쌓고 사는 자는 반드시 망할 것이며, 끊임없이 이동하는 자만이 살아남을 것이다." 라고 하는 교훈을 몽골의 수도

자료: 돌궐 톤유쿠크 장군 비문(시카고대)

울란바토르 근교에 아직도 남아있어서 미국의 시카고, 일본의 오사카 대학 등에서 비문을 탑본해 갖고 가 번역하였다.[38] 이 비문은 439년 뒤에 몽고 대제국을 건설할 칭기즈칸(成吉思汗)의 출현을 예고한 천기누설의 비문이었다. 그는 지구촌을 누구보다도 자유롭게 누비면서 최대제국을 건설하여 21년(1206~1227년) 동안 로마제국 4배가 넘는 영토를 장악하였다. 우리나라의 역사책에선 '베얼즈진 테무친(孛兒只斤 鐵木眞)'으로 적고 있다.

스스로 성을 쌓는 국가지도자

스스로 성을 쌓은 게 물리적인 성(castle)만이 아니다. 조직이나 국가에서는 당리당략 혹은 집단이익을 위해 자신들의 주장을 수단과 방법을 가리지 않고 관철하는 근성도 심리적인 성(psychological castle)이다. 우리나라의 지시일변도 혹은 상명하복의 문화도 지배자의 입장에서는 토론문화의 정착이다. 솔직히 까놓고 말하면 사리사욕 혹은 당리당략을 위한 붕당 혹은 당파행위에 불과했다. 임진왜란 3년 전 1589년 11월 18일 선조는 황윤길(黃允吉)을 정사(正使), 김성일(金誠一) 부사(副使)로 통신사를 임명했다. 다음 해 3월에 왜 사신(對馬島主) 소 요시토시(宗義智)가 동행해

한성을 떠나 4월에 대마도에 갔고, 이어 오사카(大阪)에 들러 당시 최고 권력자 도요토미 히데요시(豊臣秀吉) 관백(關伯)에 국왕의 예를 표하는 것을 놓고 김성일 부사는 완강히 반대했다. 적국인 일본에 와서도 동서당파의 갈등은 사사건건이 연속이었다.

1591년 3월에 귀국해 국왕 선조 앞에서 어전 보고 회의를 하는데 황윤길은 "머지않은 앞으로 반드시 병화가 있을 것입니다."라고 보고했다. 이에 반해 김성일은 "전혀 그런 조짐이 없었사옵니다."하고 엇박자를 내는 상소했다. 험악한 분위기를 돌리려고 국왕이 관백의 용모에 대해 물었다. "눈에 광채와 담력이 남달랐습니다."라는 정사의 말이 떨어지기가 무섭게도 "쥐새끼 눈에다가 원숭이 모양이라서 위용이라고는 하나도 없어 전쟁할 위인이 못 됩니다."고 반박했다.[39]

일반적으로 우리나라 사람들은 설득이나 소통을 자기주장을 하면 상대방은 두말없이 "예."하고 순종하는 것으로 인식하고 있다. 지난 2010년경 소통 문화가 유행하던 시대가 있었다. 그때에 공직과 같은 조직 사회에서는 직속상관의 입장에선 "나만큼 소통하는 사람은 없는데 직원들이 따라주지 않는다."는 불만이 많았다. 그 직속상관은 불만 해소를 위해 핵심은 비켜가면서 2시간이나 빙빙 돌려가면서 이야기를 했다. 이를 들었던 한 부하직원이 어느 날 밤 회식을 하는 자리에서 "과장님께서 부하직원과 소통을 많이 하시는 것으로 말씀하시는데 제가 보기는 소통이 아닌 일방적인 지시입니다. 왜냐하면, 소통이란 쌍방 의사교류입니다."라고 술자리에서 묵사발을 만들었다는 소문과 그 직원은 같이 사라졌다.

이와 같은 불통의 성을 쌓는 일은 개인만 아니라 조직 및 사회에서도 허다하다. 심지어 일사불란한 조직 사회인 정치와 행정기관에서도 상상 이상이다. 공식적인 소통 매체인 보고조차도 국가 최고기관인 청와대에서도 7시간 혹은 20일간 전달되지 않았다. 2014년 4월 16일의 세월호 참사와 2015년 5월 20일 MERS 사태 등의 보고 지연 사건이 빈발하고 있다. 국가지도자와 국민 간의 대국민 불통은 더욱 심각하다. 대국민사과(對國民謝過)에 주체조차 없는 유체이탈 화법을 국가지도자는 사용하고 있다.[40] 헌법에 엄격하게 삼권분립을 채택하고 있는 우리나라이지만 국회를 청와대 여의도 출장소로 전락시킨다는 이야기가 나오고 있다.[41]

국가지도자가 빠져들기 쉬운 함정

동서고금을 막론하고 국가지도자들은 '자신이 가장 많이 알고, 가장 현명하다'는 자만에 빠지곤 한다. 결국, 자신이 스스로 함정을 파고 덫을 놓았다가 부지불식간에 스스로 빠지거나 걸리는 꼴을 당한다. 자승자박(自繩自縛)이고 자업자득(自業自得)이다. 성경에 "의욕(자만)이 과도하면 죄가 되고, 죄가 커지면 끝내 죽음에 이른다."[42]라는 말이 있다. 국가지도자들이 가장 자신도 모르게 스스로 파는 자만의 함정이다. 이런 현상을 실토하신 분은 '국민의 정부'에서 내무부 장관을 역임하신 김정길이다. 그는 자신의 저서 『공무원은 상전이 아니다』[43]에서 자신이 빠졌던 함정을 적시했다. 그중에서 가장 흔한 것은 i) 인의 장막(human screen)이다. 재직 중에 만나는 사람 모두가 지지자뿐이고 예스맨(Yes-men)만 앞에 포진한다. ii) 또한 올라오는 보고이고 자문마저도 구미에 맞게 요리된 정보만 제공하기에 반대의견, 문제점이나 위험성은 전혀 언급하지 않는다. 간혹 쓴 말을 하더라도 핵심은 여과했거나 왜곡하고 분장한다. 심지어 통계까지도 마사지 작업(massage work)을 한다. 다음으로 iii) 스케줄의 함정이 있다. 하루에

20~30개가량 숨 쉴 틈도 없이 일정(이벤트)을 소화하지만 정작 만나야 할 사람은 못 만난다. 절친했던 친구도 외면하는 경우가 발생한다. 속칭 자기 사람들이 '정신 못 차리게 뺑뺑이 돌린다.'

모든 국가지도자들은 이런 함정을 말해도 나는 다르다고 한마디로 듣지 않는다. 혹은 소통 부재가 아니라 소통 의지 부재다. 유교의 논어(論語)와 같은 위정서(爲政書) 대부분에서는 "경청으로 민심을 얻어라(以聽得心)."[44]라는 덕목을 제시하고 있다. 들을 청(聽)자를 뜯어보면 귀 이 자(耳), 임금 왕 자(王), 열 십 자(十), 눈 목 자(目), 하나 일 자(一)와 마음 심 자(心)로 구성되어 있다. 국왕과 같은 국가지도자가 되려면 십 배 이상 귀로 듣고 눈으로 확인한 뒤에 일관된 진심으로 결정해야 한다는 뜻이다. 세계 대제국을 건설했던 칭기즈칸(成吉思汗)은 "많이 들으며, 말은 적게 한다. 어떤 것을 결정함에 있어서 진상을 듣지 않고서는 하지 않는다."고 측근은 전하고 있다. "난 이름도 쓸 줄 몰랐다. 남의 말에 귀를 기울였고, 현명한 지혜를 들어서 알았다. 지금도 나의 스승은 내 귀였다."라고 죽음을 앞에 두고 삶을 회상하였다.

중국 중원을 두 번째로 통일한 당 태종은 "군주가 현명하다는 것은 양쪽의 의견을 다 듣는 것이고, 그렇지 못하다는 것은 한쪽 말만 들었다는 것이다."라고 '정관의 치(貞觀之治)'라는 태평성대를 이끈 비결을 물었던 대신들에게 했던 대답이다.[45] 우리나라에서도 세종대왕이란 경청 군주가 있었다. 집현전(集賢殿)에 젊은 논객 혹은 현인들을 모아 밤새워 담론하며, 언제나 끝까지 다 듣고 "대신들의 말씀이 모두 다 맞습니다. 그러나 내 생각은 이렇습니다."라고 한마디 할 뿐이었다. 듣지 않고 마음을 얻을 수 없고, 마음을 얻어야 비로소 믿음이 생긴다. "믿음이 없이는 세상에 자신의 바늘 하나도 꽂을 수 없다(以聽得心得心生信有信本立)."

4

진시황을 자문했던 양봉 노인의 말은?

진시황의 통일 프로젝트

사마천의 사기에 의하면 진시황의 선조는 동이족(東夷族)으로 당시 진나라의 북쪽인 흉노족 거주지 대구(大丘)에서 살다가 진나라로 옮겨 살았다. 진시황의 태생 비밀은 소설과 같다. 짧게 요약하면, 진시황 당시에 상국(相國)까지 등극했던 여불위(呂不韋)는 효문왕(진시황의 아버지, 호는 정(政))이 볼모로 조(趙)나라 한단(邯鄲)에 잡혀있을 때에 신흥거부로 형과 같은 후견이었다. 그의 애첩이었던 조희(趙姬)가 임신했음을 알고도 정(政)을 모시도록 몸종으로 보냈다. 그녀가 낳은 아들이 성장해 진시황에 등극했다. 그래서 호사가들은 여불위를 "나라를 사고팔았던 거상(國賣巨商)"이라고 했다. 또한, 상상력을 동원하여 진시황의 생부라고 했다.

천하를 통일한 진시황도 출생 비밀에 대한 유언비어에 시달렸다. 이를 막아보고자 골목에 모여 쑥덕거리지 못하게 엄벌을 내렸다. 글로 기록해 유포시키는 것을 없애고자 기록매체를 불사르고 선비들을 생매장(焚書坑

儒)시키기까지 했다. 유언비어가 심각할수록 그의 중원을 차지하고자 했던 야욕은 더욱 불타올랐다. 세상은 억눌릴수록 솟아오르는 힘이 더욱 거세지는 법이었다. 그는 직감했다. 세상의 원망과 비난이 펄펄 끓어오른다는 사실을 알았다. 천하 통일밖에 없다는 생각이었다. 통일의 방안에 고민했다. 그때 세상에 기인이라는 벌치기 노인(養蜂家)을 찾아갔다. 그 노인은 자기 일에만 열중할 뿐 눈길조차 주지 않았다. 아예 귀먹은 양 물어도 대답조차 없었다.

벌 봉(蜂) 자 한자는 여왕벌(虫)만 죽기 살기로 섬긴다(奉)는 상형문자다. 벌들은 불구대천지수(不俱戴天之讎)처럼 한 마리만 남을 때까지 서로 죽기 살기로 싸운다. 진시황은 우연히 벌치기 노인이 이렇게 철천지원수 같이 싸우는 벌들을 합치는 합봉(合蜂)의 모든 과정을 눈여겨봤다. 큰 벌통 하나 중간에 창호지 한 장을 설치하고 가운데에 구멍 하나를 뚫어놓았다. 그런 다음 양쪽에 여왕벌이 다른 벌들을 각각 쓸어모았다. 벌 한 마리가 창호지

신문지로 서로 싸우는 벌을 합치는 모습

구멍을 통해서 적진을 탐색하더니 서로 얼굴을 익혀 기어들어갔다. 며칠이 지나더니 몇 마리의 벌들이 서로 왕래했다. 그러자 창구멍이 점점 커졌고 아무런 싸움 없이 자유로운 왕래가 이루어진 것 같았다. 이때를 양봉 노인은 놓치지 않았다. 즉 세력이 약한 쪽의 여왕벌을 잡아 죽이기만 하면 벌들이 절대 싸우지 않고 합봉(合蜂)이 되는 것이다. 진시황은 BC 230년 합봉책(合蜂策)을 구상해 춘추전국시대를 마무리하는 천하 통일계획을 수립했다. 드디어 BC 221년에 중원을 통일하는 9년간 위업을 달성하였다.

1961년 8월 패전국 독일의 전쟁위험을 근본적으로 없애고자 미국, 영국, 프랑스 및 소련(4개국 분할)이 베를린 장벽(Die Berliner Mauer)을 설치했다. 이에 반해 독일의 빌 브란트(Willy Brandt) 수상은 '동방 정책(Ostpolitik)'이란 이름으로 동독을 지원하면서 왕래를 시작하였다. 겉으로는 베를린 장벽으로 민주와 공산주의의 이념으로 동독과 서독이 대치상태에 있었다. 속으로는 동독과 서독이 부단히 상호 왕래를 했고 물류와 인적교류도 원활히 이어졌다. 끝내 소련마저 서독의 설득을 받아들였고, 주변국의 묵인 아래 베를린 장벽은 1989년 11월 9일 무너지고 말았다. 진시황의 중원통일에 사용했던 합봉 통일(bee-uniting unification)방안이 2,210년이나 지난 통일 독일에 재활용되었다. 빌리 브란트 수상은 생전에 '하나로 벌통 합치기(Bienenstock-einverleiben)' 말을 줄곧 해왔다. 진시황의 천하 통일은 창호지 합봉법(窓戶紙合蜂法)이라고 한다면, 독일 통일은 오늘날 양봉가들이 즐겨 사용하는 신문지 합봉법(newspaper bee-uniting plan)이다.

통일은 우연히 오지 않는다

진시황의 통일 프로젝트에 대해서 좀 더 자세히 언급하면, BC 400년경 중국 중원엔 7개 나라의 영웅(七雄)이 각축을 하고 있었다. 이들 사이에는 약육강식(弱肉强食)이란 정글 법칙(law of the jungle)만이 존재했다. 진(秦)나라는 서쪽 산악지대에 위치하고 있어 물산이 빈약했고, 재원과 인재는 물론이고 모든 여건이 7웅 가운데 가장 약소국이었다. 진장 왕의 뒤를 이어 진 왕이 된 그는 그날 밤에 '최초로 중국을 통일하는 진 대제국(秦大帝國)을 건설하겠다'는 야심을 품었다. "세상에 보라는 듯이 최초 천하 통일의 황제(始皇帝)가 되겠다."를 야심을 백지 위에 꼼꼼히 적었다. 이것이 바로 '중원천하 대일통계(中原天下大一統計)'였다.

그의 통일 프로젝트(天下一統計)의 주요 내용을 오늘날 우리들의 말로 풀이하면 i) 신뢰를 얻지 못하면 아무것도 세울 수 없으니, 먼저 백성들의 마음을 얻겠다(先得信立, 以信樹民, 獲中民心). ii) 다민족이 혼합된 다문화 시대를 열어가면서 국경 없이 천하의 영재를 얻어서 새로운 나라를 열겠다(以多文隆, 得棟梁柱, 又開新天). iii) 통일 인프라가 될 대형 토목공사 등을 추진하여 땀 흘려 미래를 백성들의 눈앞에 보이게 해 같이 나가겠다(以一統基, 汗苦視目, 與民同樂).

그 대계는 처음부터 벽에 부딪혔다. 국왕 혼자서 말만 할 뿐 아무도 믿지 않았다. BC 359년에 상앙이 변법(혁신)을 하려고 했으나 불신이 팽배하여 한 발도 나가지 못했다. 결국 상앙(商鞅)은 변법을 그만두고 믿음부터 얻어야 한다는 신뢰 프로세스(belief process)부터 실시했다. 낙양 시내(洛陽市內)에 한가운데 긴 막대기를 세워놓고 "이 막대기를 동쪽으로 백 보 옮기는 사람에게 황금 100냥을 준다."고 방을 내걸었지만 '너희들의 말은 콩으로 메줏덩이를 쏜다고 해도 못 믿겠다'는 투로 누구 하나 믿고 옮기지 않았다. 또다시 "이 막대기를 동쪽으로 백 보 옮기는 사람에게 황금 50냥을 후사하겠다."라고 했을 때 누군가 믿겨봤자 본전인데 하는 마음으로 장난삼아 옮겼다. 그러자 만인이 보는 앞에서 약속대로 황금 50냥을 주었다. 이렇게 몇 차례 약속을 지키면서 백성들의 신뢰를 심어갔다(徙木之信).[46] 이후 모든 정책에 대해서 반드시 말과 같이 이행하였다. 토지, 세금, 도량형 등의 모든 변법을 추진하는데 백성들은 믿고 따라주었고 혁신은 성공할 수 있었다.

적국까지도 차별하지 않고 인재를 영입해 자국민과 동일하게 대우하였

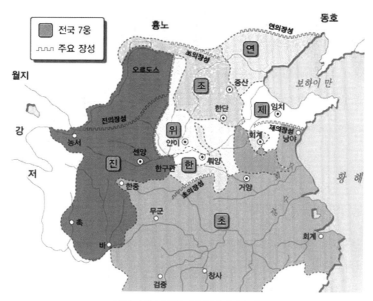

자료 : 전국 7웅의 각축(두산백과사전)

기에 당대 최대의 국제적 인재 풀(brains'pool)을 만들었다. 한나라의 정국
(鄭國)이란 인물이 진나라를 망하게 아방궁, 만리장성 등의 대형 토목공사
(통일 인프라)를 전개한다는 사실에 대해 내국(秦)인의 시기와 질투가 심각
해졌고, 국왕에게 파직상소와 참소(逐客上訴)가 난무했다. 통일 인프라를
위해 대형 토목사업을 추진하는데 국적에 국한하지 않고 다국적 인재를
확보했고, 장성축성의 거대한 재원은 국제적 복권 사업으로 재원 조달을
했다. 총책을 맡았던 이사(李斯)는 진상을 밝히는 '간축객서(諫逐客書)'[47]를
'죽을 각오를 하면서' 진시황에게 올렸다. "태평양 바닷물도 작은 물줄기가
모여서 되며, 태산도 한 줌의 흙이 모여서 이룩됩니다. 천하 대진국(大秦國)
으로 통일을 원하신다면 나라가 다르다고 차별하지 마십시오(河海不辭小
流, 泰山不讓土壤)."라는 요지의 쓴소리를 서슴지 않고 면전에서 했다. 진시
황은 이런 진통과 불신을 소통과 화합이라는 용광로에 집어넣어 다문화

제국으로 녹아내었으며, 이를 원동력으로 천하 통일을 성취하였다. 결국, BC 230년에 한나라를 시작으로 화려하고 흥미진진한 도미노 게임처럼 한(韓)→ 조(趙)→ 위(魏)→ 초(楚)→ 연(燕)→ 제(齊) 순으로 BC 221년 중원천하를 하나로 통합하고 최초로 대진국의 황제로 등극하게 되었다. 그래서 역사는 그를 시황제(始皇帝) 혹은 진시황(秦始皇)이라고 한다.

통일의 씨앗을 뿌리자

시골 어릴 때에 넘어지고 다쳐 몸에 상처 딱지를 액세서리처럼 늘 붙이고 다녔다. 그때에 하는 말이 "헌데 딱지를 떼는 방법이 두 가지 있다. 첫째는 피를 흘리면서 아프지만 빨리 떼는 방법이 있다. 두 번째는 아프지 않게 다 나을 때까지 기다렸다가 제대로 떨어지게 하는 방법이다." 이와 같이 우리가 한반도의 평화를 정착하는 방안으로 현황(status quo)을 기준으로 볼 때에 i) 첫 번째로 현황 타파(elimination status)를 통해서 다소의 진통이 있더라도 영토와 체제를 통합하는 방법이다. 즉, '동이불화(同而不和)' 방법이 있다. ii) 두 번째가 현황 유지(maintenance status)를 하면서 통합의 진통이 없이 평화를 정착하는 방법이다. 즉, 영토와 체제의 통합이 없더라도 경제적 외교적 분야에서 통일 효과를 내는 '부동이화(不同而和)'의 방법이 있다. 어느 방법이든 장단점이 있다. 방법론은 국론, 국력(군사력, 경제력 등), 시대 상황, 주변 강대국의 여건 등의 모든 요소를 종합해서 최적을 선택할 뿐이다.

인류 역사를 통찰해 볼 때는 한민족 혹은 한 나라가 통일하는 데에 의지적으로 장기 계책을 갖고 추진하지 않는다면 i) 상대국 혹은 자국의 내분에 의해서 뜻하지 않게 통일이 된다. 우리나라의 경우는 고구려의 내분, 신라의 내분 등이 여기에 속한다. ii) 천재지변과 같은 국가 대란을 극복하지 못해서 스스로 무너지는 경우로 발해와 폼페이 도시국가가 하루아침에 멸망했다. iii) 때로는 외침을 역으로 이용해서 뜻하지 않게 통일을 하는 경우로 베트남이 미국의 개입으로 20여 년 내전을 치르는 동안 민족 단결로 통일이 되었다. 우리나라로는 후삼국의 각축으로 고려가 건국된 것도 이런 경우다. iv) 마지막으로 진시황의 중원 천하 통일이나 신라의 삼한일통의 대계책(大計策)은 장기적이고 체계적인 종합책략에 의한 통일이다.[48]

한편, 지금 우리나라가 취하고 있는 현황유지 방안으로는 미국의 안보 렌즈를 통해서 수립된 현상유지전략(maintenance of status quo)이다. 현상유지방안에서도 '손 놓고 기다리는 모양새'의 속칭 '전략적 인내(strategic patience)'[49] 혹은 '전략적 무시(strategic ignorance)'[50] 방안을 택하고 있다. 즉, 미국과 중국은 한반도의 평화적 통일을 위한 적극적인 지원을 할 의지조차 전혀 없다. 우리나라 역시 주도적이고 장기적인 추진 사항조차 없다. 미국 네오콘의 아시아 MD(missile defense) 추진 근거 제공에 의한 한국의 국가지도자 역시 "비핵화 진정성을 보이지 않고선 대화 없다." 는 현상 유지 원칙에 고착되어 있다.[51]

최근에 10년간 유지해온 '전략적 인내'에 대한 비판이 제기되었다. 북한에 핵실험 및 미사일개발에 기회를 제공했다는 비판과 더 이상은 방치하지 말자는 의미에서 적극 개입해야 한다는 주장이 나왔다. "미국 외교협회에서 압박과 대화 전략 병행에 한계를 벗어나서 적극적 개입(positive engagement)으로 i) 6자회담을 재개하여 5개국으로 비핵화의 혜택을 제시하고 실익을 보여주며, ii) 국제 개발 원조 등으로 무역과 투자의 기회도 밝히고, iii) 중국의 적극적인 제재에 동참하게 한다. 또한, iv) 북한에 선제

타격의 경고를 해야 한다."[52]는 내용을 요지로 하고 있다.

무엇보다도 핵심 사항은 우리나라만은 미국의 전략적 인내이고 여하한 정책에도 불과하고 주체적이고 독자적으로 추진해야 한다. 그리고 이를 위한 평화 정착 혹은 통일을 위한 종합적이고 장기적인 통일 책략을 갖고 있어야 한다. 진시황은 '중원일통책(中原一統策)'을 세웠고, 선덕여왕은 "새로운 천년사직을 펼치자(新羅千年)."와 같은 삼한일통책략을 수립하여 추진했다. 통일 책략이란 통일이란 천재일우를 볼 수 있는 망원경이고 아무리 사소한 위기로 가장한 기회까지로 진단할 수 있는 현미경이다. 현황을 유지하면서도 '비록 분단되었지만 통일 이상의 평화(不同而和)'를 갖는 방안인 최악의 경우의 수를 찾아야 한다. 동시에 로마의 "평화를 원한다면 전쟁을 준비하라(Si Vis Pacem, Para Bellum)."라는 격언에 따라 북한체제의 붕괴, 백두산 화산 폭발 등의 천재지변, 북한의 선제공격 등에 대한 대비는 물론 장기적인 안목에서 국론을 위한 국민소통, 주변 국가의 설득, 통일 인프라(unification infrastructure)를 대비해야 한다. 여기에다가 대북지원 등을 포함한 종합통일 책략이 필수적이다. 통일 인프라에서 가장 우선되는 건 바로 신뢰구축사업(belief-building business)이다.[53] 박근혜 정부가 출범하면서 제1성으로 외쳤던 것이 바로 신뢰 프로세스였다. 상호신뢰가 구축되지 않고서는 여하한 정책도 거래도 성공할 수 없다. 믿음이 없이는 어떤 것도 성립될 수 없다(無信不立).[54] 선진국의 기준도 국민으로부터 국가의 신뢰도이며[55], 나아가서 국제사회에서 신뢰성을 가지느냐다. 스스로 생각할 때에 정직하고 멍청하다고 생각하는 사람을 속이지 않는 것이다.[56] 박근혜 정부의 신뢰 프로세스(belief process)가 실패한 것은 상대방이 먼저 신뢰를 보이라는 일방통행이었다. 서로가 약속을 지키는 것이지만 '네 탓'보다 '내 탓'이다. 내가 먼저 하겠으니 너도 지켜달라는 것이다.

5

'통일보다 먼저 평화(不同而和)'란 역사적 교훈

통합 후엔 분열이, 분열 후엔 통합

중국 삼국지연의(三國志演義) 제1회 첫머리에서 "말하자면 이렇습니다. 분열이 오래되면 반드시 통합되고, 통합이 오래되면 분열되는 것이 필연입니다. 주(周)나라 말기에 일곱 나라로 쪼개졌으나 진시황이 통일했고, 진의 멸망 이후엔 초한으로 양분되었다가 다시 한나라로 통합되었다."[57]라고 시작한다. 수천 년 동안 강물의 흐름은 한곳에 모였다가 다시 갈라져 바다로 흘러 들어간다. "분열이 오래되면 통합이 필연이고, 통합 이후엔 반드시 분열이 온다(分久必合, 合久必分)."는 것은 역사적 필연성이다. 또한, 역사를 살펴보면 분열과 통합은 역사적 발전을 위한 역할분담 혹은 방법론의 차이일 뿐이다.

BC 500년경에 공자는 통일과 분열에 대한 제자로부터 질문을 받았다. "통합하고도 평화를 유지하지 못하면 분열하면서 평화를 유지하는 것만 못하다. 참다운 국가지도자는 분단되어있더라도 통합 못지않게 평화 정착을 할 수 있다. 혜안이 없는 지도자는 통합되었더라도 분열과 불화로 다시 국가를 분단시킬 뿐이다."[58]라고 대답했다. 분단되었다고 평화 정착을 못 하면 통일되어도 내분과 불통으로 화합을 유지하지 못한다. 오늘날 우리나라에서 분단만을 탓하기에 앞서 평화 정착에 힘을 쏟아 민족발전과 통일기반을 다지라는 것이 급선무라는 말이다. 지금(현재 상황)이 바로 천재일우의 기회다. 지금을 활용하지 못하면 미래는 없다. 분단된 조국의 평화 정착을 못 하는 국가지도자라면 통합된 조국에서도 평화 정착은 어렵다. 어릴 때에 할머니가 "국수 잘하는 여자는 수제비도 잘 만든다."라고 말하자, 할아버지는 "일 못 하는 목수, 연장만 나무란다."라고 하셨다.

평화란 온 국민의 여론을 수렴하여 백년대계를 수립하며, 국가지도자들이 끊임없이 의지를 가지고 추진하며, 어떤 전란이거나 천재지변에도 극복할 수 있는 준비를 다 한 경우에만 확보되는 것이다. 지금의 우리나라처럼 국가지도자의 립 서비스(lip-service)로 '통일 대박'이라고 해서 저절로 통일이 되는 것은 아니다. "평화를 원한다면 보복능력(retaliatory power)을 가져라."라는 노벨 경제학상을 수상한 로버트 아우만(Robert Aumann)의 말처럼 이스라엘은 주변국의 군사행위엔 반드시 군사적으로 보복을 하고 있다.[59] 즉, '군비를 대폭 강화해야 전쟁예방이 가능하다'는 현실적 유비무환(real preparation for war)이다. 한발 더 나아가면 즉각적이고 확실한 군사적 보복(military retaliatory)보다 점진적이고 더 신뢰성을 제공하는 경제적 보복(economic retaliatory)이 효과적이다. 한 마디로 "칼보다 지갑을 들어라(Raise your wallet instead of the sword)."가 한반도 평화 정착의 키워드가 되어야 한다.

선덕여왕의 삼한일통책략(三韓一統策略)

신라 통일은 단순하게 백제나 고구려의 내분을 활용한 나당연합군의 정복이라고 분석한다면 정말 모르고 하는 말이다. 당시 국제 역학 관계를 무시한 대학 1학년생의 과제물로 제출하는 리포트 정도의 수준이다. 한 국가의 국운은 그렇게 간단치 않다. 국가의 시스템이 아무리 엉성한들 그렇게 쉽게 무너지지 않는다. 속된 말로 "방귀 잦아야 똥을 싼다." 오늘날의 용어로 하인리히(A. Heinrich)의 '1:29:300'의 법칙을 적용한다면 한 나라가 망하는 대형사건은 300번 이상의 크고 작은 민란, 내분, 전쟁, 천재지변 등이 있어야 비로소 터진다. 그렇기 때문에 과거 어느 왕조이든 오늘날 어느 정부이든 수많은 내분, 외침이 있었으나 국가지도자들은 대수롭지 않게 다반사로 생각했다. 말기 암환자처럼 곪아 터진 것이 체제 붕괴다. 뒤집어 말하면 쉽게 강대국이 멸망했다는 건 누군가의 장기적이고 체계적인 통일계략(unification plan)이 있었다는 뜻이다.

신라의 삼한일통 프로젝트는 덕망 공주의 통통 뛰는 가슴속에 시작되었다. AD 630년경 대구 부인사(符印寺)에서 '새로운 천 년의 국가사직을 펼치자(新羅千年)'는 생각에 잠겼다. 당시는 "곪아 터지지 않는 곳 하나도 없었다. 신음은 온 나라를 덮었다(無腫無處, 呻聲蔽國)." 그녀는 부인사 부처에게 "삼한일통의 대업을 날로 새롭게 하여 이 세상천지에 그물망처럼 촘촘히 펼쳐보렵니다(德業日新, 四方網羅)."라는 다짐을 하면서 보름 동안 3만 배(拜)를 올렸다.

선덕여왕의 신라천년(新羅千年), 즉 삼한일통의 프로젝트를 뜯어본다면 i) 별을 통해서 천기를 엿보니 별의 외침이 백성의 마음을 한곳에 모아라(通星瞻機, 民心合一). ii) 천하 동량을 얻어 통일신전의 기둥을 마련한다(得

梁材人, 樹一統柱). iii) 모든 국민에게 통일과업의 비전을 보여주면 어깨를 같이한다(視目標又, 肩隨百姓). iv) 주변 국가의 정세를 탐지하고, 먼 나라의 힘이라도 빌려 하나로 합친다(耽之周國, 遠隣近攻). 오늘날의 용어로 빌리면 i) 신뢰 프로세스와 국론 통일, ii) 인사 탕평책과 통일 외교, iii) 통일 비전에 국력의 결집, iv) 주변 국가의 통일 설득과 협력을 주도적이고 선제적으로 이끌어가는 거다.

그녀는 등극하여 하나하나 실행으로 옮겼다. 첨성대(瞻星臺)를 세워서 국론을 통일하였고, 황룡사구층목탑을 세워 층마다 통일목표를 새겨 온 백성들의 마음속에 각인시켰다. 삼한일통을 위한 온 백성의 전략적 인내가 강물처럼 흘러 왕성(王城) 들판을 적셨다. 한편으로는 김춘추(金春秋), 김유신(金庾信)과 성골이 아닌 신진인물을 파격적으로 등용했으며, 주변 국가인 백제, 고구려, 일본 및 당나라에까지 공조 외교 설득을 전개했다. 끝내 당 태종과 나당연합군까지 결성했다. 단합된 국력에다가 나당연합군의 파죽지세로 삼한일통 대계를 이룩하였다. 때마침 백제의 내분, 고구려의 권력쟁탈전의 호기를 놓치지 않았다. 오늘날 우리가 받아들이기 어려운 '적의 적'인 당나라와 나당연합군을 결성하였고, 공동의 적을 물리치고 결과물로 삼국통일을 얻었다. 여기서 가장 중요한 것은 누군가 먼저 선제적으로 판을 펼치고, 마지막 결과물을 챙기느냐다. 왜냐하면, 먼저 손 쓰며 뒤에 오는 사람을 통제할 수 있다. 따라서 나중에 움직였다가는 제한을 받아(先發制人, 後發制於人) 아무것도 챙길 수 없게 된다.[60]

발해멸망의 교훈을 되새겨야

현재 우리나라의 헌법에서는 i) 자유민주적 평화적 통일과[61], ii) 대통령의 평화 통일을 위한 의무[62], iii) 평화적 통일에 대한 대통령의 선서를 규정하고 있다.[63] 따라서 한반도 통일의 통설은 평화 통일이다.[64] 현재 국내외의 평화 통일을 위한 준비상황, 분위기, 국제적 설득 및 국내 정책적 추진 등을 종합분석해보면 남한 주도적 통일 기반이 확립되었다고 볼 수 없다. 왜냐하면, 남북한 쌍방의 신뢰 프로세스는 구축되어 있지 않다. 우리나라 정부 역시 선제적이고 주도적으로 추진하고 있지도 않다. 또한, 국민들도 국가 정책에 대해서 그런 확신을 하지 않고 있다. 남한이 흡수 통일할 절호의 기회는 북한 정부의 체제 붕괴, 체제 전복, 내분에 의한 자멸보다는 2032년경 화산 폭발이 통일과 연결될 수 있다는 전망이 더 크다. 그래서 2010년 이후 간헐적으로 자타가 공인하는 전문가들이 언론을 통해서 '2032년 99%의 화산분출' 통일 시나리오를 게재하곤 한다. 백두산 인근에 숨겨둔 북한의 핵폭탄 관련 시설로 남북한이 같이 당할 '최악의 시나리오'를 국내·외신의 언론매체가 보도하였다. 그뿐만 아니라 2016년 1월 6일 제4차 핵(수폭)실험으로 실험장 주변에 4.8도의 지진이 있었다. 백두산 기슭에서는 5.4도의 지진이 발생하였다. 이와 같은 사실을 연길지진관측소의 지진 강도 확인 보도가 있었고, 사이언티픽 과학전문지(Scientific Report)에 「북핵으로 백두산 화산 폭발 위험」이란 논문이 실렸다. 논문의 요지는 7도 이상의 지진을 동반하는 핵실험은 화산 폭발을 자극할 수 있다."[65]고 예언했다.[66]

이에 대한 통일부의 반론을 간략하게 소개하면 i) "백두산 화산 폭발 가능성은 2019년까지 68%, 2032년까지 99%에 달한다."는 2012년 일본 도

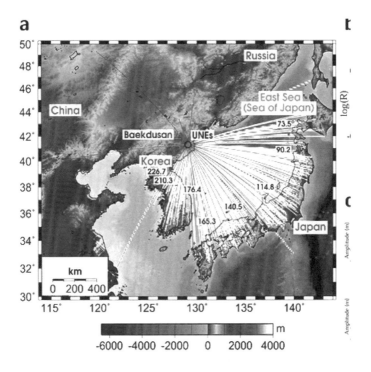

자료 : 홍태경 외 2, 북핵에 의한 백두산 화산에 대한 예측, 사이엔티픽, 2016.2.18.

호쿠대학(東北大學) 다니구치 히로미쓰 명예교수가 발언한 '50%' 적중의 가설이다. ii) 이 가설은 백두산 폭발은 향상 일본 대진 이후에 발생했다는 가설에 시작하였다. iii) 가상 시나리오를 통해서 분석할 때에 2032년에 북한 멸망, 통일 가설 등의 추측은 논리적인 비약이다. 한 가지 분명한 것은 주변국 중국, 북한, 러시아 등보다도 우리나라의 피해가 적다는 것이다.[67]

AD 926년 백두산의 화산 폭발로 인하여 '해동성국(海東盛國)'이라는 발해 제국이 멸망하는 계기가 되었다는 역사학자가 있다. 비록 화산 폭발로 전체가 매몰되지 않았더라도 대형 재앙을 당했는데 설상가상으로 외침까지 당해서 망국의 비운을 맞이했다.[68] 국가멸망의 비운을 안겨다 주는 악마는 언제나 사소한 디테일 속에 숨어있다. 반대로 뒤집으면 한반도 통일의 대박은 최선을 바라면서 최악을 대비한 디테일 속에 행운의 여신이 숨어있을 수 있다.

평화 통일은 언젠가는 다가오는데 준비하지 않고서는 반드시 놓치고 만다는 것이 역사적인 교훈이다. 중국고전 상서(尙書)에 "일마다 그에 대한 만반의 대비를 하라. 준비를 했으니 어찌 걱정이 있겠는가?" 주역에서도 "편안할 때에 위기를 생각하고, 위험이 느껴지면 대비를 하라. 이렇게 대비를 철저히 했다면 걱정이 없다."[69]라고 했다. 한편, 서양의 격언을 빌리면 "평화를 사랑한다면 전쟁을 대비하라(If you want peace, prepare for war)."라는 로마 시대 전략가 베제티우스(Flavius Vegetius Renatus)의 말을 우리들의 마음에 새겨야 할 때다. 최악의 천재지변인 백두산 화산 폭발도 철두철미하게 대비한다면 두려워할 건 없다.

6

태산극정(泰山極頂)에서 제왕들이 봤던 통일 천하

신성한 사명을 부여받는 봉선(封禪)

"하늘과 땅 사이에 있는 삼라만상 중에서 사람이 가장 존귀하다. 존귀한 이유는 윤리도덕이 있기 때문이다."[70] 옛날엔 6~7세 어린 나이에 누구나 동몽선습(童蒙先習)에서 이 구절을 익혔다. 부모가 자식에게 학문에 뜻을 두었다면 이율곡의 격몽요결(擊蒙要訣)을 가르쳤다. 첫 장 입지(立志) 편에서 "가장 먼저 뜻을 세워라. 스스로에게 성인이 되겠다고 기약을 해야 한다. 털끝만 한 핑계를 대어서 물러서는 신념은 절대로 없어야 한다."[71]라고 몇 번이고 읽어서 외우고 일상에 실천했다. 어린 나이에 할 수 있는 실행과제 2~3개를 부여하고 훈장님은 이를 학동의 부모에게 물어서 점검한다. 선인들은 이렇게 해서 배우고 실행하지 않는 '배운 자의 무식(doctorial ignorance)'만은 없애고자 애썼다.

BC 497년경 공자는 자신을 관리로 써달라고 제후들을 찾아다니는 유세 활동인 14년간의 주류천하(周流天下)를 마쳤다. BC 350년경 맹자 역시 20년간 자신의 유세를 위한 불원천리(不遠千里)하고 빈손으로 귀향했다. 관리에 대한 미련을 씻어버리고 다시 자신의 뜻을 세워 학문의 정진과 제자양성에 전력을 다했다. 그뿐만 아니라 한 나라의 제왕이 되고자 천하에 가장 높다고 생각했던 태산(泰山) 정상에 올라가서 자신의 뜻을 밝히고, 하늘로부터 사명(holy mission)을 부여받는다. 눈에 보이지 않는 하늘의 밀지(天封密志)를 받들고 실행을 다진다. 이런 의식을 봉선의식(封禪儀式)이라고 했다.[72] 때로는 하늘과 땅이 맞닿은 설산이거나 혹은 지평선만 보이는 황야에서 온갖 시련을 주면서 최후에 번개처럼 스치는 외침으로 계시를 던져주었다. 계시를 받은 자는 선택된 군왕이나 성인이 되었다.

서양에서는 봉선의식과는 달리 거창하게는 '신의 신탁(god's oracle)' 혹은 계시(revelation)를 받는다고 했다. 일반적으로 소명(calling) 혹은 외침(cry)이라고도 했다. 때로는 사막의 바람결에 실어서 보낸 '황야의 외침(cry in the wildness)'[73]을 봉선의식을 대신하기도 했다. 동양에선 하늘의 상징인 천부인(天符印), 천부경(天符鏡)으로 혹은 황금 척(golden ruler)으로 신성한 사명을 같이 부여받았다. 이런 신성한 사명을 부여받기 위해서 반드시 사전시험에 통과해야 했다. "하늘이 그대에게 대임을 맡기고자 한다면, 반드시 먼저 마음과 뜻을 흔들고 쓰라림으로 점검한다. 신체적 곤욕을 주며, 배고픔과 억울함은 물론이고 혈혈단신으로 사막 한가운데에 던져버리기도 한다. 이렇게 하여 마음을 강건하게 하고 신체를 단련하여 못 할 수 있는 것을 가능하게 한다."[74]고 맹자는 천기를 누설했다.

중국 진시황이 최초로 봉선의식을 실시해 중원을 통일했다는 데 기원하고 있다. 역대의 제왕들은 제(齊)나라에서 가장 높았던 태산에 올라서 봉선의식을 실행하여 제왕이 된 후에도 찾아와서 i) 자신의 업적에 내해 하늘에 보고한다. 과오에 대해 사죄와 동시에 개선을 약속하며, 공적에 대해선 발전과 확대를 맹세했다. ii) 하늘이 내려다보고 모든 백성에게 귀를 기울이고 있다는 사실을 군왕은 명심한다. 이어 새로운 정책을 펼칠 것을 다짐한다. 때로는 백성들이 알아주지 않음에 답답한 심정도 하늘에다가 토로하기도 한다. 태산(泰山)이란 해발 1,545미터, 6,000여 계단마다 인간사를 다 내려놓고 혹은 바람결에 씻어버린 정제된 마음으로 "하늘을 우러러 한 점 부끄럼이 없이, 백성들에게도 한 점의 거리낌이 없이(仰天不愧, 俯人不恥)" 봉선의식을 받들었다. 한무제(漢武帝)는 5번이나 이곳 태산에 올랐다. 그는 천 마디 말로 공적을 다 적어놓는다고 해도 한 점의 바람결같이 허무하니 아예 한 글자도 적지 않겠다고 무자비(無字碑)를 세웠다.

태산에서 한반도 통일의 비전(vision)

"세상에 믿을 수 있는 것은 경험과 실행뿐이다(以行不違)."라고 말했던 마오쩌둥이다. 그의 취미였던 독서에 대해 "책을 읽는 건 산에 오르는 것과 같다. 높은 산에 오를수록 낮은 곳에서 볼 수 없는 것을 볼 수 있다(想念像爬山, 山高更多景)."라고 말했다. 그래서 책을 읽지 않는 많은 사람들이 높은 산에 올라서 넓은 초원을 보며, 유유히 흐르는 강물을 보고자 한다. 맹자는 "마을의 동쪽 산에 오르니 노 나라가 작게나마 보이고, 태산에 오르니 천하가 작게도 다 보인다(登東山小魯, 登泰山小天下)."[75]고 스승인 공자님의 말을 인용해 사나이의 호연지기를 표현했다. 그는 자신의 호연지기(浩然之氣)로 천하를 다스려보겠다는 야욕도 숨기지 않았다고 한다.

우리나라에서 태산이란 천하에 가장 높은 산으로 인식되어왔다. "태산이 높다 하되 하늘 아래 뫼이로다. 오르고 또 오르면 못 오를 리 없건마는.

사람이 제 아니 오르고 뫼만 높다 하더라."라는 태산가(泰山歌)[76]를 읊으면서 자라왔기 때문이다. 태산에 오른다면 개인적 입지와 결의를 다진다는 의미보다는 봉선의식을 통해서 평천하(平天下)의 야욕을 가진다는 선입관에서 불온함을 투사하곤 했다. 2015년 9월 4일 중국을 방문했던 반기문(潘基文) 유엔사무총장 내외분이 산동 대산에 올랐다는 보도[77]가 나왔더니 정치평론가들은 개인적 봉선 의식이라는 초점에서 반기문 대망론(大望論)에까지 확장했다. 이제까지 북한방문을 몇 차례 흘려보낸 것을 기초로 '한반도 통일에 대한 비전'을 태산에서 그려봤다고 넘겨짚었을 가능성은 있었다.[78]

영국 격언에 "인도에서 황금보석을 얻고자 한다면 먼저 자신의 마음속에 황금보석이 있어야 한다(欲得寶玉, 先有之心裏)."[79]라고 했다. 즉, 통일을 원한다면 최소한 통일에 대한 비전을 가져야 한다. 통일 대박을 입으로만 말할 것이 아니라, 통일로 인한 경제 성장, 문화 부흥, 남북한 원만한 왕래, 국제적 국가 위상의 상승, 국민 생활과 복지의 윤택함 등을 가시적으로 보여주고, 이를 위해서 소통하고 단결하자는 목소리를 유도하는 것이 필요하다. 국가지도자 한 사람의 립 서비스(lip service)일지라도 국민들의 가슴속에 각인된다면 i) 남북한 국민 모두에게도 확신을 심어 줄 수는 있다. ii) 국민들의 원활한 소통과 통일된 국론의 결집을 이끌어 낼 수 있다. 아무리 일회용 의제(agenda)라도 좋다. 지금 우리나라는 가상(假想)을 현실(現實)로 착시(錯視)하게 하는 이벤트라도 필요하다. iii) 국민에게 희망, 꿈, 그리고 비전을 안겨다 주는 일이라면 일회용 의제도 있어야 한다.

역사적 사명(historic mission)을 각성하는 립 서비스라도

최근 우리나라는 장기적 경제 침체와 신뢰 정치 부재의 늪에 빠져들고 있다. 여야 정당을 막론하고 지나치게 당리당략을 쫓고 있다. 정치인의 마음엔 국민을 의식하거나 역사적 사명을 잊은 지 오래다. 남북한 경제적 협력만 확대해도 불황탈출구가 열리는데, 가장 초보적인 남북 대화마저도 '급(級)이 다르다, 격(格)이 다르다'[80]는 반대를 위한 반대만 하고 있다. 여기에다가 국가 최고지도자가 "립 서비스만 한다."고 국회를 비난하는 건 꼴사납기만 하다.[81] 그분들에게 국민이고 역사적 사명이고는 아예 안중에도 없다. 차라리 립 서비스라도 좋으니, 역사적 사명을 들먹이면서 온 국민을 꿈과 비전에 들뜨게 말이라도 시원하게 했으면 좋겠다.

1980년대 "이 주임은 맨날 립 서비스만 하고?" 말로만 칭찬한다고 되받아치는 동료 여직원의 말이었다. "립 서비스가 아니면, 내가 이 나이에 보디 서비스(body service)를 할 수 있겠나?"라고 되받아쳤던 것 같다. 요새라면 성희롱의 위험성이 약간 있다. 사실 행정이나 정치는 많은 부분이 립 서비스로 이뤄진다. 립 서비스란 단순하게 변명만 하거나 남을 탓하는 것만은 아니다. 설명, 안내, 상담, 창구 접객 등 언어를 사용하는 모든 서비스를 뜻한다. 한 마디로 전투병의 육박전, 광부의 막장 작업, 접대부의 2~3차 접객, 일용노무자의 건축 공사 등의 보디 서비스(body service)가 아닌 한 대부분이 립 서비스다.

정치인이 말로 할 수 있는 것은 조직 내외의 의사소통, 대국민 사과, 국민과 대담, 이해당사자와 협상, 외교 문제의 조율, 남북한의 대화 등 수없이 다양하다. 청나라 강희제는 피 흘리는 병기 하나 사용하지 않고 대화로 주변국 제후들을 설득해 대청제국을 건설했다. '술로 피'를 대신했던 그의 만한전석(滿漢全席)[82] 전략도 요체는 립 서비스였다. 선거득표전략 중에 최고전략이라는 3S 전략도 만나 악수하고(shake-hands), 웃는 얼굴로 찍어 달라고 유세(smile and speech)하는 립 서비스다. 행정이나 정치는 창구 접객, 민원인과 대화, 시책 설명, 이익집단 간의 협상, 주민 회의, 대국민 설득 등 모두가 립 서비스로 이루어진다. 보다 수준 높은 립 서비스로는 헤어질 연인이라면 서로가 기분 좋게 '키스 뒤 차버린다(kiss and kick).' 혹은 조직이나 국제사회에서 일본과 미국이 자주 이용하는 '윗사람에게 굴종하면서 아랫사람을 찍어서 내린다(kiss up, kick down)'[83]는 전략도, OECD 정상들의 협상도 솔직히 까놓고 말하면 '만나서 먹고 마시면서 웃고 대화한 뒤에 사진 찍는(see, smile, snack, speak and snap)' 외교적 통상 기법도 본질은 립 서비스다.

7

재일청국 참찬관 황준헌이
'조선책략'을 메모해 준 속셈은?

조선의 조정과 재야를 뒤흔들었던 메모 쪽지

1880년 5월 28일(고종17) 제2차 일본 수신사로 파견되었던 예조 참의 김홍집(金弘集)이 달포 가량 동경에 머물렀다. 주일 청 대사관에 근무하던 참찬관(參贊官) 황준헌(黃遵憲)과 국제 정세에 대해 깊이 있는 대화를 나누었다. 황준헌은 외교 전문성을 살려서 역지사지하는 입장에서 대략 1,400여 한자로 조선국이 주변 열강에게 취해야 할 외교관계와 대응전략을 메모해 조선 지우 김홍집(金弘集)에게 건네주었다. 비록 한지 한 장의 분량이지만 너무나 소중한 내용이라서 i) 주변 강대국의 첩보전에 최악을 대비해 김홍집은 자신의 수신사일기(修信使日記)에다 전문을 필사했고, ii) 몇 겹의 비단 주머니에 싸서 품고 그해 7월에 귀국해 고종에게 상신했다. iii) 제목은 「조선책략 : 광동인 황준헌이 개인 생각을 적다(朝鮮策略, 廣東黃遵憲私擬)」였다. iv) 한마디론 "러시아가 조선을 탐하니 친중(親中), 결일(結日)과 연미(聯美)로 대응하라."였다.[84]

그러나 개화적 대응책을 적은 조선책략은 완고한 보수적인 조선의 입장으론 왜곡해 i) 청국이 조선국을 간섭(朝鮮國干涉)한다고 봤다. 그러나 진면목을 간파한 건 ii) 일본의 조선침투(朝鮮浸透)의 정당성을 옹호와 iii) 일본을 뒤받쳐주는 미국과 연대는 바로 위계사략(僞計邪略)이었다. 고종에게 상신하자 조정 대신의 찬반논의는 대립양상이었다. 갈등구조는 재야 유생들에게도 번졌고, 위정척사의 도화선으로 전국으로 퍼져나갔다. 그해 11월 7일에 유원식(劉元植)의 척사상소(斥邪上訴), 1882년 2월에는 영남 유생들이 안동인 이만손(李晩孫)을 중심으로 길이만 70미터나 되는 만인소(萬人疏)를 작성해서 고종에게 대부상소(戴斧上訴)를 올렸다. 그를 계기로 신사년(辛巳年) 전국적 척사 상소의 봇물이 터졌다. 실질적인 숙의 과정과 대응책 마련은 하나도 하지 않고 말싸움만 연일하다가 '천지가 울리는 소란을 피웠으나 쥐새끼 한 마리도 잡지 못했다(天地鳴動鼠無一).'

　두 번 다시 이런 과오를 범하지 않고자 법고창신(法故創新)의 의미에서 좀 더 자세하게 조선책략을 살펴보면 i) 1880년대 한반도를 둘러싸고 있었던 강대국으로는 중국(淸), 러시아(俄羅斯), 일본과 미국이었다. 황준헌의 표현을 빌리면 '조선의 북쪽 등에 러시아의 호랑이와 어깨에 해당하는 일본의 이리가 있는 형국이었다(則有北豺虎同据肩背).' ii) 호랑이 러시아는 육군 100만 정병, 200여 척의 대함대로 300년 전부터 3대 대륙으로 국토를 확장하였으며, 아시아의 침략기지로 조선을 탐내고 있었다. iii) '중국은 조선을 수천 년 동안 덕으로 편안히 그리고 은혜를 품어 지켜왔기에 친중 관계(親中關係)를 유지해야 한다.' iv) '조선은 일본과는 수레와 수레 축의 상호 의존 관계(輔車相依)이기에 결속(結束)해야 한다.' 따라서 사소한 손익 관계를 벗어나 보다 큰 미래를 도모해야 한다. v) '미국은 일본의 뒤를 돌봐주는 신사적 민주주의를 하는 나라이기에 수교와 혈맹의 인연(聯美)

을 맺어야 한다.'는 자문이었다.

"대체로 과거 역사를 통해서 중국과 조선은 서로 믿었던 바이고, 일본과 미국과의 관계를 맺음은 조선의 미래를 확신하고자 함이니 조선은 심히 믿음이 가지 않을 것이다."라고 끝을 맺고 있었다. 당시부터 현재까지 우리나라 국민이라면 늘 마음속에 새기고 있었던 말이 "일본이 죽게 내버려두지 않고 반드시 미국이 뒤에 일본을 돌봐준다는 사실과 소련이 호시탐탐 기회를 엿보니 절대 속지 않도록 조선만이 조심하며 스스로 살아갈 길을 찾아야 한다."[85]라는 뜻으로 황준헌은 끝맺었다.

조선책략(朝鮮策略)의 진정한 의미

수신사로 다녀온 김홍집은 황준헌이 메모해준 개인적인 헤아림을 깊이 감사할 뿐, 국가의 미래를 위하여 어떤 계획이나 대응책을 마련하지 않았다. 국왕을 비롯한 국가지도자 모두가 계책을 마련하려는 노력을 아예 하지 않았고 입신영달을 위해서 당리당략과 사욕만 채웠다. 단지, 조선 선비들이 할 수 있었던 건 당리당략을 위한 말싸움 혹은 입씨름이었다. 조정역시 찬반으로 패를 나눠서 설전만 했다. 겨우 했다는 것은 i) 자기들의 주장이나 지론을 위해 전체 문맥을 도외시하고, 자구 하나에 치중하거나 '회(膾) 뜨기'를 해 설전에 악용했다. ii) 다양한 의견이나 가능성을 통섭하려는 생각은 아예 없이 상대방의 취약점만 물고 늘어졌다. iii) 국내외정세를 종합하여 다양한 해석과 가능한 시나리오에 대한 대응책보다는 당리당략을 위한 말 창(言戈)과 말 방패(言盾)만 만들었다.

황준헌이 '개인의 헤아림(私擬)'이란 제목까지 붙인 이유는 i) 적어도 나의 입장(국적, 직무, 소재 등)을 고려해서 적었으니 조선의 입장에서 해석을 하고 속뜻을 간파하라는 의미였다. ii) 특히 일본의 등 뒤에 있는 미국이란 호랑이를 활용하여 조선을 한입에 삼킬 스라소니이니 경계하여라. iii) 적어도 장단기 전략 혹은 대응책(counter plan)은 마련해 국가사직을 끊는 일은 없어야 한다. iv) 일본의 행간을 읽어라(reading between lines). 뒤집어 일본의 속셈을 봐라. 예상 가능한 모든 위험요소에 대응책을 마련하라는 당부(속내)로 조선 지우 김홍집에게 전달했다. v) 그는 조선의 조정 대신이 아무리 무식해도 성동격서(聲東擊西)는 알 것으로 확신했다. 그러나 결과는 죽을 길만 찾아서 죽을 짓만을 했다.

한편 일본에서는 이를 입수하여 i) 조선이 예상 가능한 100가지 상황을 설정하고 그에 대응책을 강구했다. ii) 국제 정세의 적극 활용 방안으로 러시아 공산 혁명과 중국 신해혁명에 혁명 세력에게 공작금 지원과 조정을 위한 선제 방어 전략을 마련했고 막후작업을 시작했다. iii) 이미 조선에 추진하고 있던 미목경제 정조선계(米木經濟 征朝鮮計)에서 직접지배의 식민지화로 방향을 급격히 전환했다. iv) 또한 미국의 활용에서 호가호위에서 벗어나 차도살인(借刀殺人) 계략을 수립했다. 곧바로 1905년 7월 29일 일미 밀약(가쓰라-태프트 밀약)을 체결하여 필리핀을 미국의 식민지로 안겨주고, 조선을 일본의 식민지로 인정하는 밀약을 했다. 이를 감추고자 조선을 외침으로 보호해준다는 빌미로 그해 11월 17일에 을사늑약을 체결하였다. 또한, 미국에게 확신을 심어주고자 일본은 1906년 1월에 1905년 9월 5일에 이미 종전한 러일전쟁의 공로를 루즈벨트 대통령에게 돌려 노벨 평화상을 추천하여 수상의 영광을 안겨다 주었다.

한편, 미국의 싱크탱크(think tank)는 i) 한반도의 국내외 정세, 군사적 역학 관계, 국가별 대응책과 요인의 동향까지 조선의 속마음을 읽었다

(mind reading). 조선이란 나룻배가 난파선(難破船)으로 표류하게 하는 게 친일파의 책동, 수구파의 준거 난동 및 국가지도자의 무책임 등이었다. 이를 종합할 땐 조선이란 국가는 회생능력을 완전히 상실했었다. ii) 일본, 러시아, 중국의 국익(속셈)에 따른 시나리오별 대응책을 마련하였다(black reading). iii) 마지막으로 일본을 지원하여 중국과 러시아를 견제하며, 대동아공영권을 형성할 경우에 필리핀에서 기선을 잡자는 형이상학적 간파 (meta-reading)와 대응책(counter-plan)을 마련했다.

그러나 조선의 국가지도자들은 매국만을

대한제국의 멸망은 외세 침략보다도 당시 국가지도자의 결단(決斷)과 직결되었다. 국왕인 고종은 무려 44년(1863~1907) 장기적 집정을 했으나 우유부단으로 일관했다. 가장 아쉬운 점은 i) 일본과 미국의 나눠 먹기 담합 등 국제 정세를 보다 면밀하게 간파하려고 노력조차도 하지 않았다. ii) 가장 편리한 민족주의자와 친일 세력과 양다리 걸치기를 했다. iii) 의병에게 양손을 잡아주면서 봉기를 하라는 밀지까지 건네주면서 한편으로 일본 정벌군에게 공식적 토벌을 윤허했다. 당연히 조선 의병은 일본 정벌군의 학살 대상이었다. 고종은 조선의 국왕임을 포기하고 일본 천황을 자임했다. iv) 그것도 모자라서 "조선이여 눈을 뜨라."는 개화파 김홍집과 김옥균을 친일세력의 눈치를 봐서 대중 앞에서 참형(참시)해 광화문 사거리에 효수되었다. 국가지도자라는 국왕이 난세를 우유부단하게 수수방관하는 건 무책임의 극치였다.

당시 국제 정세의 물 위와 물아래의 흐름을 간파한 황준헌(黃遵憲)의

'조선책략(朝鮮策略)'[86]에 언급한 바와 같이 상비군으로는 러시아가 200만 명, 일본이 20만 명, 전함의 배수능력은 51만 톤과 26만 톤으로 일본이 열세였다. 대원군은 단순히 군사적 수치에 착안하여 아관파천(俄館播遷)을 단행했다. 여우 같은 일본군은 산둥반도 웨이하이(威海)에서 후퇴(1894년 4월)하여 이보 전진을 위한 일보 후퇴 전술을 구사했다. 고종은 일본군의 속내를 읽지 못하고 겉만 보고 을사늑약 당시에 일본과 러시아를 선택해야 할 순간 러시아를 선택하였다. 그러나 일본군의 계략은 표리가 부동했다. 사실 러시아는 공산 혁명과 국가 분열로 인해 무정부 공백기였다.

반면 일본은 국민 단합과 군부 세력엔 엘리트들만으로 충원되어 전략과 전술이 능수능란했다. 한 마디로 세계를 갖고 놀랐다. i) 1905년 일미(가쓰라-태프트) 밀약, 1906년 12월 루즈벨트(Theodore Roosevelt) 대통령에게 1904-5년 러일전쟁 평화협상의 공로로 노벨평화상[87]을 안겨다 주고 미국을 회유시켰던 일본은 조선 식민지화를 본격적으로 추진했다. ii) 1905년 11월 을사늑약으로 일본이 조선을 식민지화하는데 국제적으로 공식화했다. 물론 미국에게는 필리핀이란 미녀를 안겨다 주면서 "이제 일본에 신경 꺼!"라는 신호를 보냈다. iii) 더욱 놀라운 것은 일본 극우파는 스탈린에게 군사혁명 자금을 지원해 1905년 1월 22일 '피의 일요일(Blood Sunday)' 거사를 배후에 조종했고 러시아는 무정부 상태에 빠졌다. 나중엔 중국 손문을 지원해서 1911년 신해혁명(辛亥革命)을 조정했다. iv) 이런 속셈과 사정을 몰랐던 고종은 청일전쟁과 러일전쟁에 일본이 승리하는 실상을 두 눈으로 보고도 속된 말로 똥고집만 피웠다.

한편 조선책략을 썼던 1880년에서 135년이 지난 2015년 현재 시점에서 볼 때 우리나라의 한반도 주변 정세는 그때에 유사하다. 한반도는 지정학적으로 "등과 어깨에 호랑이와 이리(豺虎同据肩背)"가 그대로 있다. 또한, 어제의 적이 오늘에 동지가 되는 냉혹한 염량세태(炎凉世態)도 같다. 또한, 국가지도자가 국제 정세를 간파해서 대응계략을 마련하지 않고 변함없이 입씨름만 하고 있다. 그때보다 설상가상인 게 1950년 7월 14일에 6·25동란으로 이승만 대통령이 유엔사령관 겸 미군 사령관 맥아더에게 기한부 조건도 없이 국군통제권을 인계했다. 65년이 지난 오늘날까지 전시작전권이란 그 목줄에 질질 끌려다니고 있다. 천만 다행히도 미국의 핵우산에 보호받고 있다고 생각하고 있다. 마치 1837년 대영제국의 빅토리아 여왕이 버킹엄 궁전(Buckingham Palace)에 즉위하면서 가운데 계단 한 부분에 타일이 탈락해 보수공사를 시키고, 그곳에 초병 한 명 세웠다. 그것이 전통이 되어서 150년이 지난 1908년 비로소 철수했다고 한다. 박근혜 정부에 들어와서 유행하던 말을 빌리면 '비정상의 정상화(normalization of abnormal)'다.

8

삼십육계를 중국이 개발했으나
일본이 한국에 써먹는다

임기응변(臨機應變)의 지혜 '삼십육계책'

고대 중국에서는 자연의 변화를 예측하고, 국정 및 군사에 이르기까지 순리, 기회 및 판단을 정확히 하고자 골몰해왔다. 하루 12시(時)마다 변모하는 도마뱀의 모양을 본떠서 역(易)을 연구했다. 주나라에 횡행했던 주역(周易)을 비롯해 한역(漢易), 당역(唐易) 등 난무했다. 주역에서는 음양의 조화(harmony)를 괘(卦)로 하여 8개의 괘가 8번 조합(combination)을 할 때에 64개의 임기응변(臨機應變), 즉 변화와 대응의 기본 모형을 개발하였다.

이를 전쟁에 활용한 게 바로 손자병법에서 "전쟁이란 변화라는 속임수다(兵者詭道也)."[88]고 손자는 생각했다. 전쟁에서 속임수란 '준비를 다 해놓고 틈새를 보이며, 멀리 있는 것처럼 보이면서 가까이 다가서고, 번거롭게 상대방을 괴롭혀 실수하게 하나 정작 자신은 여유를 가진다.' 등을 제시했다. 가장 핵심은 '싸움을 걸 생각조차 못 하게 하는 것(伐謀)'을 들고 있다. 처음부터 전쟁에 대한 생각조차 못 하게 하는 벌모에 대해 '귀곡자(鬼哭子)'는 i) 마음을 여닫으며 상대를 유인하는 벽합계(捭闔計), ii) 이야기를 뒤집는 식으로 상대의 반응을 타진하는 반복계(反覆計), iii) 상대와 굳게 결속하는 내건계(內揵計), iv) 벌어진 틈을 미리 막는 저희계(抵巇計), v) 상대를 크게 칭송하며 옭아매는 비겸계(飛箝計), vi) 상대의 형세에 올라타는 오합계(忤合計), vii) 상대의 실정을 은밀히 헤아리는 췌정계(揣情計), viii) 상대가 속마음을 털어놓게 만드는 마의계(摩意計), ix) 상황을 좇아 대응 방법을 달리하는 양권계(量權計), x) 시의에 맞게 계책을 내는 모려계(謀慮計), xi) 기회가 왔을 때 머뭇거리지 않고 결단하는 결물계(決物計) 등을 체계화했다.

한편 '변하는 정세 속에서 천재일우의 기회를 살리는 기변(機在其中)' 혹은 '전쟁에 임해 골든타임을 잡는 비법(機在於應事)'의 사례를 간추려서 '삼십육계(三十六計)'라는 이름으로 5세기부터 지혜를 집대성해 왔다. 비로소 17세기 청나라 초기까지 첨가되어 한 권의 책으로 완성되었다. 위진남북조 시대 송의 장군 단도제(檀道濟)는 "삼십육계략 가운데 도망가는 것이 최고의 상책이다(三十六計中走爲上略)."고 했다. 삼십육계략은 오늘날 전쟁에서만 아니라 외교, 국방 혹은 교역에 이르기까지 다양하게 응용되고 있다. 남에게 속지 않으려면 반드시 익혀야 할 계책이다. 만일 속는다고 해도 대책을 강구할 수 있고, 상대방의 속셈을 예상할 수 있기 때문이다. 심지어 전쟁에 졌음에도 걸고넘어지거나 막판 뒤집기와 같은 트로이 목마(Trojan Horse), 미인계(美人計) 등의 6개 계략이 있다.

미국 군사전문가를 양성하는 웨스트포인트(West Point) 등에서는 정식 교과서로 익히고 있다. 특히 손자병법이나 삼십육계를 국가지도자가 몰라서 백성을 도탄에 빠지게 해서는 안 된다. 우리나라의 지도자들은 대부분 외교, 사업현장에서도 당시는 몰랐으나 지나고 나서 속았음을 안다. 그러나 후회막급(後悔莫及)으로 뼈아픈 대가에 당면한다. 경술국치, 6·25전쟁, IMF 경제 위기 등의 국난을 당해왔다.

삼십육계[89], 한국에다가 이용하는 일본의 전매특허

중국에서 삼십육계라는 계략이 완성되었으나 일본에서 한국을 대상으로 활용하고 있는 계략임에도 우리나라는 눈치도 채지 못하고 같은 술책에 몇 번이고 당하고 있다. 가장 오랫동안 사용했던 계책은 "길을 빌려달라고 해서 정벌한다(仮道伐虢)." 임진왜란 당시에 "명나라를 칠 테니 조선은 길만 빌려달라고 했다(征明假道)." 청일전쟁과 러일전쟁 때 길만 빌려주는 게 아니었다. 아예 나라 전체를 일본의 싸움판으로 빌려주었다. 그뿐만 아니라 일본의 '대동아공영(大東亞共榮)'을 위해서 36년간 나라도 빌려주고 백성들까지 허울 좋은 황국신민(皇國臣民)으로 종살이했다. 엄격한 의미에 재한 미군의 주둔은 자주 방위를 포기한 것이며, 아무리 작게 봐도 '외국군 주둔지'로 국토를 빌려준 것이다.

우리나라가 일본에게 가장 많이 당하는 술책으로는 '불난 집에 도둑질한다(趁火打劫)'이다. 당한 실례를 들면 6·25 동란 때에 샌프란시스코 강화 조약에서 대마도를 일본 영토로, IMF 외환 위기 때에 독도를 일본의 EEZ 내에 협상한 것, 2015년 위안부 갈등을 활용하여 강제징용 시설인 군함도(軍艦島)를 UNESCO에 등재하도록 협조, 2015년 12월 28일 3년 가까이 외교 문제로 끌고 왔던 위안부 문제를 '최종적, 불가역적 체결' 등이 있다. 이것보다도 '남의 칼을 빌려서 사람을 죽인다(借刀殺人)'는 계략으로는 1905년 조선을 일본의 식민지로 인정하는 미일 밀약, 1950년 일본의 경제부흥을 위한 한국전쟁(6·25동란), 1999년 IMF 외환위기에 미일이 경제지원을 거부한 사례가 있다. 미국 역시 간헐적으로 남한의 군사적 위험 속에서 북한과 통미봉남(通美封南)정책을 구사하고 있다.

일본이 한국과 외교전에서 활용하고 있는 계략으로 2015년 4월 중국과 한국 등이 아시아 인프라 투자은행(Asian Infrastructure Investment Bank)을 설립하자, 미국과 일본은 환태평양 동반자협정(Trans Pacific Partnership)을 체결하여 한국을 포위하는 속칭 '위나라를 포위하여 조나라를 구한다(圍魏救趙)'는 전략을 구사했다. 물론 과거 1876년 조일 통상수호조약을 1882년 조미 통상수호조약을 체결하였으나 일본과 미국은 1905년 7월에 조선을 포위하기 위한 미일 밀약(가쓰라-태프트 밀약)을 체결하고 태연자약하게 조선과 11월에 을사늑약을 체결하는 위장전술을 구사했다.

그뿐만 아니라 일본은 역사를 통해서 중국 대륙의 문물이 한반도를 통해서 유입되었다는 역사적 사실까지도 인정하지 않고자 한다. 임나일본부설 및 동조론(同祖論) 등으로 일본 역사 기반을 다지고자 소설 내용, 전설 혹은 설화까지도 유적, 역사기록 등을 만들어서 '사체라도 빌려서 영혼을 찾아온다(借屍還魂)'는 계략을 구사하고 있다. 독도 영유권 문제 등을 제기하여 미래세대의 인류에게 최면을 시도하고 "거짓말이라도 만 번이면 역사가 된다(無中生有)."를 시책을 추진하고 있다.

2015년 올 한해 일본이 한국과 미국 사이에 이간을 시키고자 언론 보도를 했던 사례는 수십 건에 달한다. 특히 지난 중국 항일 승전 기념행사에 박근혜 대통령이 참석한 것에 대해 '사대주의에 빠져서 암살된 명성황후'에 비유한 산케이신문 등[90][91] 자국 언론은 물론 친일 미국 매체까지 동원하여 이간계(離間計)로 본성을 유감없이 드러냈다. 우리나라에선 일본의 이간질을 아무렇지 않게 '망언(妄言)'이라고 받아들이면서 어린아이의 어리광을 부리는 정도로 흘려버리고 있다. 가볍게 생각하다가 된통 얻어터졌던 경우가 많았다는 사실을 명심했으면 좋겠다.

아직도 우리나라 국가지도자는 국민에게 만천과해(瞞天過海)를

우리나라의 현재 수준을 가늠할 수 있는 국가지도자의 언행을 살펴보면, 지난 2015년 12일 16일 박근혜 대통령이 경제 관련 장관과 내년 경제 정책을 보고받는 자리에서 "수출여건 악화, 내수경제 불확실성, 경제 활성화 관련 법안처리 지연, 미국 금리 인상 등에 비상기획(contingency plan)을 마련하여 대비하라."라고 지시했다.[92] 참으로 공교롭게도 12월 18일 미국의 국제 신용도 평가 기관 무디스(Moodys.com)에서 한국의 국가 신용도를 1단계 상승 조정했다.[93] 이에 대해서 국민들은 당황했다. 누구의 평가가 맞는지? 대통령은 위기 상황이라고 하며, 미국의 국제 신용 평가 기관은 안정성을 높이 평가한 상향조정에 상반되었다.

이에 대해 야당에서는 2016년 4월 13일 국회의원 총선을 대비해서 대통령이 "선거여왕답게 선거용 발언을 했다."라고 말하자, 대통령은 "무디스 사가 경제 활성화 관련법과 노동 관련 법령의 국회 통과를 통해서 개혁의 성공을 미리 반영한 결과로 국가 신용등급을 상향 조정했으니 실패한다면 언제든지 하향 조정할 수 있다."[94]라고 한발 뒤로 물려선 모양이었다. 그러나 국민의 입장에서는 대통령이 삼십육계의 첫 번째 "하늘을 속여서 바다를 건넌다(瞞天過海)."는 계략을 백성에게 써먹은 꼴이다.

한편 2015년 4월 28일 미국 백악관에서 미일 정상회담을 개최, 아베 신조 총리는 태평양 전쟁에 대한 사과를 했으며, 양국 공동 혈맹의 강화, 평화 헌법을 수호하기 위한 공동방위협정을 체결하여 미일 밀월 관계를 새롭게 형성했다. 우리나라는 "위안부 문제 해결 없이는 아무것도 없다." 박근혜 대통령의 완고한 원칙으로 일본 극우단체의 험한 감정이 악화되었다. 7월에 예정되었던 한미 정상회담도 뜻하지 않았던 복병 중동 호흡기 질환(MERS) 사태를 당해 연기되었다. 반면에 9월 3일 중국의 전승절 기념 행사 열병식에 박근혜 대통령이 천안문 광장에 귀빈으로 참석했다. 일본 우익 언론과 미국 친일 언론은 한국의 중국 경사론 보도를 연일 토해냈다. 일본 극우신문에서는 "중국 사대주의자 명성황후 시해"라는 악담까지 했다. 우리나라의 국제외교에서 미국, 일본 및 중국 사이에서 우리나라가 '샌드위치(sandwich)' 위기에 있다는 평가를 받았다.

China Key Export Partners

Australia 1.8%
Italy 2%
Singapore 2%
United Kingdom 2.5%
India 2.6%
Netherlands 3.1%
Germany 4.3%
South Korea 4.4%
Japan 7.7%
Other 37.8%
United States 18%
Hong Kong 13.8%

Source : WTO 2012 Statistics

샌드위치 현상은 한국과 미국 양국의 고고도미사일방어망(THAAD, 薩德) 배치와 환태평양경제협력협정(TPP)에 가입문제는 미제로 남기고 중국의 아시아 인프라 투자은행(AIIB)에 2015년 6월 29일 참여지분 5위로 가입함으로써 중국경사론(中國傾斜論)이 불거졌다. 이에 대해 2015년 3월 29일 외교부 장관은 재외공관장 회의에서 "국익을 위해서 중심과 균형감을 갖고 소신껏 추진하고 있으며 미국과 중국이 러브콜(love call)를 보내고 있는 축복"이라고 일축하였다.[95] 결국은 2015년 10월 17일 한미정상회담에서 TPP 가입과 북한 비핵 공동성명이 중요한 의제가 되었다. 뒤늦게 TPP 미가입에 대한 피해가 자유무역협정(FTA)보다 이익이 크다는 평가가 나오자 만시지탄을 하고 있다.[96] 국가지도자들은 아직도 국제외교에서 매번 당하면서도 국민에게만 만천과해 계략만을 사용하고 있다. 영국 속담에 "용장 밑에 약졸이 없다(A good general will make good men)." 혹은 "그 주인에게 그 하인(Such the master, such the servants)"이라고 했다. 속된 말로 "그 나물에 그 밥이다."

9

중원을 장악했던
동이족(東夷族) 선인들로부터 자문

삼황오제, 강태공, 공자, 진시황과 제갈공명

중국의 주류인 한족(漢族)의 입장에서는 동이족(東夷族)은 이민족(異民族)이다.[97] 진시황(秦始皇)이 천하를 통일하고 난 뒤에 동이(東夷), 남만(南蠻), 북적(北狄), 서융(西戎)의 네 가지 오랑캐(四夷) 개념은 중원을 중심으로 자리를 잡기 시작했다. 고조선 말에 한사군의 설치 이후는 동이족의 한반도 이동이 잦았다. '죽서기년(竹書紀年)'[98]에 의하면 진나라 통일 이전의 서진 시대의 개념에서는 산동성(山東省), 강소성(江蘇省) 북부에 거주하는 민족을 동이족으로 칭했다. 따라서 한민족인 우리나라 역시도 동이족에 속했다. '산해경(山海經)'[99]에 동이족 중 한민족에 대해선 구미호(九尾狐) 전설을 갖은 한반도에 살고 있는 고조선을 특별히 청구국(靑丘國, Green-Hill Nation)이라고 불렸다.

이렇게 동이족을 분류할 경우에는 중국 사람들이 자신의 조상이라고 알고 있는 전설적인 삼황오제(三皇五帝)는 물론이고, 산동성 동해 출신 강태공 역시 동이족이다. 그는 상(商)나라가 멸망하자 BC 1046년에 주(周)나라를 세워 문공을 도왔다.[100] 또한, 진나라로 BC 221년 중원 천하를 통일한 진시황(秦始皇)의 조상 역시 동이족에서 흉노 지방의 대구(大丘)에서 살았다. 그뿐만 삼국지에서 신출귀몰한 촉나라 책사였던 제갈공명도 오늘날 산둥성 임이군[101]에 태어나 살았다는 기준으로 본다면 중원 사람이 아닌 동이족이다. BC 551년에 제(齊)나라의 공자(孔子) 역시 중원 중심의 한족 입장에서는 동이족이었다.

1966년부터 1976년까지 10년간 중국 내 문화혁명을 하면서 '비림비공(批林批孔)'의 비판이 있었다. 공자 관련 유적은 물론 분묘까지 파헤치는 비판 운동이 전개되었다.[102] 1994년 한국과 국교정상화를 하면서 생활 전반에 유교사상으로 젖어있었던 한국 사람들이 공자 문묘를 찾아오자 한족 모두가 "중국 사람들은 비판을 가하는데 한국 사람들은 존경하여 참배를 하는 것을 보니 공자는 한국 사람들의 조상이다."이라는 풍문까지 나돌았다.

마지막으로 중원을 장악했던 왕조는 태조 누르하치(努爾哈赤)와 아들 청태종 홍 타이 지(皇太極)다. 만주에서 성장한 동이족이었다. 그뿐만 아니라 그들은 992년에 멸망한 천년제국 신라의 왕족 김(慶州 金) 씨로 한반도를 떠나 망국의 한을 달래면서 624년 동안 이국땅 만주에서 절치부심하면서 나라를 세웠다. 그것도 보라는 듯이 중원을 장악하여 청 제국을 건국했다. 그들은 신라 후손으로 성(姓)을 단순하게 김(金)이 아닌 '신라를 뼈에 사무치도록 사랑합니다(愛新覺羅)'라고 지었다. 1583년에 비로소 건주여진(建州女眞)의 작은 추장에 지나지 않았으나 주변을 통합하여 구노성(舊老城)을 '새로운 뜻을 펼쳐라(佛阿拉)'라고 개칭하였고, 1616년 홍 타이 지는 명나라를 통합하여 청태종으로 등극하였다.

중원을 장악했던 선인들의 자문

가장 먼저 BC 1046년 상(商)나라를 멸망시키고 주(周)나라로 중원을 장악했던 동이족은 산동성 동해(東海) 사람 강태공(姜太公) 제상이었다. 그에게 평천하(平天下)의 비결을 묻는다면 그는 더 말하지 않고『육도삼략(六韜三略)』라는 자신의 저서를 내밀었다. 한마디로 요약해서 유비의 도광양회(韜光養晦)처럼 "두말하지 말고 힘이나 길러라."라고 할 것이다. "평천하(平天下)는 하늘이 주는 것이 아니라 국가지도자의 역량에 있다(禍福在君, 不在天時)."라고 잘라 말했다. 이어서 부가적으로 갖춰주면 좋은 것으로 "i) 국민과 소통해야 매사가 크게 성취되는 법이고(至情者事之極也). ii) 국민에게 일자리를 마련해 주는 게 국가안정의 기본(三寶全則國安)이다. iii) 국가지도자가 천하를 이롭게 한다면 그에게 천하가 저절로 열린다(利天下者天下開之)."라고 했다.

현재 한반도 평화 통일을 위한 자문을 구했다. 그는 통일 전략(三略)을 요약해 "i) 국가 대계로 상호신뢰를 구축해 마음을 얻어라. ii) 국가지도자는 국민과 소통하고 화합하여 서로 믿음을 가져라. iii) 국가지도자는 원칙이나 고집보다 민심에 순응하라. iv) 국가지도자는 국민 속에서 같이 울고 같이 웃어야 한다. v) 마지막 가장 중요한 건 백성의 마음을 먼저 읽고 앞장서 이끌어라."[103]라고 적은 메모 쪽지 한 장을 남기고 홀연히 사라지고 말았다. BC 500년경 14년간 중국 천하를 주류철환(周流轍環) 하시고 삶을 후회하시면 후배 양성과 역사책 춘추(春秋)를 저술하셨던 공자께 한반도 평화 정착에 대해서 자문을 구하고자 다가갔다. 한반도 말을 끄집어내기도 바쁘게 "통일한다고 저절로 평화가 정착될 줄 아느냐(同而不和)? 통일되지 않았다고 평화가 정착되지 않느냐(不同而和)? 서로가 욕심을 비우지 않고서는 통일되어도 평화는 없다(己所不欲勿施於人). 무엇보다도 신뢰부터 쌓아라(無信不立)."라고 잘라 말씀하시면서 더 이상 묻지도 말라고 손사래를 쳤다.

중국 최초 중원을 통일했던 진시황이 기세등등하게 불로초 불사약(不老草不死藥)을 구해 오라고 지시를 내렸다. 자신에 대해 유언비어를 퍼뜨리는 문서와 선비들을 모두 불사르고 땅에 묻도록 분서갱유(焚書坑儒)를 단행했다. 이런 폭군 진시황에게 조심스럽게 다가가 진 천하일통(秦天下一統)의 비책을 문의했다. "i) 군주의 소신을 꺾고 체면을 깎더라도 백성의 믿음을 얻어라(徙木之信), ii) 천하의 인재를 다 모아라. 그러면 자연히 천하를 얻는다(得賢人次之天下). iii) 법제와 다른 의견을 포용하고, 통일대형사업을 하면서 동시에 통일이 오는 길까지 닦아라(以包容而築城). iv) 주변국과 화합하고, 통일의 이득을 공유하며 마음까지 나누어라(近隣通心)."라고 황갈색 한지에 손수 교시처럼 정성을 들여서 적어주었다.

마지막으로 삼국지를 읽을 때마다 닮고 싶었던 제갈공명에게 한반도 통일에 대해 좋은 지략이 없는지 '신의 한 수(god's secret)'를 물었다. 공작선(孔雀扇)으로 더위를 식힌다면서 빙그레 웃는 모습이 마치 적벽대전을 앞에 두고 여유가 만만한 그 모습과 같아 보였다. "현대인 자네들에게 비하면 나의 지식은 조족지혈(鳥足之血)에 지나지 않지. 모르기는 몰라도 공자 어른도 현대인에 비유하면 초등학교 3학년 정도에도 못 미치겠지. 난 아예 영어도 컴퓨터도 모른다네…. 묻지 말고 가는 게 좋을 텐데."라고 한동안 침묵을 지켰다. 엉뚱한 난센스 퀴즈로 치근거렸다. 그제야 "일을 당하기 전에 준비하고, 일을 당해서는 위기를 기회와 뒤집어 보게(前事萬備, 臨事機變)."라고 일필휘지한 메모 쪽지를 던지고, 준비된 백마군거(白馬軍車)를 타고 황급히 가버렸다.

청구일통을 대업을 성취했던 선인들의 지혜

BC 1200년경부터 한반도는 '동해바닷가 푸른 언덕엔 구미호가 산다는 전설의 청구국'으로 중국 중원의 대제국 수나라와 당나라도 그렇게 탐냈던 꿈의 나라(dreamful land)였다. 한반도엔 호박넝쿨처럼 산줄기 끝자락마다 옹기종기 작은 나라가 맺혀졌다. 삼한(三韓), 6가야(伽倻), 그리고 삼국이 '도토리 키 재기' 싸움을 했다. 한반도 청구국을 하나로 통일하고자 하는 청구일통(靑丘一統)의 꿈을 가진 사람이 있었다. 꿈을 가졌던 사람들은 통일신라, 고려, 그리고 조선으로 통합을 이룩했다. 특히 후백제, 태봉, 신라 등 3마리의 호랑이가 서로의 정통성과 국익을 위해서 각축하고 있었다. 이때, 왕건은 '서로 고귀하게 여기는 수려한 나라(高貴秀麗之國)'을 세워보자는 구상을 하여 설득과 합봉(合蜂)에 착수하였다. 태조 왕건이 오늘날 남북한의 각축 양상을 보셨다면 "두 마리의 호랑이가 서로 잡아먹겠다고 하네. 구경꾼 호랑이 고기 포식하겠네."라는 말을 던지고 꼴불견에 눈을 돌렸다.

고려 왕건이 후삼국을 통합했던 고려일통책략(高麗一統策略)을 살펴보면 i) 국제 정세로 중원에 당 제국(唐帝國)이 멸망하자 5대 10국이 난립하고 있었다. 한반도 주변에선 옛 고구려의 고토엔 여진족 야율아보기(耶律阿保機)가 907년에 쿠데타로 일어나서 그해 발해까지 정벌해 한반도를 넘보고 있었다. 이런 세력 불균형 상황에 새로운 질서가 태어나기에 "바로 이때를 잡자(摘天好機)."라 하였다. ii) 가장 먼저 대의명분을 바로잡기(正名正立) 위해서 국호를 고려(高麗)로 정하여 고구려의 국명을 계승함과 북진정책을 표방하자. iii) 한반도 동족에겐 포용과 유화의 온양정책(溫陽政策 sunshine policy)으로 지방 호족들을 설득하고, 발해 유족의 우대와 신라 귀족의 고려에 귀화를 적극 받아준다(宣柔歸化). iv) 국제 교역을 하던 해상세력을 결집해 "칼보다 지갑(錢能統神)"으로 일통 대업의 재원을 확보한다. v) 수운은 물론 도로까지 사통팔달로 내어 국운 상승의 소통에 막힘을 없애며, 동시에 격에 맞는 궁궐까지 통일 기반을 만들어 나갔다(疏通建國而築城一統).

10

한반도는 중국 대륙의 방향타(方向舵)

역사의 도미노게임

BC 108년 한무제(漢武帝)는 고조선 땅에다가 한사군을 설치함에 따라 곧바로 고구려의 침공을 자주 받아 국력을 낭비하더니 한 제국은 멸망의 원인을 만들었다. 중원을 통일하였던 당 제국마저도 신라와 손잡고 백제와 고구려를 정벌함으로써 장기간 국외원정(國外遠征)에 국력을 소진하였다. 스스로 무너짐을 대제국도 감당하지 못했다. "명나라를 칠 테니 조선은 단지 길만 빌려달라(征明假道)."라는 대의명분으로 일본의 도요토미 히데요시(豊臣秀吉)는 정병 20만 병사를 보내서 임진왜란과 정유재란을 일으켰다. 당시 조선은 정병은 2만 명도 안 되었고 도합 5만 정도였다. 대부분의 병력은 4군 6진의 북방국경을 방어하고 있었다. 남해엔 무방비 상태였다. 조선의 7년 전쟁에 지원병 파견으로 대명제국(大明帝國)마저도 국력을 소진했다. 망국의 징후를 직감한 오삼계 장군은 40만 장병으로 만리장성 산해관(山海關)을 지키고 있었다. 만주의 오합지졸 14만 병사에 싸움

한판 벌이지도 않고 오삼계(吳三桂)는 산해관 성문을 열어주었다. 1880년 대 조선 말기에 청나라와 일본의 아산만에서 청일전쟁을 하였고, 1910년 대에 한반도 식민지를 교두보로 확보하고 1930년 청 황제 부의(傅儀)를 조정해 일본 괴뢰정부 만주국을 세웠다. 이를 통해 중국 대륙 침략의 진입 로를 닦았다. 1950년 한국전쟁에 12월 30만의 인민군의 참전으로 1951 년 1.4 후퇴가 감행되었고, 그들은 대한민국 장병과 UN 연합군을 상대로 3년간 전쟁을 해 1953년 7월 27일에 휴전협정 당사자로 참석해 휴전협정 문에 서명했다.

중국이란 대륙은 작은 한반도의 정세에 따라 작게는 순망치한(脣亡齒 寒), 크게는 보거상의(輔車相依)의 역학관계에 놓여있었다. 인체에 비유하 면 한반도는 아시아(중국)대륙의 고환(testis)에 해당한다. 움켜쥐면 가장 고통을 느끼고 있는 곳이다. 현대식 표현을 빌리면 강대국의 도미노게임 (domino game)에 첫 패(牌)이다. 이제 중국은 경제와 군사에 G2(2대 강대 국)로 자리 잡음에 따라 한반도의 평화조정자(peacemaker) 혹은 균형추 (balance weight)로 역할을 할 수 있게 되었다. 특히 북한과 1970년 7월 11일 '조중 우호 상호협력조약(中朝友好合作互助條約)'[104] 전문 및 7개 조항 과 부칙으로 체결하여 20년간 유효하였다가 2001년에 갱신하여 2021년 까지 혈맹(blood alliance)으로 관계를 유지하고 있다.[105]

한편 남한과도 1992년 국교 수립으로 전략적 동반자 관계(strategic partnership)를 유지해 왔고, 2015년에는 자유무역협정(FTA)까지 체결 하여 해외 수출에 있어 23% 이상 차지하는 중요한 교역국이 되었다. 또 한, 미국과 1953년 10월 1일에 우리나라는 한미상호방위조약(Mutual De-fense Treaty)[106] 전문, 6개 조항 및 양해 조건으로 체결하여 전통적인 혈 맹으로 지내고 있다. 2015년 하반기 박근혜 정부는 한미 양국 간의 정상회담까지 연기하고 북경 전승절 열병식에 참석했다. 이에 대해 일본 극우파와 미국 친일파언론에선 중국경사론(中國傾斜論)[107]과 혐한여론을 조작해 연일 흘려보냈다. 2015년 8월 25일 북한군의 남측 DMZ 목함지뢰 도발로 인한 남북한고위층협상 때 중국은 북한과의 국경 지역에다가 선양, 길림성의 제29 집단군 탱크 40대를 배치해 북한을 위협한 사례가 있었다. 이를 봐서 "조중 우호조약 제2조에 분명히 규정되어 있는 사전 동의 없이는…. 남한을 침략하는 행위는 군사협약에 지원할 수 없다."고 못을 박아 중국정부의 유권해석이 나오기도 했다.

그러나 2016년 1월 6일 제4차 핵(수소폭탄)실험과 2월 7일 제6차 미사일 발사사건으로 남북한이 긴장되자 중국은 한 달간 국가 최고지도자 간의 긴급 전화(hot line)마저 받지 않았다. 박근혜 정부는 자구책으로 개성공단 운영을 전면중단하고 사드(THAAD)를 추진하겠다고 선언하였다. 미국과 중국의 밀당(밀고 당기는) 외교가 추진되어 UN 대북제재[108]를 도출하게 되었다. 한국의 국익은 철저하게 미중 대북 제재 협상에 도외시되었다.[109]

북한의 변혁을 위해 중국이란 지렛대 활용

최근 우리나라는 일본군 위안부와 독도 영유권 문제로 한일 양국 사이에 간헐적으로 반일 혹은 혐한감정이란 냉온 전선의 기류가 흐르고 있다. 다행스럽게도 2015년 12월 28일 위안부 최종타협을 최종적이고 불가역적으로 체결하였으나 근본적인 앙금은 그대로 남아 있다. 한편, 중국과는 1994년 한중 국교 수립 이후에 경제 협력과 교역량의 증가에 따라 전략적 동반자 관계를 유지하고 있다. 박근혜 정부에 들어와서는 화중(和中) 혹은 "러브콜을 받고 있다."라는 외교부의 자평이 나오고 있다. 2003년에 '균형 외교(balance diplomate)'를 표방했던 노무현 정부보다도 박근혜 정부에서 중국에 더 경사 되었다는 게 일본 극우언론의 평가다. 이런 시각이 나온 것은 우리나라의 외교는 미국이란 무게중심에서, 미국의 외교 안보 렌즈(USA's diplomate&security lens)로 봤기 때문이다. 이제까지 우리나라는 균형적인 외교 안보 렌즈(balanced diplomate&security lens) 하나도 갖지 못했다. 그래서 미국의 외교 안보 렌즈로 한국의 '동북아 균형자의 역할(east-north Asian balancer's role)'은 불온하고 배은망덕한 도전이다. 이런 낌새를 눈치챈 MB 정부와 박근혜 정부는 또다시 미국의 렌즈로만 보게 되었다. 그런데 미국 렌즈를 자세히 보면 '아시아-태평양 재균형화(Asia-Pacific Re-balancing)'[110]가 미국 정권에 따라서 왔다 갔다 했다.[111]

현재 시점에서 우리나라는 당장의 국익은 물론 미래를 내다보는 외교 안보의 렌즈를 마련해야 한다. 온탕과 냉탕을 오가는 미국의 외교 안보 렌즈에 의존하거나, 일본의 냉온 전선의 기류에 휩싸이거나, 중국이 국익으로 남북한을 오가는 저울 눈금 외교에 좌우되지 않도록 균형자(balancer) 혹은 '팽이의 축(axis of top)'으로 자리를 잡아야 한다. 주변 4대 강대국의 입장에서 국익을 분석하고 한반도의 평화 정착 혹은 통일 이후의 국익 보장을 위한 설득이 전개되어야 한다.

먼저 중국 입장에서 수지 분석을 한다면 i) 군사적 위험(military risk)으로 남한이 통일될 경우엔 현 북중 국경이 미군과 접경을 같이 해야 한다. 또한, 북한 핵무기 등이 대미 방어에 중국 후원 역할을 했는데 이를 상실과 동시에 미군에 흡수된다. ii) 경제적 위험(economic risk)으로 남북한의 통일은 한반도 인근의 동북 3성을 포함하여 1~2억 명의 한민족경

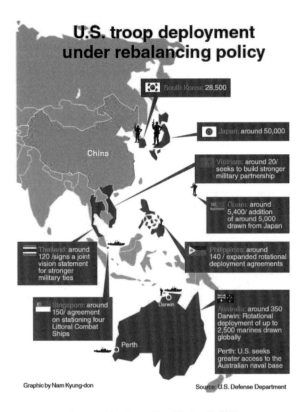

U.S. troop deployment under rebalancing policy

Graphic by Nam Kyung-don · Source: U.S. Defense Department

Source : The Korea Herald, Jan.13, 2013

제권을 형성할 수 있다. 제2의 일본과 같은 경제 대국을 탄생시켜 양호유환(養虎遺患)의 골칫거리를 만든다. 그뿐만 아니라 2050년에 1인당 GDP 85,000$에 G2 국가로 부상한다는 예측까지 나오고 있다.

이에 대한 우리나라 입장에서 대중국 설득 논리는 i) 군사적 위험과 경제적 위험에 대한 경계심 불식을 물론이고 안심시킬 필요가 있다. 독일의 주변국 설득 사례로 소련 국경에 외국 군대나 경찰이 주둔하지 않도록 하겠다는 보장 약속, 영국에 대한 제1, 2차 대전과 같은 전쟁을 하지 않겠다는 부전약속(不戰約束)처럼 해야 한다. 통일 후 미군의 한반도 주둔에 대한 청사진을 주변 국가에 제시해야 한다. 즉, 대중 접경지대에 중국과 공동으로 평화 공원 조성 방안(Peace Park Project), 러시아와 국경지대 제2 홍콩 건설 방안(The 2nd Hong Kong Project) 등을 제시할 수도 있다. 또한, 중국 등 주변국과 북한의 우발적 상황에 비상기획(contingency plan)을 협의하고 기타 통일 문제에도 대해서도 협의와 지원까지 요청한다.[112]

현재 중국이 폐쇄 국가 북한을 국제사회로 나와 인류 번영과 공동 발전에 개방적 자세를 보이라고 압박을 하고 있다. 미국과 국제연합에서 제시하는 마지노선인 핵무기 혹은 핵물질과 기술을 해외 반출하지 마라, 중국의 국익에 도움이 되지 않는 돌발적인 상황을 만들지 말라는 주문이다. 한국의 입장에선 중국이 가진 지렛대는 i) 석유(항공유), 식량과 국제적으로 고립됐을 때에 감싸주는 경제적 외교적 의존도를 높여서 이를 목줄(life line)로 험악한 상황을 자제하도록 할 수 있다. ii) 이것도 한계는 있다. 중국의 국익 상실, 국제적 고립, 조중 혈맹 관계 훼손 등을 자초하는 행위를 할 수 없다. 이때는 우리는 북한의 남한경제의존도를 중국보다 높여나가서 중국의 국익과 관계훼손의 피해를 최소화한 뒤에야 중국에게 전략적 결단(strategic decision)을 요구하고 있다.[113]

비핵화에 중국의 대북 영향력은 크다. 최근 이란의 핵 포기와 국제 경제제재로부터 해제와 경제적 지원을 사례로 중국의 대북 설득이 유효할 것이다. 남한도 뒤에서 북한의 국제적 국익이 최대화되도록 i) 개발한 핵물질의 평화적 이용권 및 핵폐기물 재처리 등의 옵션(nuclear option)을 보장을 요청하고, ii) 동시에 북한체제의 안정을 위한 휴전 협정을 평화 협정(peace agreement from armistice agreement)으로 전환하도록 적극 주도해야 한다. iii) 핵무기를 포기하는 만큼 경제적 보상을 UN 대북 제재의 해제에만 그치지 말고 북한 실정에 확실하게 실익을 챙기도록 북한 맞춤

지원(North Korea-tailored Assistance)을 마련하도록 외교적 협조를 해야 한다.

현재 일희일비하는 대중 관계와 대북 관계를 원칙과 주도적으로 안정화하여 신뢰만은 확고하게 구축해 나가야 한다. "2024년 북한 핵무기 실전 배치 완료, 미군 전면 철수 완료, 한반도 주변국과 국교 단절"의 최악 상황을 상정하고 생존 방안을 강구한다는 건전한 위기감(sound crisis-consciousness)을 가져야 하고, 국방, 외교, 경제 및 국정 전반에 대책을 마련해서 '평화 정착을 위한 전쟁대비'에 빈틈이 없어야 한다. 국가지도자는 국가의 이익, 국민의 복리, 민족의 미래 등을 위해서 당리당략 혹은 사욕 없이 헌법상의 의무를 다해야 한다. 그렇지 않고서는 주변 강대국의 국익에 좌우되어 국가와 국민은 2016년 1~2월의 박근혜 정부처럼 좌충우돌하거나 뜻하지 않는 대한제국 말 고종의 치하처럼 내분과 갈등으로 1910년 일제식민지로 병합되는 불행을 반복할 것이다.

이젠 우리의 손으로 해야 할 때다

진시황이 중원을 통일한 뒤에 BC 209년 민중반란이 일어났다. 이때에 항양(項樑, 항우의 삼촌)과 항우(項羽)가 시역에 비범한 지혜와 용맹을 갖고 있다는 평판이 있었다. 회계(會稽) 군수인 은통(殷通)은 항양과 항우를 모셔 세상 돌아가는 것을 나누고, 이럴 때에 어떻게 해야 득세를 하느냐 자문을 구했다. "지금 강서 같은 곳에서 의병들이 봉기하고 있으니 진나라의 국운은 백척간두에 섰습니다. 이때에 먼저 사람을 제압하도록 움직인다면 기회를 잡을 수 있습니다. 이는 먼저 상대방을 겁박하여 따르게 할 수 있습니다."라고 항양은 자문을 했다. 은통이 이에 동의하였고 병사를 동원하게 되었다. 항양과 항우는 가만히 생각해보니 자신들의 말처럼 은통의 기선제압으로 죽음을 당할 것이 뻔했다. 선제적 대응은 말이 아니라 행동이라고 생각하고 은통을 먼저 제거(殺除)했다.[114] 한때 민주화운동이 왕성하던 1990년대엔 '먼저 목소리 큰 사람이 이긴다(先聲奪人)'고 했다. 떼쓰면 기선을 제압한다는 뜻이었다. 심하게 표현하면 '헌법 위에 떼법이 있다'고 했다. 사실 매사 사전준비하고 먼저 공세를 취하는 사람이 여하한 상황을 이끌어간다. 선제적 공세를 치하지 않고서는 목표하는 바를 얻기는 어렵다.

과거 한반도의 문제는 주변 강대국의 의도와 음모에 따라 좌우되었다. 우리나라 스스로 결정하는 게 하나도 없다 보니 늘 당하기만 했다. 솔직히 말하면 지금까지도 우리나라는 자기 나라마저도 다스리지 못해 일본의 식민지 통치, 미군의 신탁 통치 혹은 지금도 미군에게 전작권(war operation rights)을 상납한 국가로 강대국에게 이끌려가고 있다.[115] 한반도의 미래도 이렇게 과거나 지금처럼 주변 강대국에 좌우되어서는 안 된다. 자주적이고 선제적으로 도모해야 한다. "계란(鷄卵)이 스스로 껍질을 깨뜨리고 나오면 노란 병아리가 된다. 그러나 남들에게 깨진다면 깨뜨린 사람이 좋아하는 계란 요리(sun-rised egg fry)가 될 뿐이다." 한 요리사 친구 녀석의 말이다.

참/고/문/헌

1) Proverbs11:14

2) 民为邦本 : 这是儒家政治思想的一项重要内容.语出《伪古文尚书·五子之歌》.民为邦本思想在夏朝就已出现.《夏书》的佚文就有 "后非众无与守邦" 的说法. 随着夏,商和西周的灭亡,特别是春秋战国时期的大批诸侯国的灭亡和部分诸侯国的兴起,人们越来越看到君主和国家虽处于统治人民的地位,人民为其所属,但人民对他们的存亡也有制约作用.孔子指出:"民以君为心,君以民为本","心以体全,亦以体伤.君以民存,亦以民亡"《礼记·缁衣》. 荀子还曾形象地说:"君者,舟也;庶人者,水也.水则载舟,水则覆舟"《荀子·哀公》. 孟子提出"民为贵,社稷次之, 君为轻"的"民贵君轻"说.荀子认为"庶人安政.然后君子安位".《春秋谷梁传》则说"民者,君之本也".民为邦本的思想在以法家思想为指导的秦王朝遭到摒弃.但通过秦末农民起义和秦王朝的速亡,人们对这一思想进一步加以肯定.西汉的政治家贾谊不仅重新强调"民者,诸侯之本也",而且具体指出"国以民为安危.君以民为威侮"《新书·大政》.唐太宗李世民则从隋亡的教训中,总结出"为君之道,必须先存百姓"《贞观政要·君道》的道理.

3) 孟子 盡心章下 : "孟子曰,民爲貴,社稷次之,君爲輕.是故得乎丘民而爲天子,得乎天子爲諸侯,得乎諸侯爲大夫,諸侯危社稷,則變置,犧牲既成,粢盛既絜,祭祀以時,然而旱乾水溢."

4) 荀子, 王制篇 : "庶人安政,然后君子安位...为政者强,取民者安,聚敛者亡."

5) 汉书·郦食其传 : "王者以民为天,而民以食为天."

6) 唐太宗时,魏征 在贞观政要 : "即君舟也.人水也.水则载舟,水则覆舟."

7) Three Rings for the Elven-kings under the sky/ Seven for the Dwarf-lords in their halls of stone/ Nine for Mortal Men doomed to die / One for the Dark Lord on his dark throne /In the land of Mordor where the shadows lie./ One Ring to rule them all, One Ring to find them/ One Ring to bring them all and in the darkness bind them / In the land of Mordor where the shadows lie..

8) 禮記 中庸 : "凡事豫則立,不豫則廢,...人一能之己百之,人十能之己千之.果能此道矣.雖愚必明,雖柔必強."

9) 宋 吳自牧,夢梁錄,山川神 : "每歲海潮太溢,沖激州城,春秋醮祭, 詔命學士院, 撰青詞以祈國泰民安."

10) 唐, 張固《幽閒鼓吹》卷五十二 : "錢十萬可通神矣, 無不可回之事, 吾懼禍及. 不得不止."

11) 최영진, 신조선책략, 김영사, 2015.5. pp.30-33

12) 상게서, pp.33-36 passim

13) 상게서, pp.24-26 passim

14) 상게서, pp.27-29 passim

15) 한겨레, 1996.6.5. 5면 스포츠기사(칼럼/논단)

16) 이명박 대통령 헌정사상 처음 울릉도·독도 방문, 경북일보, 2012.8.10. : " 광복절 앞두고 '독도는 우리

땅' 쐐기…일본 측에 사전통보 안 해. ▲ 이명박 대통령 울릉도·독도 방문10일 오전 11시 40분 이명박 대통령이 전용헬기로 울릉도 울릉신항(사동)에 도착, 지역주민들과 관광객들의 열렬한 환영을 받고 있다."

17) Aesop's The Boys and the Frogs : "Some Boys were playing one day at the edge of a pond in which lived a family of Frogs. The Boys amused themselves by throwing stones into the pond so as to make them skip on top of the water. The stones were flying thick and fast and the Boys were enjoying themselves very much; but the poor Frogs in the pond were trembling with fear. At last one of the Frogs, the oldest and bravest, put his head out of the water, and said, "Oh, please, dear children, stop your cruel play! Though it may be fun for you, it means death to us!" Always stop to think whether your fun may not be the cause of another's unhappiness.

18) Japan formally rejected the Allied ultimatum.

19) New York Times, July 30, 1945. "Japan Officially Turns down Allied Surrender Ultimatum."

20) 史記, 商君列伝 : "令既具未布,恐民之不信己.乃立三丈之木於國都市南門募民,有能徙置北門者予十金.民怪之,莫敢徙. 復曰, 能徙者予五十金. 有一人徙之. 輒予五十金,以明不欺. 卒下令."

21) 李斯, 諫逐客書 : "秦宗室大臣皆言秦王曰. 諸侯人來事秦者. 只爲其主游間秦耳. 請一切逐客, 李斯議亦在逐中. 斯乃上書曰 .臣聞吏議逐客竊以爲過矣.......臣聞地廣者粟多. 國大者人衆, 兵強者士勇. 是以. 泰山不讓士壤, 故能成其大. 河海不擇細流, 故能就其深. 王者不卻衆庶, 故能明其德.......夫物不産于秦, 可寶者多, 士不産于秦, 而願忠者衆. 今逐客以資敵國. 損民以益讎. 內自虛而外樹怨于諸侯, 求國無危, 不可得也."

22) Where there is no guidance, a nation falls, but in an abundance of counselors there is safety.

23) Wikipedia, Mossad : "North Korea - Mossad may have been involved in the 2004 explosion of Ryongchon, where several Syrian nuclear scientists working on the Syrian and Iranian nuclear-weapons programs were killed and a train carrying fissionable material was destroyed."

24) The odd tale of a lone Israeli spy and North Korea, Explosion kills Syrian technicians on North Korean train, Israeli agent spotted in Pyongyang, Nate Thayer June 20th, 2013.http://www.nknews.org/

25) 월간중앙, 2004년 6월, 용천역 폭발사건의 7가지 궁금증

26) Edward S. Miller. War Plan Orange : The U.S. Strategy to Defeat Japan, U.S. Navy Institute, 2007

27) 春秋左氏傳·襄公十一年 : "居安思危,思則有备,有備无患."

28) Don't be fooled by the Soviet Union, don't believe in America. Korea should be careful of Japan's wake up again.

29) Wikipedia, The Agreed Framework between the United States of America and the Demo-

cratic People's Republic of Korea was signed on October 21, 1994 between North Korea (DPRK) and the United States. The objective of the agreement was the freezing and replacement of North Korea's indigenous nuclear power plant program with more nuclear proliferation resistant light water reactor power plants, and the step-by-step normalization of relations between the U.S. and the DPRK. Implementation of the agreement was troubled from the start, but its key elements were being implemented until it effectively broke down in 2003.

30) U.S. Agreed to North Korea Peace Talks Before Latest Nuclear Test, The Wall Street Journal, Feb.21, 2016 : "Pyongyang rejected condition that nuclear arms would be on the agenda —then carried out atomic test..Days before North Korea's latest nuclear-bomb test, the Obama administration secretly agreed to talks to try to formally end the Korean War, dropping a longstanding condition that Pyongyang first take steps to curtail its nuclear arsenal."

31) 論語 憲問編 : "子路問成人. 子曰：若臧武仲之知,公綽之不欲,卞莊子之勇,冉求之藝,文之以禮樂,亦可以為成人矣. 曰：今之成人者何必然？見利思義,見危授命,久要不忘平生之言,亦可以為成人矣."

32) Wikipedia : 『火垂るの墓』(ほたるのはか) は,野坂昭如の短編小説. 野坂自身の戦争原体験を題材にした作品である.兵庫縣神戸市と西宮市近郊を舞台に,戦火の下,親を亡くした14歳の兄と4歳の妹が終戦前後の混乱の中を必死で生き抜こうとするが,その思いも叶わずに栄養失調で悲劇的な死を迎えていく姿を描いた物語. 愛情と無情が交錯する中,蛍のように儚く消えた二つの命の悲しみと鎮魂を,獨特の文体と世界觀で表現している.

33) 일요신문, 2015.12.11. '반딧불의 묘' 작가 별세의 유언 : "작가는 85세 생을 마감하면서 마지막 잡지사에 제출한 에세이에서 '이 나라가 과거 태평양 전쟁을 시작했던 그때로 다가가고 있음이 확실하다.'고 끝부분에 적고 있다."

34) "자위대 한반도 파견 문제, 북한은 상의할 일이 아니다." MBC TV 2015.11.02. : " 어제 청와대에서는 박근혜 대통령과 아베 일본 총리, 그리고 리커창 중국...자위대 진출과 관련해서 북한에 파견할 경우 한국 정부와 상의할 일이 아니다, 이렇게 얘기했거든요."

35) 三國史記卷四, 新羅本紀四, 智證王四年 : "四年冬十月, 羣臣上言, 始祖創業已來國名未定, 或稱斯羅, 或稱斯盧, 或言新羅. 臣等以爲新者德業日新, 羅者網羅四方之義, 則其爲國號宜矣. 又觀自古有國家者, 皆稱帝稱王. 自我始祖立國, 至今二十二世佀, 稱方言未正尊號, 今羣臣一意, 謹上號新羅國王. 王從之."

36) 詩經 先秦小雅 : "......天保定爾,亦孔之固.俾爾單厚,何福不除.俾爾多益,以莫不益. 天保定爾,俾爾戩穀.罄無不宜,受天百祿.降爾遐福,維日不足.天保定爾,以莫不興.如山如阜,如岡如陵,如川之方至,以莫不增.吉蠲爲饎,是用孝享.禴祠烝嘗,于公先王.君曰卜爾,萬壽無疆. 神之弔矣,詒爾多福.民之質矣,日用飲食.群黎百姓,徧為爾德.如月之恆,如日之升, 如南山之壽,不騫不崩.如松柏之茂,無不爾或承."

37) 维基百科, 一片石之战 : "明清戰爭, 一片石之战是公元1644年发生. 于山海关附近的一片石的

战役, 作战双方为清軍, 山海關明軍和大順軍. 清朝通过此戰的胜利而入关建立統治. 一片石位于今辽宁绥中县西七十里的九門口, 是明代長城中最重要的關隘之一, 位於遼寧與河北省的分界處, 被譽為‘京東首關’......”

38) Tonyuquq's Epitaph, The American Journal of Semitic Languages and Literatures Vol. 56, No. 4 (Oct., 1939),University of Chicago Press, pp. 365-383 : “......Those who build castle will be doomed themselves to perish, those who constantly move will prosper to open themselves......”

39) 柯勝雨, 大明帝國抗日史, 遼寧教育出版社. 2011. : “......四月二十九日,李昖在仁政殿召見黃允吉等人,細問豐臣秀吉的詳情.黃允吉,許筬說 : 關白目光銳利得可以穿透巖石,必來侵略.而金誠一則認為 : 黃允吉胡言亂語,惑亂人心,斷無兵禍 ......”

40) 스포츠조선, 2015. 11. 20. 썰전 이철희 “박근혜 대통령 화법”

41) 조선일보,2015. 7. 7. 이종걸 “국회가 청와대 출장소로 전락”...野 일명 '박근혜법' 발의 예정

42) James 1:15 : “Then, after desire has conceived, it gives birth to sin; and sin, when it is full-grown, gives birth to death.”

43) 김정길, 공무원은 상전이 아니다. 행복한 책 읽기, 2009 혹은 1998 베스트셀러(출판사)

44) 得人心的祕訣, 以聽得心, 豎耳傾聽, 傾聽是獲得人心的最高智慧, 我的傾聽之道, 發現, 收起判斷之心, 傾聽內在之音, 就能發現新自我, 你我的傾聽之道, 共鳴, 只要互相接受對方, 彼此體諒對方, 就能聽見真實.

45) 唐史演義, 唐朝 :“征等俱齊聲遵旨, 太宗又問征道. 人主如何為明, 如何為暗? 征對道. 兼聽即明, 偏聽即暗.昔堯清問下民, 所以有苗罪惡,得以上聞.舜明四目, 達四聰, 所以共鯀驩兜....”/ 歐陽修, 宋祁 : “因問 :「為君者何道而明, 何失而暗?」 徵曰 :「君所以明,兼聽也;所以暗. 偏信也. 堯, 舜氏辟四門. 明四目, 達四聰......”

46) 司馬遷, 史记· 商君列传 :“令既具,未·布,恐民之不信,已乃立三丈之木于国都市南门,募民有能徙置北門者予十金.民怪之,莫敢徙.复曰'能徙者予五十金'. 有一人徙之.辄予五十金,以明不欺.卒下令.”

47) 諫逐客書, 李斯

48) 정명복, 생생국가안보 그리고 통일, 도서출판 선인, 2015. pp.290-294 passim

49) U.S. Policy Toward North Korea, Scott A. Snyder, Senior Fellow for Korea Studies and Director of the Program on U.S.-Korea Policy, January 2013, SERI Quarterly

50) Strategic Ignorance, New York Times, Editional, May 24, 2013 : “It may be months before President Obama's nominees for Commerce secretary and Census Bureau director are confirmed; in the meantime, there is no one to defend the survey. That increases the chances that the bill to make the survey voluntary could be slipped into the Commerce Department appropriation or other legislation. The White House needs to put someone prominent in charge of the issue now, or risk being caught off guard later.”

51) 정동영 지승호, 10년후 통일, 2013. 살림터, pp.64-66

52) Scott A. Snyder, "US. Policy Foward the Korea Peninsula", Council on Foreign Relations, Independent Task Force, U.S.A., Nov.22,2015. (http://www.cfg.org)

53) 박근혜, 절망은 나를 단련시키고, 희망은 나를 움직이다. 위즈덤 하우스, 2007, pp.203

54) 상게서, p.305

55) Francis Fukuyama, Trust: The Social Virtues and The Creation of Prosperity, Free Press; 1st Free Press Pbk. Ed edition, 1996

56) Jerry White, Honesty, Morality, and Conscience: Making Wise Choices in the Gray Areas of Life, NavPress; Revised edition (June 15, 2007)

57) 三国演义, 第一回 : "话说天下大势.分久必合,合久必分. 周末七国分争,并入于秦. 及秦灭之后, 楚,汉分争,又并入于汉.汉朝自高祖斩白蛇而起义,一统天下,后来光武中兴,传至献帝,遂分为三 国."

58) 论语·子路 : "是孔子所言.子曰 : '君子和而不同,小人同而不和.'"

59) 송병락, 상게서, pp.117-119 passim

60) 班固, 漢書·項籍傳 : "公元前209年, 項梁和侄子項羽爲躲避仇人的報複, 跑到吳中.會稽郡郡 守殷通, 素來敬重項梁. 爲商討當時的政治形勢和自己 的出路, 派人找來了項梁. 項梁見了殷 通, 談了自己對時局的看法 : '現在江西一帶都己起 義反對秦朝的暴政, 這是老天爺要滅亡秦 朝了.先發動的可以制服人, 後發動的就要被別人所制服啊!'殷通聽了, 歎口氣說 : 聽說您是楚 國大將的後代, 是能幹大事 的"我想發兵響應起義軍, 請你和桓楚一起采率領軍隊, 只是不知 道桓楚現在什麼地方? 項梁聽了,心想 : 我可不願做你的部屬."

61) 헌법 제4조 : "대한민국은 통일을 지향하며, 자유민주적 기본질서에 입각한 평화적 통일정책을 수립 하고 이를 추진한다."

62) 헌법 제66조 ③ : "대통령은 조국의 평화적 통일을 위한 성실한 의무를 진다."

63) 헌법 제69조 : "대통령은 취임에 즈음하여 다음의 선서를 한다. '나는 헌법을 준수하고 국가를 보위하며 조국의 평화적 통일과 국민의 자유와 복리의 증진 및 민족문화의 창달에 노력하여 대통령으로서의 직책 을 성실히 수행할 것을 국민 앞에 엄숙히 선서합니다.'"

64) 정종욱, 흡수통일 "재앙 통제불능 상황 올 것", 중앙일보, 2015. 12. 12. : " 정종욱 통일준비 위원회(통 준위) 부위원장은 10일(현지시간) 미국 워싱턴의 헤리티지재단 세미나에서 "흡수통일은 한국과 미국 이 통제할 수 없는 상황을 초래할 뿐 아니라 북한에 새앙을 초래할 가능성이 있다"며 '평화 통일'을 추 구하는 것 외에 대안이 없다고 말했다."

65) Tae-Kyung Hong, Eunseo Choi, Seongjun Park & Jin Soo Shin, Prediction of ground motion and dynamic stress change in Baekdusan (Changbaishan) volcano caused by a North Korean nuclear explosion, Scientific Reports 6, Article number: 21477 (2016) : "... A hypothetical M7.0 North Korean underground nuclear explosion may produce peak ground accelerations of 0.1684 m/s2 in the horizontal direction and 0.0917 m/s2 in the vertical direction around the volcano, inducing peak dynamic stress change of 67 kPa on the volcano surface and ~120 kPa in the spherical magma chamber. North Korean underground nuclear explo-

sions with magnitudes of 5.07.6 may induce overpressure in the magma chamber of several tens to hundreds of kilopascals."

66) 북핵, 백두산 화산 폭발 깨울까...가능성 점검해보니, JTBC, 2016.2.18. : "북한 핵실험이 백두산 화산 폭발 가능성을 높일 수 있다"라는 연구 결과가 담긴 논문이 발표됐습니다. '북한이 규모 7 정도의 지진을 일으키는 핵실험을 감행한다면 백두산 마그마를 자극해 화산 폭발로 이어질 수 있다'"

67) 東日本大震災が影響,白頭山が20年以内に噴火する可能性は99%, 2015. 4. 14. (http://www.recordchina.co.jp/a106083.html)

68) 정성희, 백두산 폭발과 발해의 멸망, 동아일보, 2015.4.3. :

69) 尚書·說命中: "惟事事, 乃其有備, 有備無患.", 左傳·襄公十一年: "居安思危, 思則有備, 有備無患."

70) 童蒙先習 首篇: "天地之間萬物之中, 惟人最貴. 所貴乎人者, 以其有五倫也."

71) 李珥, 擊蒙要訣 立志篇: "先須立志, 必以聖人自期, 不可有一毫自小退託之念."

72) 维基百科: 封禅是一种帝王受命于天下的典礼. 这种仪式起源于春秋战国时期, 当时齐,鲁的儒士认为泰山是天下最高的山, 人间的最高帝王应当到这座最高的山上去祭祀至高无上的神灵, 而泰山是齐,鲁分界.后来在齐,鲁祭祀泰山的仪式扩大为统一帝国的望祭.并定名为"封禅".封禅二字中, 封是祭天的意思,禅是祭地的意思. 封禅之礼.

73) John 1:23 : He said, "I am the voice of one crying out in the wilderness, 'Make straight the way of the Lord,' as the prophet Isaiah said."/ Mark 1:3 :" the voice of one crying in the wilderness: 'Prepare the way of the Lord, make his paths straight,'"

74) 孟子. 告子下 : "天將降大任於斯人也, 必先苦其心志, 勞其筋骨, 餓其體膚, 空乏其身, 行拂亂其所爲, 所以動心忍性, 增益其所不能."

75) 孟子.眞心章: "孔子 登东山而小鲁,登泰山而小天下, 故观于海者难为水,游于圣人之门者难为言.观水有术,必观其澜.日月有明,容光必照焉.流水之为物也,不盈科不行, 君子之志于道也.不成章不达."

76) 楊士彦, 泰山歌: "泰山雖高是亦山, 登登不已有何難, 世人不肯勞身力, 只道山高不可攀."

77) 联合国秘书长潘基文访问山东 观"三孔"登泰山赏名泉, 中國新聞網, 2015.9.5. 趵突泉,并同中共山东省委书记姜异康进行会见."

78) 정종욱 "반기문 방북 보면 통일 대박 분위기 조성 생각", 국민일보, 2015.11.24.

79) If you want to get the gold jewelry in India first must have gold jewelry in mind.

80) '수석대표 급'놓고 정부입장 바꿔 논란, 세계일보, 2015.11.27.

81) 박 대통령 "국회, 맨날 앉아서 립 서비스만...위선·직무유기" SBS TV 2015.11.24.

82) 自由の百科全書: 滿漢全席據傳是中國一種集合滿族和漢族飮食特色的巨型筵席,起源於清朝的宮廷,原爲康熙帝66歲大壽的宴席,旨在化解滿漢不和,提倡滿漢一家.後世沿襲此一傳統,加入珍饈,極為著華.然而正史對此並沒有記載,倒是只有一些私人筆記提及.

83) Wikipedia, Kiss up kick down : Kiss up kick down (or kiss up, kick down) is a neologism used to describe the situation where middle level employees in an organization are polite and

flattering to superiors but abusive to subordinates. It is believed to have originated in the US, with the first documented use having occurred in 1993.

84) 修信使日記(朝鮮策略 廣東黃遵憲私擬) : 地球之上, 有莫大之國焉, 曰俄羅斯, 其幅員之廣, 跨有三洲, 陸軍精兵百餘萬, 海軍巨艦二百餘艘, 顧以立國在北, 天寒地瘠, 故狡然思啓其封疆, 以利社稷,自先世彼得王以來, 新拓疆土, 旣踰十倍, 至於今王, 更有括四海, 幷合八荒之心, 其在中亞細亞回鶻諸部, 蠶食殆盡,天下皆知其志之不少, 往往合從以相距, 土耳其一國, 俄久欲並之, 以英法合力維持. 俄卒不得逞其志,方泰西諸大若德若奧·若英·若意·若法·皆耽耽虎視...,吾故曰聯美國. 夫曰, 親中國, 朝鮮之所信者也, 曰結日本, 朝鮮之將信將疑者也, 曰聯美國, 則朝鮮之所深疑者也.

85) 夫曰, 親中國, 朝鮮之所信者也, 曰結日本, 朝鮮之將信將疑者也, 曰聯美國, 則朝鮮之所深疑者也.

86) 朝鮮策略: 為淸駐日公使館參贊官黃遵憲於, 西元一八八〇年所撰. 是年, 朝鮮修信使金弘集赴日, 遵憲數度與之交換國際關係的意見後, 送給他參考.金弘集呈獻給國王高宗, 終誘使一向保守之朝鮮改變排斥洋夷之態度, 確認開化之必要性, 而使朝鮮脫離大院君鎖國政策之範圍.

87) Theodore Roosevelt (Facts) : Role: Collaborator of various peace treaties, President of United States of America, Field: negotiation, Imperialist and Peace Arbitrator : Theodore Roosevelt, President of the USA, received the Peace Prize for having negotiated peace in the Russo-Japanese war in 1904-5. He also resolved a dispute with Mexico by resorting to arbitration as recommended by the peace movement. (nobelprize.org/nobel_prizes)

88) 孫子兵法 始計篇 : 兵者詭道也,故能而示之不能.用而示之不用.近而示之遠.遠而示之近.利而誘之.亂而取之.實而備之.強而避之.怒而撓之.卑而驕之.佚而勞之.親而離之.攻其無備.出其不意.此兵家之勝,不可先傳也.

89) 兵法三十六計: "<勝戰計> こちらが戦いの主導權を握っている場合の定石. 瞞天過海 - 敵に繰り返し行動を見せつけて見慣れさせておき,油斷を誘って攻擊する. 囲魏救趙-敵を一箇所に集中させず,奔走させて疲れさせてから擊破する. 借刀殺人-同盟者や第三者が敵を攻擊するよう仕向ける. 以逸待勞 - 直ちに戰鬪するのではなく,敵を攪亂して主導權を握り,敵の疲弊を誘う. 趁火打劫-敵の被害や混亂に乘じて行動し,利益を得る. 声東擊西-陽動によって敵の動きを翻弄し,防備を崩してから攻める...."

90) 産經新聞,2015. 8.31.

91) YTN, 2015.9.2. 박근혜 대통령 '민비' 비유...전승절 참석 비난

92) 박근혜 대통령 "경제 위기 상황" 국회 법안처리 호소, MBC TV, 2015.12.16.

93) Rating Action: Moody's upgrades Korea's ratings to Aa2, outlook stable The document has been translated in other languages, 18 Dec 2015

94) 박 대통령 "개혁 실패하면 신용등급 하락", KBS TV 뉴스광장 제1부, 2015.12.23.

95) 윤병세 "미중 러브콜은 딜레마 아닌 축복"...사드·AIIB 비판 일침, YTN, 2015.3.30.

96) 정부, TPP 가입 추진…산업경쟁력 규범대응 준비 서둘러야. 2015.11.7.

97) 東夷,是中国中国先秦時期,中原居民對黃河流域下游 (青兗徐三州)居民的总称.最先在夏商朝期称为夷,不带有外族观念,只是作为部落联盟的称呼,自周朝時首次出现东夷一詞,是周人对黃河流域下游,非炎黃后裔的称呼,考古上有一种观点认为,东夷是指自后李文化始至岳石文化的承载者.

98) 維基百科,竹書紀年:"亦稱汲冢紀年,西晋武帝时在汲郡古墓出土整理的竹簡汲冢书的一部分,体例屬於編年體,稱為紀年,一般就稱竹書紀年.竹書紀年是一部於西晋太康二年 (281年) 被盜墓者不準所發現的古代史書,是一本編年體的史書.它當時被埋藏於魏安釐王 (一說應為魏襄王) 的墓裡,記錄了從傳說時代的五帝到魏襄王 (一說應為魏哀王) 之間的重要歷史事件.竹书纪年原于于宋朝时丟失,只有一些副本得以保存.二十世纪前后,经朱右曾与王國维等人考察先宋文献,重新发现了古本的主要內容."

99) 山海经·海经·海外东经: "朝陽之谷,神曰天吴,是为水伯.在北兩水間.在虫虫北两水间.其为兽也,八首人面,八足八尾,背青黄.青丘国在其北,其人食五谷,衣丝帛.其狐四足九尾.一曰在朝阳北."

100) 呂尚, 殷商末年東海 (今山东省莒县东吕乡) 人,周文王拜姜尚為师.周文王曾對呂尚說:自吾先君太公曰当有圣人適周,周以兴.子真是邪?吾太公望子久矣.故後人尊稱呂尚為姜太公,太公望.周文王死后,周武王仍以吕尚为师,在公元前1046年率兵大敗商軍於牧野.

101) 琅邪郡陽都 (現在の山東省臨沂市沂南県) が本貫だが,出生地は不明.身長は8尺 (後漢の頃の1尺は23cmで8尺は184cm,魏西晋の頃の1尺は24.1cmで8尺は192.8cmになる).その祖先は前漢元帝の時の司隷校尉の諸葛豊で,父は諸葛珪.泰山郡の丞 (郡の副長官) を務めた人物であるが,諸葛亮が幼い時に死去している.生母の章氏も同様に幼い時に死去していたが,父は後に後妻の宋氏を娶っている.年の離れた兄には吳に仕えた諸葛瑾,弟には同じく蜀漢に仕えた諸葛均,他に妹がいる.

102) 1974年1月18日,毛澤東批准王洪文,江青的要求.由党中央轉發江青主持選編的林彪与孔孟之道,"批林批孔"運動遂在全國開展起来.這个運動從1974年年初至同年6月,歷時半年左右.在這期間,江青一伙借"批林批孔"之机,到處煽風点火,大搞"影射史學",批所謂"現代的儒","党內的大儒",露骨地攻擊周恩來;他們借批林彪"克己复礼",影射周恩来1972年以來進行的調整工作是"复辟倒退","右傾回潮";他們還极力吹捧"女皇",爲其反周"組閣"陰謀大造輿論.毛澤東發現江青一伙借机進行奪權活動以后,對他們作了嚴厲的批評.

103) 姜尚, 六韜三略: "亡國破家失人也. 含氣之類,咸願得其志…夫爲國之道 恃賢與民, 信賢如腹心,使民如四肢…順擧推之,因勢成之…而共安危, 敵乃可加,故兵有全勝… 恕己而治人,堆惠施恩,士力日新…."

104) 中华人民共和国和朝鲜民主主义人民共和国友好合作互助条約

105) 한·미방위조약' 대 '조·중협력조약'박승준,시사저널,2010.4.13.

106) Mutual Defense Treaty Between the United States and the Republic of Korea; October 1, 1953

107) 미국 싱크탱크, 한국의 '중국경사론' 우려 여전, 경향신문, 2015.12.1.

108) 奧巴马签署 制裁朝鮮法案, 環球時報,2016.2.20.:"美国总统奧巴马签署了旨在对朝鮮实施更严厉制裁的法案.2月12日, 美国国会众议院以408票贊成, 2票反对的表决結果通过该法案.法案要求美国总統對在大規模殺傷性武器,軍火,奢侈品,网絡犯罪及侵犯人權等方面与朝鮮有往來的个人或实体实施制裁,手段包括凍結資產,禁止入境和終止政府合約等. 法案還授權政府在今后5年里每年花費1000万美元用于针对朝鮮的媒体支出和难民援助. 众议院上月通过一项旨在制裁朝鮮的类似案, 但參議院其后對议案进行了修改, 增加了涉及网絡犯罪,针对朝鮮的媒体支出和难民援助等新条款.本月10日, 參議院投票一致通過對朝鮮实施更嚴厲制裁的议案

109) 中 왕이 "사드 中 위협…비핵화 평화협정 병행", TV조선, 2016.2.26. : "왕이 중국 외교부장은 25일 '사드'(THAAD)가 중국의 안보를 위협한다며 반대 입장을 거듭 밝혔다. 또 평화협정 없이는 지속가능한 한반도 비핵화를 달성하기 힘들다며 비핵화와 평화협정 논의의 병행을 강조했다. 이에 따라 대북제재를 둘러싸고 사드와 한반도 평화협정 문제가 미중 양국의 협상 카드로 활용되고 있다는 우려가 나온다."

110) Jeffrey A. Bader, U.S. Policy: Balancing in Asia, and Rebalancing to Asia, India-U.S. Policy Memo, September 2014, Brooking Institute

111) 신기욱, 미중사이 새우 탈피해야, 한국 돌고래외교 펼칠 수 있어, 매일신문, 2015.12.7. p.27

112) 최영진, 신조선책략, 상게서, pp.102~105 passim

113) 전게서, pp.130-133 passim

114) 楚漢志 : 秦末下相(江蘇省)人項梁,因犯殺人罪,便悄悄帶. 侄子項籍(項/羽/)逃往他國,終在吳中定居下來.項梁具不凡之才,除結交當地名士之外,同時也養食客若干,空暇之余便教項/羽/兵法.兩人在吳中都享有很高的聲望.公元前二〇九年,阿勝吳廣率領衆人發動起義,部份地方官吏隨之響應,策動兵變.頓時,天下動亂不堪.會稽郡守殷通,素來就敬慕項梁英羽聲名,便請兩人共議天下大事,表示他也想推翻秦朝.項梁對他說

115) 전시작전권(OPCON)은 1950.7.14. 6.25전쟁으로 이승만 대통령이 유엔군 사령관 겸 미군 사령관 맥아더에게 작전통제권을 이양, 1994.12.1. 평시작전통제권을 이양 받았음. 그러나 전시작전권은 2007.2.23.한미국방장관 회의에서 2012.4.7. 전시작전권 전화시기 합의, 2010.6.26. 한미정상회담에서 2015.12.1.로 연지조정, 2013.7.30....제4차 한미통합국방합의체에서 선삭권 재연기논의하여 2020년 중반기로 이양 연기하였음.

북한, 백두산 천지연에서

1

백두산에 칼 갈며, 두만강에 물 마시던
선인들의 호기?

한반도의 영봉(靈峰) 백두산

한반도에 살았던 우리의 한민족은 물론, 만주벌판에서 국가를 형성했던 부여 및 고구려 사람들도 백두산을 향해 머리를 두고 영면에 들었다. 백두산 영봉(靈峰)을 향한 한민족의 혼은 연어의 태생지 회귀처럼 인간의 수구초심(首丘初心)의 마지막 표현이었다. 백두산은 연중 3분의 2(8개월) 이상 산꼭대기에 흰 눈을 뒤집어쓰고 있고, 천지연 주변 부석(浮石)들이 흰색을 띠고 있었기에 '흰 머리 산(白頭山)'이라고 했다. 만주어로도 골민 쌍기얀 알린(golmin šangiyan alin)이라고 불렸으며, '큰 흰 산(太白山)' 혹은 '긴 흰 산(長白山)'이라고 했다. 문헌상으로는 고

벽옥처럼 아름다운 천지연(2014.5. 안내책자)

려사 성종 10년(981) 년에 처음 백두산이란 산명이 나타났으며, 13세기 삼국유사, 제왕운기 등에서는 단군신화, 부여 및 고구려의 주요활동 무대로 기록되었다. 중국고전 산해경(山海經)[1]에선 불함산(不咸山), 위진남북조 시대 이후는 태백산(太白山)으로 불려왔다.

백두산은 16개 봉우리와 화산 정상에 직경 5km, 깊이 850m, 둘레가 14km, 평균수심 213m, 최대수심 384m의 거대한 칼데라 천지연(天地淵)이 있다. 10월 중순부터 5월 중순까지 눈과 얼음으로 덮여있어 신비성을 더했다. 이 연못의 물은 승사하(昇嗣河) 혹은 승차하(乘搓河)라고 했으며, 68m의 장대한 비룡폭포에서 송화강(松花江)이 발원하고 있다. 또한, 압록강과 두만강이 이곳에서 연유해 동해와 서해로 흘러들어 가고 있다. 한반도를 중국 방향으로 포효하는 호랑이로 본다면 백두산은 백호의 백두(白虎之白頭)에 해당한다. 그래서 한민족의 마음속에선 '흰 호랑이 머리 산(白虎頭山)'이라고 여겨왔다. 천지연은 하늘을 향해 포효하는 호랑이의 입이었다.

고래 동서양을 막론하고 흰 호랑이(白虎), 흰 코끼리(白象), 흰 머리칼(白髮), 흰 눈썹(白眉), 흰 돌(白石) 등은 지혜와 영광의 상징으로 여겼다. 서양에서는 "백발(白髮)은 영광의 면류관이며, 의로운 삶에서 얻어지는 것이다."[2] 혹은 "귀 있는 자는 들을지어다. 이기는 자에게 감추었던 만나(manna)를 주고, 또 흰 돌을 줄 터인데, 그 돌 위에 새 이름을 기록한 것이 있나니."[3]라는 축복을 내렸다.

이런 백발 할머니의 치마폭과 같은 백두산 기슭의 위용과 정령들이 스며들어 고조선, 부여, 고구려, 발해 등의 나라가 열렸다. 또한, 백두산 영봉에서 태평양을 향해 거침없이 달리는 한반도의 산맥들은 호박넝쿨처럼 골짜기마다 마한, 진한, 변한, 6가야, 신라, 백제라는 나라를 주렁주렁 맺었다. 백두산 영봉 바로 아랜 고구려와 발해라는 해동성국들이 번성과 위용을 떨쳤다. 그러던 이곳엔 1910년 일본제국에 의해 조국이 식민지로 전락하였을 때, 나라를 되찾겠다는 뜻을 가진 젊은이들이 모여들었다. 독립운동의 의지와 칼날을 세웠던 곳이다. 백두산 천지연 아래에 지금도 끓고 있는 마그마처럼 역사적 한민족의 호연지기(浩然之氣)가 펄펄 끓고 있는 곳이다.

호기(浩氣)가 한마디로 요절 당하다니

조선 세조의 총애를 받아 20대에 병조판서에 올렸던 남이(南怡) 장군은 이곳에서 "백두산 숫돌에 칼을 갈고, 두만강물을 말에 먹여서 없어질지라도 사내 나이가 스물인데, 난세의 나라 하나 평정 못 해서야 누구 대장부라고 하겠나(白頭山石磨刀盡, 豆滿江水飲馬無, 男兒二十未平國, 後世誰稱大丈夫)?"라고 북벌의 호기를 시(北征歌)로 읊었다. 장군은 28세 젊은 나이인 1648년 10월 27일, 한양 저잣거리에서 사지가 찢기는 거열형(車裂刑)을 당했다. 그의 모친마저 치욕을 뒤집어쓰고 능지처참을 당했다. 연려실기술(練藜室記述)에 의하면, 예종 원년(1648년)에 공주와 간음을 했다는 유언비어가 나돌았고 그가 숙직하는 도중에 "혜성이 떨어지는 것을 보니 묵은 것이 없어지고 새것이 들어서겠다."고 혼자서 하는 말을 유자광이 들었다고 밀고했다. 설상가상으로 그는 "난세 하나 평정하지 못 해서야(未平國)…."라는 구절을 질시하던 사람들은 "나라를 얻지 못해서야(未得國)…."로 조작하여 그를 대역죄를 범했다고 몰고 갔다.

그의 호연지기는 한민족의 핏속에 흘러내리고 있었다. 백두산 성령은 끊이지 않았다. 1945년 해방과 동시에 미군의 신탁통치를 반대하던 이승만(李承晩), 김구(金九) 등을 중심으로 반탁운동을 전개했다. 이때 김구는 반탁시위 대원들에게 남이(南怡) 장군의 북정가(北征歌)를 친필로 쓴 현수막으로 격려했다.

1950년 9월 15일, 인천상륙작전 성공으로 한반도 통일이 눈앞에 어른거렸다. 국군의 사기충천은 물론이고, 골목에서 뛰어놀던 동네꼬마들도 「북진가(北進歌)」를 밤낮으로 불렀다. 지금도 뇌리에서 "백두산까지 앞으로 / 앞으로 무찔러 찔러 / 대한 남아의 총칼이 번쩍거린다 / 원수야 오랑캐야 / 압록강 건너서 / 어서 빨리 물러가라."라는 가사가 떠오르고 주먹이 쥐어진다. 지금도 우리나라의 육군가(陸軍歌)는 1951년에 최달희 작사(김동진 작곡)다. "백두산 정기 뻗은 삼천리강산 / 무궁화 대한은 아세아의 빛 / 화랑의 핏줄 타고 자라난 남아 / 그 이름은 용감하다 대한 육군 / 앞으로 앞으로 용진 또 용진 / 우리는 영원한 조국의 방패…."가 한반도에 흘러 펴지고 있었다. 1990년대 노래마을에서는 김진경 작사(윤민석 작곡)의 「백두산으로 찾아가자」[4]라는 노래가 한때 유행했다.

동북아의 최대 병기 중개지

BC 108년, 한무제(漢武帝)가 고조선의 국경 지역에 한사군을 설치했다. AD 313년까지 404년간 낙랑군이 존속하면서 평양은 물론, 두만강 강변 중심(樂浪)으로 중국, 고구려, 삼한 등의 중개교역 중심지가 되었다. 한서지리지(漢書地理志)에 6만 2천여 민호(民戶)에 40만 7천여 인의 주민이 중개교역에 종사했다. 제갈공명의 고향인 산동성 낭야군(瑯琊郡)의 사람들이 이곳에 대규모로 이주했다. 1,500년간 국가 극비였던 '잠사비(蠶絲秘)'가 누설되었다. 이주민이 비밀리 누에씨(蠶種)를 갖고 들어왔다. 한반도 남쪽 삼한의 보따리장수들로 하여금 무상으로 보급해주었고, 매년 한두 차례 사들여 비단을 직조했다. 강 넘어 중국은 물론, 대월국(로마)에까지 비단 거래를 했다. 후한 말 전란으로 무정부 상태에 들어가자, 김해 철산(가야국) 등에서 제련한 철을 사들었고, 중국에서 부족한 철제무기를 공급하고자 철제 장검을 제작하여 촉나라 군사 제갈공명(諸葛孔明)에게는 물론 3국에 대량 공급하였다. 동북아시아 최대 병기 중개지로 번창하였다.

AD 313년 10월에 고구려 미천왕은 압록강 서안평(西安平)을 공략하여 주민 2,000여 명을 잡아갔다. "약탈에 눈이 먼 고구려는 낙랑(樂浪)을 그냥 두지 않을 것이다."라는 유언비어가 나돌았다. 유민 1,000여 호가 요서 지역으로 이동하는 낙랑 탈출(樂浪脫出)이 생겼다. AD 315년 미천왕은 현도군을 함락했다. 이때에 고구려는 낙랑을 점령함과 동시에 국제교역망(national trade network)을 충분히 활용해 운영할 수 있는 노하우를 가진 사람을 포섭해 세계 각국의 항만과 교역을 하였다. 중국(남중국 및 북중국)은 물론, 일본까지 뻗어 나간 비단길의 중개무역항(hub port of silk-trade)이 되었다. 미천왕(美川王)은 왕호에서 '미천한 신분에 왕이 된 분'이라는 것과 '아름다운 강에서 삶을 살았다'는 개인사(個人史)를 지니고 있다. 즉, 그는 어릴 때 압록강에 소금을 팔아서 곡물로 바꾸던 소금장수였기에 누구보다도 장사에는 일가견이 있었다.[5]

이렇게 동북아(東北亞)의 교역중심지를 장악한 고구려

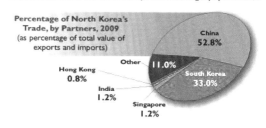

China Is North's Largest Trading Partner

North Korea exported and imported a total of $5.1 billion worth of goods in 2009. More than half of its trade was with China. South Korea accounted for one-third of North Korea's trade until 2010, when the South suspended trade after one of its warships was sunk, allegedly by the North.

Percentage of North Korea's Trade, by Partners, 2009
(as percentage of total value of exports and imports)

China 52.8%
South Korea 33.0%
Other 11.0%
Hong Kong 0.8%
India 1.2%
Singapore 1.2%

Source: *The World Factbook*, Central Intelligence Agency, 2011, www.oa.gov/library/publications/the-world-factbook/geos/kn.html

자료 : U.S. CIA Factbook, 2011

는 8,000여 호의 유민을 활용하여 중국의 삼국(魏, 吳, 蜀) 각축전에 일반 군수품은 물론, 당시 주요 신무기였던 화살(矢箭)을 공급하였다. 만주벌 판에 풍부한 싸리나무의 화살과 단단하고 날카로운 철석(鐵石)을 활용한 화살촉을 만들었다. 전쟁 특수경기는 대단했다. AD 330년 후조(後趙)까 지도 수출하였으며, AD 338년 겨울에 압록강에 300척의 후조 왕 석호 (石虎)의 선납대금으로 30만 곡(斛)의 곡물이 도착했다.[6]

그뿐만 아니라, 북위(고비사막 북중국)는 고구려의 곡물과 군사무기에 의 존하고 있었다. 그 대신에 유목민의 군마용 준마를 고구려에 공급하였 다. 군마(軍馬)는 오늘날 핵무기에 해당하는 당시 최고가의 군사무기였다. AD 438년 송 태조가 북위를 정벌하고자 장수왕에게 군마 800필을 요청 하였다.[7] 고구려는 멀리 오호십육국 중 하나인 전조(前趙)의 유연(劉淵)을 설득해 군마용 종마를 도입하기 위한 국영목장을 설립하였다. 군마 조련 은 유목민인 거란족이 맡았다. 말을 사면 군마, 종마, 도살마로 나눠서 처 리하고, 군마용 준마는 백두산 국영목장(해발 2,000m 이상 초원) 혹은 한 원(翰苑) 마다산(馬多山) 목장으로 성육시켰다. 어느 정도 성장하면 군마 조련을 하는데, 비보(飛步, gallop: 네 발 모두 땅에 뜨는 걸음), 속보(速步)→ 비 보(飛步), 비보→ 속주(速走) 등의 순서 바꾸기, 방향전환, 4절원(四切圓), 반원(半圓), 전원(全圓) 매일 과제를 부여해 조련시켰다. 또한, 충분한 휴식 을 제공하며 숙련시켰다. 다음에는 전투지역과 유사한 자연환경에 적응 훈련을 보낸다. 내몽고 부근 대동(大同)→ 낙양(북위 융마), 하서목장(Or- dos) 혹은 중계지 병주목장(산서성 태원)→ 하양목장(하남성 황하 연변), 남 쪽으로는 한강유역 군마목장(軍馬牧場)→ 제주도 군마목장 → 양자강 강 남으로 보내졌다. 위서(魏書)의 기록에 의하면 제주도는 장수왕 때 고구려 영토였다.[8]

2

헤이룽 강 강가에 말달리던 선구자?

송화 강변과 해란 강가에서

송화강(松花江)이란 백두산 천지 못물이 북서쪽으로 흘러서 지린(吉林)성 북서단의 싼차허(三岔河)에서 남으로 흘러내린 넌장(嫩江)과 합류하여 북동으로 물길을 돌린다. 하얼빈(哈爾濱)을 거쳐 이란(漪瀾)에서 모란 강(牧丹江)과 다시 합쳐 헤이룽 장성의 북동단에서 헤이룽 강(黑龍江) 본류와 같이 흐른다. 길이가 1,960km나 유역을 흐르면서 기름진 대평원을 만들기에 '젖과 꿀이 흐르는 땅(a land flowing with milk and honey)'이었다. 이곳에서는 한반도의 역사가 태동하였다. 광개토왕의 묘실 벽화에 활을 쏘는 사람의 그림은 바로 부여 건국신화의 주인공 주몽(朱蒙)이다. 주몽이란 부여(夫餘) 말로는 '활을 쏘는 아이'라는 일반명사였다. 부여 건국신화에선 "적군에게 쫓겨 강(松花江)을 건너려는데 활로 강물을 탁 치자, 강에서 자라(鼈)가 나타나서 강물을 건네주었다."라는 대목이 있다. 부여 동명성왕의 신화와 고구려 주몽의 신화가 같다. 김부식은 삼국사기에서는 동명성왕을 고주몽이라고 기술하여 한 사람(一人化)으로 만들었다. 부여와 고구려는 500여 년의 국가사직이 이곳에서 번창했다. 고려 말, 이규보(李奎報)는 '동명왕 편 서문(東明王篇 序文)'에서 282개 구절, 4,000여 글자로 동명왕의 출생과 성장에 이르는 전 과정을 서술했다. 이를 통해서 "처음 동명왕의 설화는 '귀신 씨나락 까먹는 소리(鬼幻)'처럼 허황했으나, 연구를 거듭할수록 근원이 점점 밝혀져 귀신이 아니라 성인과 신(神)이라는 사실을 알게 되었다(意以爲鬼幻…. 漸涉其源, 乃聖也. 非鬼也. 乃神也)."9라고 적고 있다.

한편, 백두산 동측지맥(東側枝脈)에서 발원하여 동(東)으로, 동북(東北)으로 다시 서(西)로 흐르는 물길이 해란강(海蘭江)이다. 길림성(吉林省) 연변의 화룡시, 용정시, 연길시를 흘러서 두만강으로 흘러들어 간다.10 이곳은 한민족이 10,000년 전부터 삶의 터전을 잡아서 부여, 고구려, 발해 등의 해동성국(海東盛國)으로 살아왔던 곳이다. 또한, 1910년 경술국치로 국권을 잃고 망국의 한을 달래던 때에도 광복의 꿈을 꾸면서 살았던 곳이다. 일제는 이곳에 만주국(滿洲國)이라는 꼭두각시 정부(傀儡政府)를 세웠고, 하얼빈에 일제 관동군 사령부를 주둔시켰다. 2009년 11월 6일, 우리나라 J 총리가 국회 본회의장 대정부질문에서 "731부대는 항일독립군 부대."라고 발언했던,11 산 사람을 잡아서 생체 생화학실험을 했던 마루타 731부대가 이곳에 주둔했다.

1933년 해란강(海蘭江)을 배경으로 윤해영 작사(조두남 작곡)의 「선구자(先驅者)」라는 노래가 이곳에서 망국의 한을 달래던 독립군은 물론, 우리나라 모든 백성이 애창했던 노래였다. "일송정 푸른 솔은 늙어 늙어 갔어도, 한줄기 해란강은 천 년 두고 흐른다. 지난날 강가에서 말 달리던 선구자…."라는 가사에 호연지기까지 느끼게 했던 노래로 우리는 알고 있다. 지금도 남한의 백두산 관광객들은 빠뜨리지 않고 둘러보는 일송정이다. 용정(龍井)에서 십 리(4km)가량 떨어진 비암산(琵岩山)에 있는 작고 초라한 정자다. 당시 일제는 민족정기를 없앤다는 의도로 일송(一松)을 제초제를 뿌려 고사시켰다고 한다. 더욱 귀신이 곡할 일은 작곡가와 작사자의 친일행각이 2000년에 밝혀졌고, 선구자(先驅者)는 조국의 광복을 갈구했던 독립군이 아니라[12], 일본 만주국의 관동군이 '일본제국의 대동아공영의 꿈이 강물처럼 천만년이고 번창하기'를 기원하면서 불렸다는 재해석이 나왔다.

한민족 마음속엔 백두산 영봉이 언제나 있어

삼국유사(三國遺事)에서 "하늘을 다스리던 환인(桓因)은 아들 환웅(桓雄)이 한민족 천하를 다스릴 뜻이 있음을 알고 '넓게 인간을 이롭게 하라(弘益人間).'라고 명을 하면서 3,000명에 이르는 사람을 불러주었다. 그는 백두산 꼭대기 나무 아래에 신단(神壇)을 마련하고 나라(神市)의 터전을 잡았다."라고 적고 있다.[13] 이렇게 시작한 단군(檀君)이 BC 2333년부터 BC 108년 한사군에 멸망할 때까지 2,225년간 고조선은 백두산 영봉을 중심으로 번창하였다. 이어 부여, 고구려, 발해가 민족 영봉의 품 안에서 한민족으로 번영했다. 발해(渤海)는 고구려의 국명을 이어받았다. 또한 고려(高麗)는 고구려(高句麗)의 후예라고 자칭하면서 북진정책을 기본으로 500년을 번성했다. 이어 조선(朝鮮)은 고조선(檀君朝鮮)의 후손을 자임하면서 국명을 조선(朝鮮)이라고 했다. 오늘날 대한민국(大韓民國)이란 국명역시 환인과 환웅의 대한민족(大韓民族)의 나라임을 밝히고 있다. 즉, 단군의 배달겨레(倍達民族)의 적통을 이어받아 왔다.

나무도 땅이란 근본을 향해서 뿌리를 내리고, 동물도 태어난 고향을 향해서 머리를 두고 죽는다. 민물고기 연어도 태어난 고향에 회귀해 산란을 끝낸 뒤에 생을 마친다. 한반도에서 반만년의 유구한 역사를 살아온 우리들은 한민족의 영봉인 백두산에 근원을 두고 있다. 오늘까지 우리들의 마음속엔 정령과 신비의 영봉으로 새겨져 있다. "하물며 미물(微物)인 여우도 죽을 때는 고향언덕을 향해 머리를 바르게 하고 죽는다(狐死正丘首仁也)."[14]고 했다. 만물의 영장이라는 인간이 뿌리 혹은 근원을 잊지 말아야 함은 당연하다.

북방정책, 햇볕정책(sunshine policy) 그리고 다시 강경책으로

독일은 1961년에 베를린 장벽이 설치되자 아데나워(Kornad Adenaue) 정부는 서방정책(Westpolitik)을 실시하여 할슈타인원칙과 힘의 우위 정책을 실시하였다. 이어 브란트(Willy Brant)정부는 동방정책(Ostpilitik)을 시행하여 동서독 간 인적, 경제적, 사회적 교류를 통한 화해로 통일의 기

일반부록 4 **남북 경제지표 비교**

구 분	한국		북한		한국/북한	
	2012년	2013년	2012년	2013년	2012년	2013년
명목GNI(십억 원)	1,391,596	1,441,064	33,479	33,844	41.6배	42.6배
1인당 GNI(만 원)	2,783	2,870	137	138	20.3배	20.8배
경제성장률(%)	2.3	3	1.3	1.1	-	-
무역 총액(억 달러)	10,675	10,752	68.1	73.4	156.7배	146.5배
총인구(만 명)	5,000	5,022	2,443	2,455	2.0배	2.0배

· 출처 : 한국은행
· GNI(Gross National Income, 국민총소득) : 1993년부터 유엔(UN), 국제통화기금(IMF) 등 국제기구 및 주요 선진국에서 GNP 대신 사용 (GNI≒GNP)

자료 : 2015 국방백서, 2015.10. 일반부록4

반을 다졌다. 또한 콜(Hermit Kohl)정부는 동방정책을 수용해 1989년 11월 9일 지척의 거리를 분단시켰던 베를린장벽이 붕괴되고 통일독일이 이룩되었다.[15] 우리나라의 한반도 통일정책의 태동은 1983년 10월 9일 버마(현 미얀마) 아웅산(Bogyoke Aung Sa) 묘역 테러사건으로 대통령과 동행하던 부총리 등 17명이 사망과 14명이 부상당하는 북한책동 테러사건이 계기가 되었다.[16] 한반도 상황관리를 위해 남북한 사이에 대화가 절실하다는 사실을 직감한 제13대 노태우 대통령은 1987년 6월 29일 개헌선언을 계기로 국면을 전환하였다. 1988년 2월 '보통사람의 시대' 개막을 슬로건으로 출범한 노태우 정부는 한반도 주변 국가와 변혁을 시도했다. 속칭 고려 왕건의 북진정책(北進政策), 조선 세종 때에 4군 6진에 북방개척(北方開拓) 사업을 생각해서, 북한과 다가가는 북방정책(北方政策)을 추진했다. 또한, 노태우 대통령은 1989년 6월 4일 천안문 사태에 대해서 비판을 자제하면서도 전략적 인내(strategic patience)를 해 1991년 9월 18일 제46차 유엔총회에 남북한이 동시 유엔에 가입하였다. 연이어 1992년 중국과 수교, 1993년 소련과 수교를 했었다. 경제적 교류통로가 될 KTX(경부고속전철)을 설계하면서 TSR(시베리아 철도) 및 TCR(중국횡단철도)과 연계방안까지 구상했다. 뿐만 아니라 1992년 남북한 기본합의서를 체결하여 부전과 영구평화 보장을 상호약속했다.[17] 다른 한편으로는 경제적 영토를 확장하고자 1991년 북방외교의 수교와 경협차관으로 러시아에 30억 달러를 제공하였다. 러시아와 국방협력으로 세칭 불곰사업(러시아 무기체제 도입)으로 2006년까지 추진되었다.[18] 한반도평화 정착 혹은 통일 관련 15년 이란 최장기 정책으로 4개 정부(노태우정부, 문민정부, 국민정부 및 참여정부)까지 지속되었던 정책이다.

또 하나의 통일정책으로는 1998년 4월 3일 당시 김대중 대통령께서 영국 런던대학교 연설에서 이솝의 우화를 인용하여 남북한의 강경책을 바람에, 유화정책을 햇볕에 비유했다. 그는 비료 및 식량지원, 현대그룹 정주영 회장의 방문 및 금강산관광사업 등으로 대북포용정책(engagement policy)을 실시했다. '평화, 화해, 협력'을 통한 남북관계개선의 3대 원칙으로 i) 평화를 파괴하는 일체의 도발 불용원칙, ii) 흡수통일배제의 원칙, iii) 화해와 협력을 천명했다. 이에 관련된 추진사항으로는 포괄적 접근, 상호주의(reciprocity), 레드라인(red line) 한계선, 포용정책의 동반자로 대화를 추진하였다. 이를 두고 국내외언론에서는 햇볕정책(sunshine policy)이라고 했다. 이 정책의 근간은 제16대 노무현 참여정부에서도 이어졌으나 2008년에 제17대 MB정부에서는 포용과 대화의 유화정책에서 '비핵, 개방, 3000'의 대북정책으로 압박과 제재의 강경화로 전환되었다.

사실 햇볕정책을 추진하는 동안에서도 미국의 네오콘(Neo-Con)은 강경 일변도로 2001년 9월 11일에는 북한을 '악의 축(axis of evil)'으로 비난하면서 대화 그 자체를 도외시했다. 그러나 김대중 '국민의 정부'는 2003년 1월 다보스 포럼에서 파월(Colin Powell) 장관과 면담을 하였고, 2004년 초 파월 장관으로부터 긍정적인 대화를 유도했다. 그 결과 "개성공단은 좋은 프로젝트다. 지원하겠다."는 답을 받아내었다.[19] 그해 8월 31일 미 국방부 펜타곤에서 럼스펠드(Donald Henry Rumsfeld) 국방부 장관과 우리나라 정동영 통일부 장관이 면담을 나누었다. "개성공단 세일즈하려 왔습니다."라고 우리나라 장관이 먼저 서두를 끄집어냈다. "개성공단은 경제사업인 동시에 군사전략사업입니다. 군사 전략적 가치가 큰 안보사업이기도 합니다."라고 말을 이었다. 개성공단 지역엔 북한 인민군 육군 6사단, 64사단, 2군단 포병여단 등 3개 군사시설에 6만여 명의 병력과 화력이 주둔한 군사적 요새였다. 그뿐만 아니라 중화기 및 대포가 2개 사단 병력과 1개 포병여

단이 있었다. 이를 후방으로 물리면서 공단을 설치하는 사업이었다.[20]

당시도 북한을 설득하는 것보다 대북강경책을 쓰고 있는 미국을 설득하는 것이 관건이었다. 미국은 2001년 9월에 '악의 축(惡的軸)'으로 규정하고 강경하게 대북제재를 하고 있었고[21], UN 결의의 제재까지 겹쳐있었다. 정치적 제재는 협상으로 가능하지만 가장 벽에 부딪힌 건 명문화된 미국 법인 '수출에 대한 행정규제(export administration regulation)'이었다. 즉 "적성국가 쿠바, 북한, 이란 등에 전략물자, 민간용이라도 군수용으로 전용이 가능한 전략물자는 못 가지고 간다."는 규정이었다. 군사적 용도로 전용된 물자는 물론이고 업무용 컴퓨터도 제재품목이었다. 결국 이를 설득하여 2003년 6월에 개성공단 착공식을 하고, 2004년 10월에 관리사무소를 개소하는 등 운영을 시작하였다.

이에 대해 독일통일의 동방정책 설계자였던 에곤 바르(Egon Karl-Heinz Bah) 박사는 "대단한 상상력이다. 동독 안에 서독 공단을 생각하지도 못했다. 통일비용은 훨씬 줄어들었을 것이고 경제적 사회적 통합과정도 쉬웠을 것이다. 중간의 경제통일이고 종점은 정치적 통일로 가는 길이다. 한국은 이미 스스로 통일모델을 찾았다."라고 높이 평가했다. 2009년 9월 골드만삭스(Goldmann Sacks)금융평가기관에서 발행한 "세계 경제전망 보고서"에서 "먼저 (남북한이 경제적 통합을 하였다면) 북한에 GDP 140배의 우라늄, 아연, 납 등 광물질을 활용할 것이며, 남북한 7,500만 명의 내수 시장에 동북삼성(길림/요령/흑룡강)의 1억을 초과하는 경제영역으로 확장됨과 남한의 기술과 자본에다가 북한의 양질의 노동력으로 시너지효과를 내어 2040년 한국경제가 영국, 프랑스, 독일을 추월하고 2050년엔 미국 다음으로 예측된다. 그땐 1인당 GDP는 8만 5,000달러를 상회할 것이다."고 전망했다.[22]

3
그대 앞에만 서면 나는 왜 이렇게 작아지는지?

북한, 그대 앞에만 서면 왜 이렇게 작아지는지?

2015년 10월 정기국회에서 국방위원회 국방부 장관 및 국정원장은 "북한 핵실험 등에 대해선 전략자원을 활용하면 한 달 전에 충분히 예측이 가능하다."고 호언장담을 했다. 한편 12월 12일 북한 모란봉악단(현송월 단장)이 북경공연을 앞두고 긴급히 철수했고, 13일엔 남북한 고위층회의를 하다가 북한대표단은 평양으로 호출되었으며, 진행하던 남북회담은 중단되었다.[23] 상상을 초월한 "김정은 주석이 울린 역사의 총성이 있었기에 나라의 자주권과 민족의 존엄을 굳건히 지킬 자위의 핵탄, 수소탄(수소폭탄)의 거대한 폭음을 울릴 수 있는 강대한 핵보유국으로 될 수 있었다."라는 내용의 북한 보도가 있었다. 평화적 분위기를 깨는 보도를 빌미로 중국이 거절했다는 외신보도가 나왔다. 이어 38 노스(North) 인터넷 매체는 함북 길주군 풍계리 핵폭탄 실험장에 작은 징후가 포착되었다고 했다. 12월 21일 북한 잠수함의 SLBM(submarine-launched ballistic missile)의

사출실험을 보도하였으나 우리나라는 애써 부정했다.[24]

2016년 1월 6일 9시 30분 북한 함북 길주군 풍계리 1~3차 핵실험[25] 장소에서 5km가량 떨어진 곳에서도 강도 4.8도 규모의 인공지진이 발생하였고, 연길지진관측소에선 5.4도로 탐지되었다. 12시 30분에 북한 조선중앙방송에서 소형수소폭탄 실험을 성공했다는 발표를 국내외에 내놓았다. 우리나라 기상청은 핵실험으로 보이는 인공지진파를 탐지하고 곧바로 청와대에 보고했다. 그러나 핵실험을 확신하지 못하고 중국(외신)보도와 북한의 수소폭탄실험 성공발표가 난 뒤에 청와대는 NSC(국가안보회의)를 소집했다. "북한에게 이에 상응하는 대가를 치르도록 하겠다."는 대통령의 의지 천명을 발표했다. 죽기보다도 싫어하는 일을 억지로 하는 모양에다가 민첩한 대응행동보다는 말 폭탄 한 방 먹이는 꼴이었다.

이에 반해 먼 나라 일본에서는 북한 핵실험으로 의심되는 인공지진 감지시각 즉시 대국민 행동요령 발표와 70분 내 긴급 국가안보회의를 소집했다. 일본정부는 마치 만반의 준비를 해놓은 양 착착 진행하는 모습이 얄미울 정도로 우리나라와는 대조적이었다. 이에 대해 우리나라 국회에서는 "1개월 전에 북한동향예측을 호언장담했는데"라는 말에 "사전예고가 없어서"라는 질문과 답변이 오갔다.[26] 2015년 8월 25일 남북고위층협상으로 비정상적인 사태 때 중단했던 대북 확성기 방송을 2016년 1월 6일 수폭실험사건에도 자동 즉시 재개하지 못했다. 100배의 보복을 장담했던 결과는 '혹독한 대가'를 지불하도록 하겠다는 말풍선만 날렸다.[27] 종합적이고 전략적 판단을 한다고 48시간이 지난 1월 7일 16시경에 비로소 결정하고 1월 8일 12시 정각에 대북 확성기 방송을 재개하기로 했다.

다른 한편 국방부와 국정원에서 북한 핵실험의 예측이 불가능했던 이유로 : i) 과거 북한의 3차 핵실험의 절차는 "미사일 등의 위험 협박 행위,

몇 개월 전 사전예고와 미국과 중국에 실험일 통보"를 했는데 이를 지키지 않았다는 것이다. ii) 미국 첨단전략 예찰 시스템마저도 관측하지 못했다. iii) 뿐만 아니라 북한이 궁지에 몰릴 때마다 이용했던 '벼랑 끝 전술(brinkmanship tactics)'을 버리지 않았다. 또 다시 우리의 한계를 스스로 드려냈다. 어쩌면 김수희의 "그대 앞에만 서면 나는 왜 작아지는가? 그대 등 뒤에 서면 내 눈은 젖어드는데…"라는 '애모(愛慕)' 가사처럼 우리 스스로 작아지는 모습을 보였다. 모든 국민들이 속상하는 건 몇 번이고 같은 일로 당해야 하고, 당하고도 뾰족한 수를 내지 못하며, 입 아프게 같은 말만 해야 하는 처지다. 이에 대해 정작 수소폭탄의 실험과 같은 국가위기 때 "혹독한 대가를 치르도록 하겠다."는 립 서비스(口頭禪)로는 상대방에게 '겁먹은 표정' 혹은 '위축된 저자세'를 우리 스스로 연출하고 있다. 일희일비(一喜一悲)하는 꼴불견에 북한이 즐기는 모양이다.

한때 1950~80년대 30여 년 동안 미국과 소련 양대 강국의 냉전체제(cold-war regime)에서는 '세력균형(balance of power)' 혹은 '공포의 균형(balance of terror)'이라는 긴장구조가 지속되었다. 어느 누구의 선제적 공격과는 상관없이 핵전쟁 발생 시에는 양국 모두가 핵겨울의 재앙 혹은 완전히 파괴될 것이라는 확신을 심어주었다. 이런 상황적 인식은 상호확증파괴(mutual assured destruction)였다. 그러나 남북한 대치상황은 양국이 핵무기로 무장된 상태가 아니다. 북한이 핵무기를 보유하고 있다고 주장을 해도 국제적으로 공인된 핵보유국이 아니다. 국제적 불법무기로 선제적 예방타격 혹은 자위적 예방타격의 대상이 될 뿐이다. 마치 이스라엘처럼 여하한 여건상 핵보유국으로 인정받지 못하는 게 북한의 처지가 될 것이다. 이때에 남한으로 핵무기처럼 전쟁억지력을 확실하게 인식시키는 유일한 방안은 '완벽한 보복능력(perfect retaliatory power)'을 보여주는 것이다. 이스라엘처럼 군사적 대응타격(military counter-strike) 뿐만 아니라 경제적, 외교적, 금융적 대응타격(economic, diplomatic and financial counter-strike)을 적시에 피부로 느끼게 하는 거다.

미국, 그대 앞에만 서면 왜 이렇게 작아지는지?

2002년 제41대 부시(George W. Bush) 대통령이 네오콘(Neo-Con: 新보수집단)으로부터 "북한, 이란과 이라크란 지구 상 가장 위험한 정권에 인류를 대량살상무기(WMD: weapon of mass destruction)로 위협하도록 허용하지 않겠다. 이들을 '악의 축'으로 몰아붙였다."[28] 국제사회에서 고립상황으로 들어갔을 때에 남한은 어렵게 북한과 미국을 설득하여 개성공단을 마련하였다. 개성공단의 계획당시 청사진은 2,000만 평 부지, 2,000개 업체의 공업단지로 상주인구 50만 명의 공업도시 건설이었다. 2003년 6월 착공과 2004년 6월에 시범사업으로 30만 평의 공업용지와 2만8천 평의 공업시설부지 마련과 123개 기업체를 유치해 운영하였다.

한편 2009년 제44대 버락 오바마(B. Obama) 대통령도 후보자 시절은 물론 취임인사에서도 북한과 직접 대화를 추구하겠다고 대선공약을 했다.[29]입장을 바꾸고 대북정책도 '전략적 인내(strategic patience)'라는 이름으로 현상유지(Status Quo)에 초점을 둔 일명 대북 무시정책을 추진했다. 북한의 입장에서는 '핵 포기 없이는 어떤 대화도 없다.'는 대북 무시정책은 뒤집어 생각하면 핵 개발기간을 충분히 보장하는 방치 혹은 수수방관정책(wait-and-see policy)이었다. 2011년 하반기 미국의 의회조사국(CRS, Congressional Research Service) 소속 네오콘 한 연구원[30]의 보고

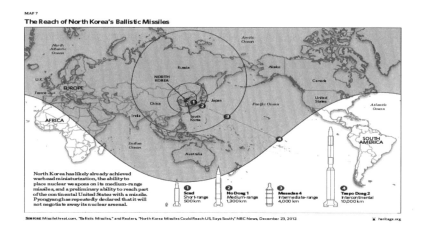

자료 : "북한 탄도미사일이 미국본토를 타도" NBC 뉴스, 2012.12.23

서 민주정부에서 1995년부터 2004년까지 10년간 대북지원에 70억 달러가 지원되었다고 발표했다. 그 기간이 햇볕정책기간에 해당하여 미국과 한국에 상황전환과 정책전환에 계기를 제공했다. 이 발표는 민주당 브레인 조지 레이코프(George Lakoff)의 저서 '코끼리는 생각하지 마(Don't Think of an Elephant).'[31]에서 언급했던 '틀에 끼워 압박하기(frame-containment)' 기법을 활용했다.

일반적으로 안보외교란 국가로 대변되는 정치집단의 생사소멸에 직접적인 영향력을 끼쳤으며, 간접적인 영향권의 보조 및 확대에 있어서도 실질적, 명분적인 이익의 확보 또는 증진 등이 연관되었다. 이런 싱크탱크의 핵심수단(무기)은 언론(말과 글)이다. 즉, 그들은 국가안보를 위해 '펜으로 수행하는 전쟁(pen-using war)'이었다. 언론전, 외교전이 모두를 뒤집어 말하면 전쟁은 바로 '총칼을 동원하는 외교(weapon-demonstrating diplomacy)'라고 할 수 있다.[32]

미국의 네오콘 싱크탱크의 영향력은 미국의 대북정책에 강경방향으로 급선회시켰고, 우리나라의 MB 정부까지 네오콘의 렌즈로 국가안보를 보도록 강제하였다. 우리나라의 국내언론에서는 8조 원 혹은 10조 원까지 확대하여 '북한 퍼주기' 논란을 확대 재생산하였다. MB 정부는 '비핵, 개방, 3000' 3대 원칙을 표방하고 대북강경정책으로 복귀했다. 미국 혹은 남한의 언론에선 개성공단 및 금강산관광 사업에 '북한의 달러박스(North Korea's dollar box)', '무더기 현금(bulk cash)'[33] 혹은 '북한 퍼주기' 창구로 여기기 시작했다. 실제로 햇볕정책기간 중 10년간 2조 8,000억 원의 정부지원, 즉 쌀과 비료로 2조 1,000억 원, 민간지원 빵 공장, 국수 공장, 농기계 및 결핵약으로 7,000억 원 정도였다.[34] 미국의 CRS의 '7조 원 북한 퍼주기'는 1995~2004년의 10년간에 경수로(KEDO) 사업, 미국의 식량 무상지원, 대규모사업 등의 합산금액이었다. 우리나라 언론은 1998~2007년간의 햇볕정책기간에다가 'CRS의 북한 퍼주기'를 덮어씌우기 했다. 곧바로 '따지지도 말고 묻지도 말고' 예상 외의 효과를 내었다. 박근혜 정부도 '신뢰 프로세스' 수사어를 내걸었으나 MB 정부의 연장선상에서 일관되었다. MB 정부 때 2008년 7월 남한관광객의 피격사망으로 금강산관광사업을 중단하였고, 2013년 2월 12일 북한 제3차 핵실험, 2013년 4월 18일 개성공단 근로자 철수와 160일간 운영중단, 그리고 같은 해 9월 16일에 재개하였다. 당시 우리나라 국방부 장관은 "인질구출 작전"을 언급하는 등 남북한정부 당국자들의 말 폭탄이 오고 갔다. '불바다' 혹은 '피바다'를 북한이 언급했고, 남북은 "원점 타격" 혹은 "백배 천배 보복"의 말 폭탄으로 공중전을 한 차례 했다. 속된 말로 "방귀가 잦으면 똥 싼다."고 했듯이 북한은 2016년 1월 7일 제4차 핵(수폭)실험을 실시했고, 남한의 대응조치 전에 2월 6일에는 제6차 탄도미사일을 발사했다. 그동안 외줄 타기 곡예처럼 위태로웠던 개성공단 운영은 2016년 2월 11일에 전면 중단되었다.

대통령 앞에만 서면 왜 작아지는가?

2014년 5월에 6·25동란을 배경으로 한 '국제시장' 영화가 개봉되어 관객 인원 14,261천 명을 동원해 역대 흥행 2위를 기록했다. 박근혜 대통령이 극장을 찾아 관람을 하고 "부부싸움을 하다가도 애국가가 흘려 나오니 싸움도 멈추고 국기에 대한 경례를 했다. 이 정도 애국심이 있어야 한다."라고 국무회의에서 소감을 말했다. 이 말을 기억했던 당시 법무부 장관이 검찰청 행사에 참석해, 검사들이 애국가를 부르는데 1절에 4절까지 갈수록 노래가 기어들어가는 꼴을 보고, "검사로 헌법 수호는 나라 사랑에서 나오고, 나라 사랑은 애국가와 국기를 사랑하는 데 있다."고 강조했다. 이에 대해 2015년 6월 국회 임시회 국무총리 청문회에서 총리후보자인 H 전 법무부 장관에게 야당의원이 "후보자께서는 애국가 4절까지 외워야 애국이라고 했지요. 그러나 정작 군 복무는 하지 않았지요?"라고 물었다.

그뿐만 아니라 대통령이 '국기에 대한 애국'에 관련해 한마디 했던 말씨가 2015년 7월 초 수원시 신규공무원면접시험에 국기에 대한 맹세를 외우게 했다. 또한, 국가개조를 외치면서 신설한 인사혁신처에서는 한 발 더 앞으로 나가 애국심의 척도로 '애국가 4절'과 '국기에 대한 맹세'를 면접시험 등에서 물어야 한다고 내부지시까지 내렸다. 이와 같이 입방정을 떨었던 적은 지난 1993년 2월 25일에 출범했던 YS 문민정부(citizen's government)에서도 있었다. 초기에 정권을 장악하고자 사정정국(司正政局)이 시작되었다. "지금부터 사정을 하겠습니다. 끝까지 사정하겠습니다."라고 해서 여성들의 입에서 "대단한 정력가이신 모양이다. 끝까지 사정하겠다니…"라는 가십까지 언론에 나돌았다. 이어서 풀뿌리민주주의를 위한 지방자치제도를 도입하여 정착시키기 위해서 '지역적인 것이 가장 세계적인 것이다.'라는 슬로건으로 '세계화위원회'를 대통령직속기관으로 만들었다. 그때에 국회의원이 4대 정당으로 분열되었다. 이를 두고 "세계화(3개화)라고 했는데 4개화했느냐?"라고 청와대에서 걱정까지 했다는 유머가 있었다. 우리나라는 대통령 앞에 서면 왜 이렇게 작아지는지?

과거 1939년 독일공군이 런던 시(London City)를 공습하는 배경을 첫 장면으로 제작된 1946년 '미니버 부인(Mrs. Miniver)' 대국민홍보영화가 있다. 독일 폭격기의 맹습이 이어지자 영국정부에서도 응징하고자 대규모로 공군을 모병하였다. 애국심이 충만했던 미니버 부인의 아들이 옥스퍼드 대학을 다니다가 내던지고 공군에 응모했다. 그 집에 하인으로 일하는 여성의 남편도 육군에 지원을 했다. 이들의 입대를 축하하고자 조촐한 가족파티를 열었다. 파티가 끝날 무렵에 미니버 부인이 하녀의 남편에게 "군에 가시거든 편지 써 보내주세요."라고 당부를 하자, 하녀의 남편은 "펜은 잘 쓰지 못합니다. 그러나 칼은 잘 쓸 수 있습니다."라고 대답을 한다. 이 말을 듣고 있던 미니버 부인의 일곱 살배기 장난꾸러기 따님이 "잉크를 묻히지 않고 칼에 피를 묻혀서 쓰시면 되겠네요."라고 어른들 말에 끼어들었다.

한편 박근혜 정부는 정치 현실에서 입방정(립 서비스) 혹은 '그대 앞에 서면 왜 작아지는지?'하는 모습을 보였지만 어느 정부보다도 서류작업(paper work) 하나만큼은 완벽을 기했다. 2013년 2월 25일 출범해서 2014년

7월에 '희망과 새 시대 국가안보전략'이라는 전략서(戰略書)를 마련하였다. 국가안보전략의 기조는 "튼튼한 안보체제 구축, 한반도 신뢰 프로세스 추진 및 신뢰외교전개"[35] 라는 3대 기조를 설정했다. 여기서 파악한 한반도 안보정세로는 "북한체제의 불확실성 지속, 북한의 핵·미사일위협 증대 및 남북관계교착과 신뢰형성의 가능성"을 전망했다. '도발-협상-보상요구-재도발'의 '생떼 받아주기(treatment cycle)'를 기필코 뜯어고치며, 선제적이고 주도적으로 이끌어가기로 했다.[36] 또한, 동북아정세 판단에서 한·중·일의 경제규모가 세계의 23%, 외환 보유고는 50%가량이 몰리고 있다는 사실을 간파했다. 이에 따른 '아시아 패러독스 현상 심화, 지역 차원의 영향력 확대, 군비경쟁과 미중관계가 동북아 안보질서에 핵심변수'[37]를 역대 어느 정부보다 명확하게 파악했다. 립 서비스(입방정, 말 폭탄, 말풍선 등)로 철저한 국가안보를 지키고 있다고 믿었던 사람들에겐 얄미울 정도로 똑소리 나게 챙겼던 모습을 보여주고 있다.

4

먹고사는 게 백성들에겐 하늘인데!

'목구멍이 포도청'이었다는데

지구촌의 인류는 동서고금을 막론하고 인간이란 생명체에겐 생명과 직결되는 '숨 쉬는 것 다음으로 배불리 먹는 것이다. 숨 쉬는 것은 공기만 있으면 가능하다. 그러기에 그다지 소중한 것을 모른다. 먹고 사는 건 그렇게 간단하지 않고 참으로 어렵다. 먹고 사는 게 바로 생존경쟁이고, 국가존립의 목적이다. 옛날엔 먹고 사는 걸 국태민안(國泰民安) 혹은 경세제민(經世濟民)이라고 했다. 오늘날 민주복지경제(民主福祉經濟)라고 한다. 과거 국왕까지도 "국왕의 하늘은 백성이고, 백성의 하늘은 먹는 것이다."[38]라고 했다. 맹자는 아예 "백성은 소중하고, 다음이 국가사직이며, 국왕은 가장 가볍다(民爲貴,社稷次之,王爲輕)."고 하였다. 국가의 터전은 백성이고, 백성이 하늘처럼 소중하게 여기는 경제는 국가사직의 명줄이 된다. 오늘뿐만 아니라 고대 국왕들도 백성들의 먹거리 혹은 일자리 마련에 온 힘을 쏟았다.

BC 1600년경 중국 은(殷)나라 탕왕(湯王)은 "백성들은 안정된 일자리가 있어야 먹을 수 있으며 또한 안정된 마음을 가질 수 있다. 일자리가 없다면 백성들은 방벽하거나 사치를 하다가 국가는 무너지고 만다(有恒産有恒心)."고 하면서 대국민사죄문(罪己詔)을 발표했다. 주요 내용은 첫째가 "백성들에게 충분히 일자리를 마련해 드리지 못했다."라고 사죄했다. 나머지 5개 조는 궁중 생활의 호화로움, 국왕 측근의 비리, 관리의 청탁과 뇌물을 막지 못했음, 참소로 기강문란 등이었다. 공식통계로 실업비율 9~12% 혹은 이태백(20대 태반이 백수)의 청년취업절벽현상이 은나라 탕왕 시대에 있었다면 국왕에게 어떤 변고가 생겼을 것이다. 가장 가벼운 변고로는 "부덕의 소치로 생긴 일이니 하야하겠습니다."라고 끝맺을 것이다.

조선왕조 세종은 즉위 원년에 가뭄이 계속되어 바람과 우박으로 백성이 굶어 죽는다는 소문이 생겨났다. 국왕은 곧바로 교서를 내렸다. "국가의 터전이 백성이고, 이들 백성이 하늘같이 여기는 게 먹고사는 것이다. 가뭄, 폭풍우와 우박으로 흉년이 들었다니, 가진 사람들이 기아가 없도록 해야 하나. 그렇지 않으니 호조에 명령하여 환곡의 사례를 정해서 곧바로 진휼미를 풀어라."[39]라고 즉각 조치하였다. 이와 같은 이재민에게 구휼미(救恤米) 방출, 전시 피난민에게 배급, 오늘날의 영세민에게 응급구호 등의 시혜적 복지는 동서고금을 막론하고 위정자가 있는 한 있어왔다. 이런 응급구호를 벗어나면 곧바로 '고용창출 혹은 일자리 마련'이라는 난제를 해결해야 미래희망과 경제성장을 위한 확대재생산이 가능하게 된다. 아직도 취업절벽 앞에 선 젊은이들에겐 "목구멍이 포도청"이라는 말이 'N포시대' 혹은 '헬 조선'이라는 현대화된 표현이 나오고 있다.

약소국의 명주 명줄을 당긴다

BC 1040년경 제(齊)나라 제상 관중(管仲)은 칼 하나 쓰지도 않고 피 한 방울 흘리지 않으며 주변국(魯)을 정벌하는 방안을 국왕 환공(桓公)에게 제안하였다. 그러나 인간의 도리로 너무 잔인하다고 해서 포기했다. 국왕(桓公)도 백성의 의식주(衣食住)를 하늘같이 중히 여기고 있었다. 관중의 계략은 당시 저잣거리에서는 비단이 황금보다도 비싼 값으로 거래되고 있었다. 이를 이용해서 비단으로 국가를 정벌한다는 금정국론(錦征國論)이다. 약소국가에 비단을 보다 비싼 값으로 구입하며 동시에 누에 씨앗을 무상으로 제공해줘 앞으로 매년 구입을 약속해 적극 장려하며, 주변 국가에서 모든 잠업(蠶業)과 명주생산에 매달리게 한다. 2~3년 동안 신용을 지켜 매입을 한다. 그 나라의 온 백성들이 비단생산에 목줄을 걸고 있을 때에 매입을 중단하면 경제파탄으로 국가사직은 무너지게 된다. 즉, '약소국의 명주 명줄을 당긴다(把錦絶國命)'는 전략이다.

1870년 영국 맨체스터(Manchester) 공업단지 광목공장 앞 일식집을 운영하던 일본인들이 외상값을 하나도 받지 않고 야간도주했다. 그들은 일본의 사업가들로 영국의 광목(廣木)을 짜는 산업정보를 훔쳐서 본국으로 왔다. 그들은 영국의 광목정보를 활용해 보다 폭이 더 넓게, 그리고 보다 화사한 옥색으로 만들어서 옥양목(玉洋木) 이름으로 조선시장에다가 내놓았다. 그들은 1830년대 영국이 추진했던 동인도 경제 식민화와 청국 아편 중독 계략을 모방해 조선을 대상으로 미목정조전략(米木征朝戰略)을 세웠다. 즉 한반도를 식민지로 장악하고자 먼저 미목경제(米木經濟: 식량과 의복으로 통치)로 숨통을 쥔다는 계략이었다. 1880년경 조선 무명 가격은 필(匹)당 12문(文)인데 일본옥양목은 3문이란 염가로 내놓았다. 조선 돈으로 판매하지 않고 단지 쌀로만 팔았다. 이렇게 3년간 판매한 결과는 경악하게도 옥양목의 의존도는 90%를 넘어섰고, 조선 무명산업은 전멸했다. 곧바로 경제식민지로 전락했다. 저잣거리 쌀뿐만 아니라, 논밭에서는 파종 때부터 파종선매(播種先賣) 혹은 입도선매(立稻先賣)가 이루어졌다. 조선 미곡의 70~80%를 손아귀에 넣었다. 뒤늦게 조선정부는 알았고, 전국 방방곡곡 방곡령(防穀令)이 내려졌으나, 친일파 대신들은 국왕을 협박하여 방곡령[40]마저 무색하게 만들었다."

사실, 1910년 8월 29일 군사적인 한일합병이 있기 이전에 조선의 경제는 일본의 경제식민지로 이미 전락되고 말았다. 역사적으로 군사정벌이 있기 전에 먼저 경제적으로 장악을 해 국민들의 정서를 먼저 돌리게 한다. 영국의 인도 식민지화도 가장 먼저 동인도회사를 앞장세워서 경제적 전초기지를 마련했다. 그뿐만 아니라 대영제국이 대청제국과 군사적 충돌에 앞서 먼저 권부 지도자를 아편중독으로 무력화시켰다. 이에 1839년 아편전쟁을 야기해 홍콩 등 5개 항구를 조차하여 대영제국의 경제식민지를 만들어 갔다.[41] 일본제국도 조선을 대상으로 아편(opium) 대신에 옥양목(玉洋木)으로 조선경제식민지를 마련하였다. 영국의 동인도회사를 본떠서 동양척식회사를 조선 땅에 만들었다. 이를 통해 조선 백성들에게 옥양목을 손에 쥐여주고 쌀을 빼앗았고, 경제식민지라는 보이지 않는 목줄을 목에다가 걸어 당겼다.

로마의 병정들이여! 칼 대신 지갑을 들어라!

영국의 문호 셰익스피어의 '안토니와 클레오파트라(Antony and

Cleopatra)' 원작을 각색한 1963년 영화 '클레오파트라(Cleaopatra)'에선, BC 48년에 카이사르(Julius Caesar)가 로마제국으로부터 축출당해 이집트 마케도니아왕국 알렉산드리아 항구를 방문한다. 첫눈에 풍요로움과 안락한 백성들의 삶에 경탄을 감추지 못했다. 그는 수백 명의 호위병들에게 "로마 병정들이어, 칼 대신 지갑을 들어라(Roman Soldiers, Hold up wallets instead of swords)."라고 외쳤다. 세계최대 로마제국의 중무장한 병정들에게도 이곳 알렉산드리아 상인들은 아무런 관심조차 주지 않았다. 비단돈지갑을 들고 비단옷을 거래하는데 희희낙락거리면서 온정신을 팔고 있었다.[42]

클레오파트라의 사랑에 빠진 카이사르는 귀국해 로마황제로 등극했다. 그는 자신이 등극하는 기념파티행사에 미녀 클레오파트라를 초청했다. 국빈으로 초청을 받은 황금의 나라 여왕답게 수천 명이 이끄는 거대한 스핑크스모양의 황금 마차 위에서 그녀는 내려왔다. 우아한 자태로 내려오는 그녀의 모습을 본 로마시민들 모두는 쉼을 멈췄고, 모두 넋을 놓았다. 당대 경국지색(傾國之色)인 클레오파트라 여왕에게 로마원로원들의 시선이 쏠렸다. 특히 그녀의 미모에다가 황금실로 수놓은 신라(新羅)가 태양처럼 빛났다. 로마시민 누구도 그런 모습을 꿈속에서도 못 봤다. 이렇게 역사적인 로마제국 원로원 앞뜰에서 당대 경국지색을 모델로 한 '신비의 신라(secret silk)'패션쇼가 개최되었다.

한반도 동남쪽에 위치한 작은 나라 사로국(비단의 나라)은 BC 57년에 왕경(王京) 서라벌에서 건국을 선언하고 세계를 대상으로 종횡무진 비단 거래를 했다. 비단 육로(silk road)는 산동반도→ 당(唐)→ 토번(티벳)→ 파사(페르시아)→ 대월(로마)로, 비단 해로(silk seaway)로는 월남→ 인도→ 이집트(알렉산드리아)→ 대월국으로 '아침놀처럼 하늘거리는 명주(朝霞綢)' 혹은 '왕경 아낙네의 섬섬옥수 비단(新羅)'을 세계시장에 내놓았다. BC 44년 클레오파트라 모델의 패션쇼 이후에 로마황제의 곤룡포는 신라 비단이 아니면 안 될 정도였다. 이와 같은 '비단의 나라 신라'에 대한 신비스러움은 AD 70년경에 로마 군인이며 정치가였던 대 플리니우스(Plinius)의『박물지(Histroire Naturalis)』에서도 소개하고 있었다.

800년경, 신라 땅 완도(莞島)에 신라 아찬 김우징(金祐徵)의 목장에서 말을 치던 궁복(弓福)이라는 젊은이가 있었다. 때마침 당 제국(唐帝國)에서 신라 젊은이들을 대상으로 용병모집(傭兵募集)을 했다. 김우징의 아들이 용병으로 할당되었다. 궁복은 이들 대신하여 복역하겠다고 친구 정년(鄭年)과 같이 서주(徐州)로 갔다. 궁복은 산전수전을 다 겪고 비로소 무녕군(武寧軍) 소장(小將)에까지 올랐다. 그러나 신라백성들이 해적에게 잡혀 노예로 전 세계에 팔려가는 참혹한 꼴을 봤다. 당시 동북아시아 노예시장에서 신라노(新羅奴)는 6분의 1 가격으로 당나라와 일본에 대량 공급됐다. 그는 당나라의 장군으로 있으면서도 몇 번이고 다짐했다. "먼저 당나라 해적들을 소탕해 신라인이 노예로 잡혀 팔리는 걸 엄두도 못 내게 하겠다. 또한, 신라 비단장수들이 안심하고 제대로 장사할 수 있게 하겠다. 끝내 칼이 아닌 신라의 비단돈지갑으로 당 대제국을 멸망시키겠다."[43]라는 야심 찬 대계책(大計策)을 가슴에 안고 837년 신라로 귀국했다. 곧바로 왕경에 있던 옛 주인 김우징을 찾아가서 청해진 기시 건설을 제안했다. 그가 받은 책무는 i) 당나라 해적을 소탕해 당을 통한 육로비단길을 원활하게 하며, ii) 동시에 일본, 동남아시아 등의 세계적인 해로를 개척하는 것이었다. 그렇게 그는 해상왕국을 건설해갔다. 지금도 일본에서는 장보고(張保皐), 그를 해신(海神)으로 모시고 있다.

이와 같은 의미로 본다면, 개성공단 운영사업은 남한의 경제인들이 북한 군사 지역을 공업단지로 임대해 개발한 적진 공업단지라는 단순한 의미보다는 "칼 대신에 돈 지갑을 들어라."라는 카이사르의 명령과 같은 로마제국의 원대한 식견이 숨어있다. 또한, 신라의 비단장수 장보고의 경제로 적군의 숨통을 움켜쥐는 지략도 있어 보인다. "경제대국 한반도를 생각하라."는 한민족의 홍익인간(弘益人間) 정신과 혼이 서린 유업으로 여겨진다. 경제 대국 미국의 상징적인 힘(symbolic power)은 군사적 무력이 아니고, 세계 각국에 파고드는 코카콜라 혹은 맥도날드 햄버거의 번창이다. 개성공단 운영 초기에 남한의 힘을 느끼게 했던 건 '초코파이'다. 계(契)까지 모아 장마당에서 비밀리 12달러라는 거액을 주고도 초코파이 그 맛을 보고자 했다. 그 맛은 바로 남한이란 자본주의 맛이었다.[44] 그 맛은 곧바로 공산주의라는 이념까지 녹여 내려버렸다. 개성공단의 역할은 북한에 민주자본주의의 바람을 불어넣는 창구멍이었다. 이를 정확하게 간파했던 미국의 네오콘은 개성공단 사업을 '달러박스(dollar box)'로, 금강산 관광 사업을 '무더기 현금(bulk cash)'[45]으로 왜곡시켜 표현했다. 우리는 이렇게 왜곡된 미국의 군사 전략적 렌즈를 통해서 보았다. 우리는 전략도, 전략적 렌즈 하나도 마련하지 못했다. 우리나라의 꼴이 "동네 총각들 사정을 다 봐주는 처녀는 똥치 밖에 되지 못한다."라는, 6·25동란 직후 시골 저잣거리의 주모(酒母)들이 하던 말이 새삼 회상된다.

5

먼저 불신의 장벽부터 무너뜨려야 한다

마술 사과로 불치병을 고치다

한 시대를 풍미했던 어느 마법사가 죽기 전에 아들 3형제에게 소중한 유산을 물려줬다. 맏아들에겐 마술 거울, 둘째에겐 천리마(千里馬)를, 막내에게 마법의 사과를 남기고 세상을 떠났다. 어느 날, 맏아들이 거울을 보다가 대궐 밖에 커다란 방(榜)이 걸려 있는 게 눈에 띄었다. "불치병을 앓고 있는 공주를 낫게 하는 젊은이에게 공주와 결혼을 시키겠다."라는 내용이었다. 그는 가슴 뛰는 좋은 소식을 동생들에게 말했다. 둘째와 셋째는 곧바로 가서 우리가 고쳐서 예쁜 공주와 결혼을 하자고 각자 군침을 흘렸다. 둘째의 천리마를 타고 단숨에 왕궁 공주의 숙소 앞에 도달했다. "공주님의 병을 고칠 수 있으니 빨리 안내하라!"고 셋째가 마술 사과를 들고 큰소리를 치면서 들어갔다. 그는 마술 사과를 공주에게 먹이자, 한참 깊은 잠을 자고 깨어나서는 공주는 꾀병처럼 나았다.

국왕이 공주와 결혼 약속을 지키자니 한 사람이 아니라서 고민이었다.

삼 형제는 서로 자신이 공주와 결혼을 해야 한다고 야단법석이다. 가장 먼저 마술 거울이 있었기에 정보를 얻을 수 있었다고, 천리마가 있었기에 단숨에 달려올 수 있었다고, 마술 사과를 먹었기에 불치병을 고칠 수 있었다고. 모두의 주장에 일리가 있었다. 과거 산업시대에선 천리마의 교통수단을 중시했었다. 오늘날 정보시대에서는 지식정보란 중요한 사원이다. 다가올 감성시대에서는 사랑, 신뢰 혹은 감정 또한 소중한 자산이다. 국왕은 판단 기준을 '희생'에 두고 마술 거울도, 천리마도 없어진 게 하나도 없이 그대로 남아있었다. 그러나 마술 사과는 공주가 먹어서 없어졌다. 따라서 가장 소중한 선물이고, 약이라고 결론을 내렸다.[46]

　AD 225(건흥3년), 촉나라 제갈량(諸葛亮)이 남중의 국왕이면서 맹장으로 이름난 맹획(孟獲)을 토벌하고자 출병하는 말 위에서 계책을 찾고 있었다. 마속(馬謖)이 십 리 이상 따라 나와 마중을 했다. 되돌아가려는 마속에게 제갈공명은 "비록 자네와 내가 수년 동안 작전 계획을 수립했으나, 오늘만은 자네가 기발한 계략을 도출해낼 확신이 드네."라고 생각지도 못한 말을 던졌다. 마속은 곧바로 갑옷 안에서 '갑회방책(甲懷方策)'을 끄집어내어 군사(軍師) 제갈공명에게 건넸다. 난공불락의 요새를 공략하는 건 낮은 수준의 작전이다. 적이 아예 싸울 엄두도 못 내게 겁을 먹이는 게 상책이다. 병사들에게 맞붙어 싸우게 하는 건 하수들의 싸움이다. 상수라면 상대방의 마음을 공략하는 싸움을 한다(攻心爲上, 攻城爲下. 心戰爲上, 兵戰爲下).[47]

　제갈공명은 그 메모 쪽지(計策箋)를 받아들었다. 제갈공명은 "맹획은 몇 번이고 소탕전을 한다고 해도 끊임없이 복수전을 할 것이다. 그렇다면 i) 새로운 차원에서 손바닥 위에 갖고 노는 방안(手中玩計)이거나, ii) 내가 있는 한 싸움은 생각조차 못 하게 마음으로 복종시키는 방책(伐謀心計)을 쓰거나, iii) 밀가루 반죽처럼 여러 번 주물렀다고 놓고 불에 구워서 그 모양으로 그대로 있게 하는 계략(縱擒型固)…." 깊은 생각에 잠기는 동안 남만(南蠻)에 당도했다. '행운의 7(lucky seven)'이라는 서양 사람들의 말이 회상되어 7종 7금(七縱七擒)을 구상했다.

믿음이 없이는 아무것도 얻을 수 없는데

AD 194년 후한 말 학자로 북해 태수를 지낸 공자의 20대 손자인 공융(孔融)은 조조(曹操)의 공격을 받은 서주(西州) 자사 도겸(陶謙)을 구하기 위해 유비에게 청을 넣었다. 유비는 자신의 병사 2,000명과 공손찬(公孫瓚)의 병정 3,000명을 빌려서 도겸을 도와주게 했다. 공융은 군사를 가지면 유비의 마음이 변할지도 모른다는 생각에 유비에게 신의를 잃지 말도록 당부하였다. 그러자 유비는 BC 560년대 사셨던 공융의 20대조 공자(孔子)의 말을 인용하였다. "'예로부터 사람은 모두 죽습니다. 믿음 없이는 무엇 하나 세울 수 없습니다(自古皆有死, 民無信不立).'라고 하였다지요. 저는 군대를 빌릴지라도 이곳으로 꼭 돌아올 것입니다."라고 대답했다.[48] 그는 신뢰를 지키기 위해 두 차례의 서주성 전투(西州城戰鬪)에 도겸을 도왔고, 그가 전사했지만 연합군은 승리를 했다.

한편, 합종연횡의 풍운아 소진(蘇秦)은 제(齊)나라 왕을 설득하여 연(燕)나라의 10개의 성을 되찾아 연(燕)나라로 돌아와서 소왕을 만났다. 그런데 과거의 약속과 달리 소왕은 소진을 불신하고 제상으로 복직시킴은 고사하고, "국왕마저 신임하지 않고 안하무인으로 대한다."고 멀리했다. 소진은 소왕을 찾아가 지나치게 충직하여 죽은 미생(尾生)의 사례를 들어서 자신의 처지를 설득하였다. 소진은 "미생이란 우직한 젊은이가 한 여인과 다리 밑에서 만나기로 약속을 했습니다. 여자가 오지 않았고 다리 밑에 홍수 물이 밀려 닥치자 다리 기둥을 부둥켜안고 그대로 죽었습니다. 이렇게 충직한 한 자라고 한들 뭘 믿고 천 리 제나라에 보내 강력한 병력을 물리치게 할 수 있었습니까?"라고 말을 시작했다.

이에 소왕은 "그대가 지나치게 우직할 뿐 충성스럽지 않았기 때문이다." 라고 답변을 주었다. 소진은 기다렸다는 듯이 "처와 첩을 둔 한 사람이 관리가 되어 먼 곳에 파견되어 공적 업무를 보는 동안 그의 정처(正妻)는 통정을 하였습니다. 본남편이 귀가한다는 정보를 들은 정부(情夫)가 걱정을 하자, 정처는 '걱정하지 마세요. 이미 독주를 준비해 두었습니다.'라고 했습니다. 남편이 귀가하자 정처는 첩(妾)을 유괴하여 남편에게 권주하도록 하였지요. 첩은 눈치를 채었습니다. 독주를 발설하면 정처(正妻)에게 축출당하고, 권주하자니 남편이 죽게 되어 살인을 한다는 사실을. 주인과 처를 모두 살리는 방법을 생각하다, 넘어지는 척 술잔을 쏟아버렸습니다. 이를 본 남편은 채찍 50대를 쳤습니다. 충성을 다했다면 죄를 짓지 않았다고 할 수 있겠습니까? 신의 허물이 불행스럽게도 이와 비슷합니다."라고 결론을 말씀드렸다. 연소왕은 수긍하고 다시 복직을 시켜 후히 대접을 했다.[49]

그들이 무리에게 도착했을 때 한 사람이 예수에게 와서 꿇어 엎드려 말하기를, "내 아들을 불쌍히 여기소서. 그가 간질로 심히 고생하여 자주 불에도 넘어지며, 물에도 넘어졌습니다. 제가 제자들에게 데리고 왔으나, 능히 고치지 못하였습니다."라고 말했다. 그리스도는 "믿음이 없고 패역한 사람들아. 내가 얼마나 너희와 함께 있어야 하고, 얼마나 너희에게 참아야 하겠나? 그를 이리로 데려오라."라고 크게 꾸짖었다. 그러나 그 아이는 간질병이 나았다. 제자들에게 조용히 가서 "너희들을 어찌하여 쫓아내지 못하였는가?"라고 말하면서 이어 "너희들의 믿음이 작았던 게다. 진실로 말하는데 겨자씨만 한 믿음만 있어도 산을 여기서 저기로 옮길 수 있다. 확신이 선다면 못할 것이 없다."라고 일러 주었다.[50]

한반도 신뢰 프로세스[51]

지난 2011년 국가미래연구원에서 '한반도 신뢰 프로세스'를 대북정책의 기조로 박근혜 대통령 후보자에게 건의했다. 2013년 2월 25일, 박근혜 정부가 '신뢰 프로세스(belief process)'를 내걸고 출범했다. 과거 i) '도발-위기-타협-보상-도발'의 악순환을 단절하고, ii) 북핵 문제 등 한반도 안보위기의 근원적 해결에 있는 한계를 극복하며, iii) 주변 정세와 갈등 해소의 적극적 대처와 상호적 신뢰구축이 신뢰 프로세스의 주요 내용이었다. 남북한이 서로 신뢰를 쌓기 위한 i) 가장 낮은 단계의 약속 지키기, ii) 중간단계로 공동이익을 도모하며, iii) 마지막 단계로 공통비전을 만들어가는 것이다.

한편, 1998년 10월 클린턴 정부의 윌리엄 페리(William Perry)의 3단계 페리 프로세스(3-steps Perry Process)[52]와 닮은 점이 많았다. 미사일과 핵개발 중지, 대북경제 해제 및 관계 정상화로 한반도 평화체제 구축이란 궁극적 목표는 같았다. 2015년 5월에는 오바마(B. Obama) 정부의 '전략적 무시(strategic ignorance)'라는 대북정책에 따라 아예 마음 놓고 핵실험과 대륙간탄도미사일 발사를 수시로 했다. 이로 인한 남북한의 대립은 고조되었고, 한일관계 소홀(疎忽)과 중국과의 화친관계(和親關係)가 형성되는 기류를 보였다. 이에 대해서 미국 국제전략문제연구소(CSIS)에서는 '제

2 페리 프로세스를 실시해야 할 때'라는 주장을 내놓았다. 왜냐하면, 페리 프로세스가 진행되는 동안에는 2012년 2월 29일, 속칭 '북한과 윤날 협상(The Leap Day Deal with North Korea)'[53]을 회상하면서 페리 프로세스는 핵시설 사찰과 6자

자료 : 페리 조정관의 인터뷰(http://www.pbs.org)

협상(six-party talk)으로 이끌어갔다. 그러나 최근 현상은 그때와는 판이하게 북한이 선제적이고 주도적으로 종횡무진으로 활동하고 있다고 신보수층(Neo-Con)이 목소리를 내놓았다.[54]

화제를 현실에서 벗어나 성경 속의 사례로, 한 어촌마을에 밤새도록 그물을 쳐서 물고기를 한 마리도 잡지 못하고 돌아온 시몬(Simon)이란 어부에게 한 성인이 다가와서 "바닷물이 깊은 곳에 가서 그물을 내리고 잡아라."라고 말을 하였다. 시몬은 잘 알지도 못하는 사람의 쓸데없는 간섭으로 생각하지 않고 "선생님, 저희는 밤새워 그물질을 했으나 잡은 것은 하나도 없었습니다. 그러나 말씀을 하시니 그곳에 그물을 내리겠습니다."라고 했다. 거부할 수도 있었겠지만, 그 어부의 마음속에는 성인에 대한 믿음과 그의 말씀에 순종하려는 마음뿐이었다. 그의 믿음으로 인하여 다음 날 가서 그물을 올렸는데, 그물이 찢어질 정도로 많았다.[55] 그 어부는 성인으로부터 베드로(Peter)라는 개명축복(改名祝福)을 받았으며,[56] 천국에 들어갈 수 있는 열쇠를 받았다.

6

"음식 끝에 마음 상한다."는 선인들의 지혜를?

북핵 문제 해결을 위한 '밥상론'

박근혜 정부가 추진 중인 대북정책에 대한 철학을 엿볼 수 있는 평소 소신은 지난 2005년 3월에 북핵 문제 해결을 위한 '밥상론(dinner table theory)'과 2014년 1월 4일, 연두 국정연설에서 '한반도 통일 대박론(Korea-peninsula jackpot theory)'으로 축약할 수 있다. 지난 2005년 3월 18일, 미국 보수주의를 대표하는 헤리티지재단(Heritage Foundation)과 컬럼비아대학에서 한나라당 대표최고위원 자격으로 특강연설을 하면서 북핵 문제에 대한 생각을 '한국식 밥상(Korea-type dinner table)'에 비유해서 설명했다. "서양에선 음식을 먹을 때 수프, 메인 요리, 후식 등이 순차적으로 제공되지만, 한국에선 밥상에 밥, 국, 찌개, 반찬 등을 한꺼번에 다 올려놓고 마음에 드는 것을 골라가면서 먹습니다. 북핵 문제 또한 미국이 생각하는 것처럼 단계적으로 접근하는 방법도 좋지만, 한국인들에겐 한 상에 모두 올려놓고 포괄적으로 타결하는 방법이 익숙합니다. 북핵 문제를 그런 식으로 해결한다면 북한도 훨씬 자연스럽게 받아들일 수 있을 것입니다."라고 자서전에서 적고 있다.[57]

물론, 토마스 허버드(Thomas C. Hubbard) 전 주한미국대사는 "미국이 북핵 문제를 논리적으로만 생각하는 것이 아니라, 동서양의 문화차이와 사고방식에 감안할 필요가 있다는 내용은 매우 인상적이었다."라고 의견을 제시하기도 했다. 밥상 앞에 앉는 사람이 속마음을 다 까놓고 협상할 의제를 협상 테이블 위에 다 올려놓았을 경우는 일망타진(一網打盡) 혹은 일괄타협(一括妥協)이 될 수 있다. 포커게임에 비유하면 쇼다운(show-down)을 치는 방법이다. 젖먹이 어린아이들이나 생각할 수 있을 정도로 순진한 발상이다. 모두가 자신들의 속셈을 내놓지 않는다. 한꺼번에 다 까놓고 보여주면서 게임을 하여야 먹혀들 것이다. 그러나 순차적 혹은 지속적으로 발생하는 현실에서는 이렇게 하자면 손에 쥔 패를 다 내려놓고 지켜만 보다가 눈 뜨고 다 잃고 만다. 끝날 때 남는 걸 다 가진다고 해도 테이블엔 아무것도 없다.

다음으로 2014년 1월 4일, 연두 신년사에서 '통일 대박론(Unification Jackpot Theory)'을 외쳤다. 이에 전 국민의 47.6%가 찬성했고, 반대는 37.54% 정도만 나타났다. 보다 자세한 지지율은 연령대로 분석하면 20대와 30대에겐 38.9%와 28.6%로 미미했으나, 50대와 60대 기성세대엔 62.8%와 62.2%의 전폭적인 지지를 받았다.[58] 2015년 말 현시점에 통일대박론과 오바마 정부의 '북핵 포기 없는 대화도 보상도 없다'는 원칙을 충실히 이행했으나, 2016년 1월 6일, 제4차 핵(수소폭탄)실험과 2월 7일에 제6차 탄도미사일 발사로 북한은 연이어 도발을 감행했다. "혹독한 대가를 치르도록 하겠다."고 천명, 대북 확성기 방송 재개와 2월 11일 개성공단 운영 전면중단조치를 단행하였다. 일본, 미국, 그리고 UN에 대북제재를 위한 국제적 공조를 강력히 요청하였다. 대북 국제공조는 우리나라가 주도적으로 할 수 있는 영역에 있지 않기에 제1~3차 핵실험의 경우에 취했던 대북제재는 우리의 입장에서는 너무 미흡하다는 생각이다. 이제 남한에 있어 북한의 대남도발은 "너무 늦고 너무 크다(Too late, too big)." 할 정도로 어떤 측면에서는 우리는 두 손 놓았고, 주변 강대국에 내다 맡겼다. 미국의 입장에서도 '먹기에 너무 크고, 너무 뜨거운(too hot too big to eat)' 감자였다.

미국의회에서도 오바마(B. Obama) 정부의 '전략적 인내(strategic patience)'라는 대북정책은 실패했다고 공화당의원 및 네오콘 싱크탱크 등이 수차례 평가했다. 특히, 2016년 1월 6일, 북한의 수소폭탄 실험에 중국을 통한 대북압박도 혈맹적 동맹국에 대한 미온적 대처방안으로 나올 수밖에 없었다. 미국 외교적 '관용과 포기정책(tolerant&abondance policy)'은 외교적 수수방관(diplomatic see-and-wait)이라고 비난과 수정요구가 나왔다. 실패의 원인으로 전문가들은 i) 북한이 스스로 곧 붕괴한다는 확신에서 출발한 것은 오판이었고, ii) 어떤 대화도 압박(dialog & sanction) 없이 인내라는 미명으로 수수방관했다는 것이다.[59] 도발 당시에 대화로도 적극적인 개입이 응당 있어야 했다는 의견을 내놓았다. 결국은 입안 당시

에 브루킹스 연구소(Brookings Institute)는 전략적 인내는 미국과 남한에 선략적 수동성만을 높여주고 북한의 핵무기개발에 시간만을 제공할 위험성을 예고했던 게 적중하였다.[60]

자료: 전략적 인내, 오바마 대통령(michellemalkin.com)

미국의 속셈과 한국의 무상무념

솔직히 말하면, 우리나라는 그동안 대북문제해결에 대해선 아무런 생각도, 철학도 없었던 것이 아닌가 하는 모양이다. 미국 네오콘의 2009년도 '북한 퍼주기' 논란을 우리 입장에서 재해석하거나 뒤집어 속내를 엿보지도 않았다. 그저 미국의 앵무새처럼 받아서 같은 말만 반복했다. 오바마(B. Obama) 정부에서 "핵 포기 없이는 대화도 보상도 없다(Without giving-up nuclear weapon, no dialogue and compensation)."라는 전략적 인내의 원칙은 우리에겐 교조적이었다. 그 원칙에 몰입하는 바람에 '한민족이라는 공동운명체, 한반도라는 지연성(地緣性)'마저도 잊고 말았다. 비록 입으로 통일 대박을 외쳤지만, 현실에서는 통일의 길은 더욱 멀어져 갔다. 그동안 우리는 무상무념의 시기를 보냈다. 이솝 우화에 "도련님께서 재미있는 장난으로 돌을 던지지만, 맞는 우리 개구리에게는 생명이 걸린 문제입니다."라는 우리의 처지를 망각하고 있었다. 미국의 국익차원에선 비록 한반도의 대남도발과 대응이 일종의 전쟁게임(war game)같이 보이지만, 우리의 국익차원에서는 국민의 생명이 달린 중대사다. 만약 미국이 망원경으로 보고 사냥용 총을 든다고 해도 우리는 현미경으로 보면서 수술의 칼을 잡아야 한다. 이제까지는 미국의 렌즈를 통해서 한반도를 봤다면 우리만의 국가보안용 렌즈를 마련해야 한다.

미국을 세계 최대제국(Pax America)으로 올려놓은 기반은 1,800여 국책연구소(탱크)에서 주야로 빈틈없이 발생 가능한 모든 상황에 대해서 대책을 마련하기 때문이다. 즉, 여하한 상황이 도래되더라도 실현 가능한 모든 경우 수를 찾아서 대응하고 이를 활용하여 국익을 최대한 확보하기 때문이다. 미국의 보수적인 싱크탱크로는 랜드연구소, 브루킹스연구소, 헤리터지 재단, 미국기업연구소 등에서는 한반도의 정세에 대해서 우리 정부 당국보다도 심도 있는 분석 및 대책을 마련한다. 미국 항공대와 공군에 대한 연구를 했던 랜드연구소(RAND Corporation)에서는 소련과 핵전쟁을 게임이론으로 연구했다. 죄수의 딜레마(prisoner's dilemma), 치킨게임(chicken game) 및 순차적 게임(sequential game)으로 풀이해서 대응책을 강구해왔다. 이곳 랜드연구소는 2010년 현재 존 폰 노이만, 엘버트 월스테터, 앤드루 마셜, 허머 칸, 버나드 보르디 등 많은 노벨 수상자를 배출했다. 현재 북한에서 남한에 '서울 불바다' 혹은 '피바다' 등의 말 폭탄을 퍼붓고 있다. 이와 같은 '공포의 균형(balance of terror)'[61]이란 이론은 랜드연구소에서 한때 냉전 시대 소련과 핵무기의 전쟁억지력을 설명하던 용어였다.

미국의 네오콘은 한반도 신뢰 프로세스보다 자기네들의 국익에 예민하고 우선시했다. 과거 소련과도 신뢰구축보다도 상호확증파괴(MAD, mu-

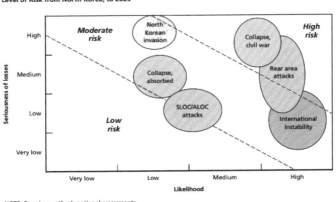

Figure 3
Level of Risk from North Korea, to 2025

NOTE: Based on author's notional assessments.
RAND OP165-3

자료 : 한국방위수정계획 보고서, 랜드연구소, 2006, 12면

tual assured destruction)를 향해서 치달았다. MAD의 광기(狂氣)가 인류와 지구의 생존 자체를 위협할 정도로 고조되었다. 그때서야 비로소 외교적 해결방식으로 고개를 돌렸다.[62] 이렇게 냉전체제의 경쟁에서 소련은 미국의 싱크탱크와의 두뇌전(brain war)에서 결국 모래성처럼 무너져 내렸다. 랜드연구소의 브레인들의 영어로는 '비합리적이며 합리적인 선택(ir-rational rational choice)'으로 미소의 핵무기경쟁이란 냉전이 종식되었다. 미국의 싱크탱크는 '과학과 죽음의 학술원'이라고 할 정도로 치밀했다.[63] 그들은 서슴지 않고 지구촌 어디든지 언제나 핵보유국까지도 '자위적 선제타격(self-defensive preemptive attack)'이라는 이름으로 속칭 생명을 앗아가는 외과수술(surgical operation)을 할 수 있었다. 그리고 지금도 그런 계획도 마련하고 있으며, 언제, 어떤 경우에도 대항력(counter-force)이 준비되어 있다.

참으로 귀여운 말, '밥상론'

"한반도는 주변 강대국의 바둑판(power game)과 같다. 한국은 미국이란 기사(棋士)가 대신 놓고 있는 미국의 최전방 한 알의 바둑에 불과하다(它會成爲這場博弈的前沿)."[64]라고 한 표현은 우리에게 몹시 자존심 상하지만, 너무 현실적이고 솔직한 표현이다. 과거를 회상하면 미국은 몇 차례 버렸던 한국 바둑알이다. 1905년, 미·일간 가쓰라-태프트 밀약으로 조선 식민지화, 1945년 8월 15일, 패전국 일본의 미·영·중·소의 4개국 분할통치 대신 한반도 38도선 분단 신탁통치, 1949년 미군철수와 1950년 1월 12일, 미 방어선에서 한국 제외로 6·25전쟁(Korea War) 야기[65], 일본 경제부흥을 통해 제2 경제 대국으로 부상시키는 데 희생물이 되었다. 남북한 한민족의 생명이 달린 핵 문제를 미국의 네오콘의 입장에서 국익을 위한 컴퓨터 상의 전쟁게임(war game)으로 인식하고 있다. 현실적인 사례로, IS를 2,000여 회 이상 타격했던 드론공습(drone strike)은 컴퓨터를 작동시켜 했다. 직접 컴퓨터 마우스를 잡고 드론을 조정하는 젊은 병사들의 눈에는 시리아 국민들의 생명은 보이지 않고, 화면상 대상시설물만 보인다. 따라서 디지털 버전으로 말하면 컴퓨터 상 워 게임(computer-aid war game)에 불과하다. 아날로그 버전으로 이야기하면 이솝동화 속의 '개구리에게 돌을 던지는 도련님'처럼 무척 재미가 있을 것이다. 그러나 그 공습에 시리아 국민들의 목숨이 달렸다. 한반도의 북핵 혹은 미사일 문제는 그들의 시각에서는 또 다른 하나의 한반도 워 게임(Korea-Peninsula War Game)이다.

그런데 국민의 생명이 달린 골치 아픈 북핵 문제를 우리나라 국가지도자는 참으로 순수하고 귀엽게도 '밥상론'으로 복잡한 생각을 단순명료하게 설명했다. 여기서 밥상은 두말할 것도 없이, 한 상 가득히 차려놓은 공주님의 밥상이 아니라, 약육강식의 협상 테이블이다. 밥상을 위에 올려놓은 내용물을 먼저 언급한다면 우리나라 국민들의 목숨을 올려놓는다는 건 살벌하기에, 달리 표현하면 국익이 올라간다고 하자. 밥 먹는 사람들이 늘 조용한 대화만 하는 게 아니라, 때로는 주먹이 오가는 싸움도 한다. 최악의 경우엔 상대방을 꾀어서 독주를 마시게도 해야 하고, 마실 때도 있다. 아주 좋게 정경을 그려본다면 남녀가 밥상을 놓고 마주 보면서 정담을 나눌 수도 있다. 사돈 간에 혼담도, 이웃 간에 축하와 격려가 오갈 수도 있다. 그러나 한반도 주변 강대국이 차려놓았던 과거의 밥상엔 우리나라 국민들의 목숨만을 올렸다. 보다 시적으로 표현하면 춘향전(春香傳)에서 이

몽룡이 남원 변 사또에게 바쳤던 "밥상 위에 올라온 고기 안주는 만백성의 기름이고, 밥상 위 촛불에 촛농이 떨어질 때 백성의 눈물이 또한 떨어지네."[66]라는 시 구절이 한반도 밥상 모양을 사실적으로 표현했다.

한편, 방법론으로 언급하면 지난 2015년 9월 8일, '이산가족 상봉행사' 남북한 적십자사 실무협의에서 박근혜 대통령의 밥상론을 석용했다고 보도되었다.[67] 북한에서는 이산가족 상봉행사에 국한하여 실무적 논의에 집중하자고 요구했다. 그러나 남측에서는 100가족의 상봉 외에도 i) 전면적 생사 및 주소 확인을 위한 명단 교환, ii) 상봉 정례화, iii) 서신교환 등 이산가족 근본문제 해결까지 의제에 올려놓았다. 이런 다양한 의제를 협상 테이블에 올려놓고 일괄 협상하고자 했던 때는 2015년만 해도 2월 남북고위급 회담, 8.25 남북공동보도문 합의 과정에서도 i) 북한 도발에 대한 유감 표명, ii) 대북 확성기 방송중단 등의 의제가 올랐다. 결과물은 신통하지 않았다. 마치 10첩 반상, 보기만 해도 풍성하고 배부를 정도다. 막상 실제 먹는 사람에게는 젓가락이 한 번도 안 가는 음식도 있다. 물론 거창한 모양새와 허장성세의 가시적 효과는 대단하다. 그러나 '선택과 집중'에 비해 실익이 적고, 효과도 떨어진다. 언제까지나 이렇게 허장성세(虛張聲勢)가 필요할까? 이제는 하나라도 똑 부러지게 해결해야 한다.

7

백두산 천지연 물 흐름의 방향을 생각하면?

강대국의 논리에 휩싸였던 한반도

기상학에서도 강력한 태풍은 주변의 수증기를 흡입하여 세력을 확대재생산 한다. 약한 기류는 더 강력한 기류에 흡수되어 소멸하고 만다. 식물의 세계에서도 주변의 강력한 식물군집에 적응하지 못하면 곧바로 사멸되고 만다. 길섶 땅에 딱 붙어서 자라는 난쟁이 다북쑥도 삼밭에서는 다른 식물이 붙잡아주지도 않았는데, 삼 따라 쭉쭉 곧게 자란다(麻中蓬生不扶直). 반면에, 1990년대에 우리나라에 귀화한 외래식물 가시 박(star cucumber)은 덮인 모든 식물들을 그 식물이 발산하는 강력한 식물 화합물(phyto-chemicals)로 자신 이외 다른 모든 식물들을 녹여버린다.

한반도를 둘러싸고 있었던 강대국의 논리 혹은 힘의 게임(power game)에 의해 우리나라의 생존이 좌우되었다. 가깝게는 6·25동란 이후 오늘에까지 남북한의 대립상황, 8·15광복 이후에 남북한 분단과 미군의 신탁통치, 더 나아가서 경술국치와 일제식민지의 전쟁에 참여, 19세기 말의 서세동점의 대한제국 당시 상황을 생각하면 약소국 우리나라의 국익은 언제나 희생물이 되었다. 우리나라의 고대사뿐만 아니라 지금까지도 한반도 주변 강대국의 국익 혹은 논리에 따라서 국토분단과 전쟁에 휩싸여 왔다.

1648년 베스트팔렌 조약(treaty of Westphalia)을 기준으로 근대국가 개념이 형성되었다. 그 이후 오늘에까지 국제관계에서 일어난 상황들을 살펴보면 대부분 혹은 대다수는 강대국의 행위(논리)에 의해서 결정되었다. 오늘 이 시각에도 지구 상 어디서든 약육강식의 경쟁이 벌어지고 있다. 국제체제에서 발생하는 많은 주요 사건의 대부분이 강대국의 이해관계와 그들의 논리에 의해서 결정되고 있다. 약소국의 행위나 논리는 처리 과정에서 그다지 중요시되지 않는 게 태반이다. 지금 북핵 문제 해결에서도 남북한의 단순한 문제로 간주하지 않고 있다. 주변 강대국은 자신들의 국익과 논리를 앞세워서 이해관계와 영향력을 행사하고 있다. 우리나라는 강대국의 틈바구니에서 국가생존과 번영을 추구해야 한다.[68] 이를 점잖은 표현으로 '지정학적 역학관계(geopolitical dynamics)'라고도 한다.[69]

한반도 주변 강대국의 세력 변화

한반도의 주변 강대국에 있어 약소국에 속했던 우리나라에만 영향력을 행사하는 것만은 아니다. 때로는 우리나라의 영향으로 강대국의 변화가 초래되기도 한다. 1592년 일본의 '정명가도(征明假道)'의 슬로건으로 침입한 7년 전쟁을 야기할 만큼 10배의 국력을 가졌던 도요토미 정권이 교체되었다. 물론, 20여 배의 국력을 가졌던 대명제국(大明帝國) 역시 만주에서 성장한 후금에게 국권을 넘겨주었고, 1616년에 청나라로 교체되었다. 일본은 조선인 포로병을 동남아시아 노예시장에 대량 공급하는 바람에 조선노(朝鮮奴)의 판매가격은 6분의 1로 떨어졌고, 전시공채에다가 전시불황에 겹쳐서 정권교체(regime change)가 되고 말았다. 1880년대 한반도를 둘러싸고 각축했던 청나라와 러시아는 약소국으로 우습게 여겼던 일본군대에 12:1에서 20:1의 점수로 패전을 당했다. 승전의 프리미엄(텃세)과 미국 공인의 지원 속에서 1910년 조선을 식민지로 합병시킬 수 있게 미리 손을 봐두었던 것이다. 즉, 1882년 조미 통상수호조약과 1883년 조일 통상장정은 조선에 일언반구의 통보도 없이 휴짓조각으로 전락시켰다. 1905년 7월 29일, 일본과 미국은 필리핀과 조선을 상호 식민지점령을 인정하는 가쓰라-태프트 협약(The Katsura-Taft Agreement)을 비밀리 체결하였다. 일본은 은폐작전으로 조선을 보호한다는 명목으로 1905년 11월 17일, 을사늑약을 체결하는 야바위 같은 이벤트를 했다.

이와 같은 국제간 세력변화를 가장 먼저 활용한 민족은 중국이다. BC 800년에서 300년경 춘추전국시대 열강들이 각축하던 시대는 세력의 규합과 분열을 통해서 부국강병을 획책했다. 대표적인 인물로는 합종연횡을 주장했던 소진(蘇秦)과 장의(張儀)다. 우리나라도 고구려, 백제 및 신라가 각축하던 시대에서는 서로 동맹하여 적국을 공략했다. 신라는 나당연합군을 편성하여 원린근공(遠隣近攻) 전략을 구사했다. 때로는 운 좋게도 약소국이 두 강대국의 싸움(二虎相食)에서 어부지리를 얻는 경우도 있었다. 오늘 남북한의 대립은 어떤 의미에서는 주변 강대국이 구경을 하는 마당에서 어린 사내 두 명이 맞붙여 싸우는 꼴이다. 물론, 구경하는 어른들은 각기 자신들의 돈을 걸고 있는지도 모른다.

서양에서도 BC 400년경 아테네의 장군으로 트라키아의 암피폴리스에 파견되어 펠로폰네소스 전쟁(BC 431~404)에 패했다는 이유로 20년 동안 아테네에서 추방되었다. 그 전투에서 패전장군이었던 투기디데스(Thucydides)는 27년간의 전쟁사를 썼다. "오직 진실만이 말한다."라는 생각으로 다양한 자료를 모아 『펠로폰네소스 전쟁사(The History of the Peloponnesian War)』[70]를 저술하였다. 그는 전쟁발발의 직접원인으로 적에 대한 공포(fear)를 들었다. 즉, 아테네가 중심인 델리언 연맹(Delian League)과 스파르타가 중심이 된 펠로폰네소스 연맹(Peloponnesian League) 사이에 세력전이(power transition) 과정에 스파르타가 느꼈던 두려움이 전쟁을 야기시켰다. 즉, 아테네 군사력이 자신의 스파르타보다 급속도로 증대하는 데 상대적인 열등에서 공포를 느꼈다. 이로 인해 그리스 세계에서 스파르타의 패권을 상실할까 봐 걱정했다. 그래서 동맹관계를 강화했다. 스스로 국력증강에 박차를 가했다. 아테네 역시 군사력 보강과 동맹관계 증강에 들어갔고, 군비경쟁, 전쟁억지, 동맹관계, 현실인식과 상황오인(situational misperception) 등[71]이 복합적으로 작동되었다. 지금 한반도 대립갈등은 남북한의 군비경쟁만 아닌 주변 강대국의 세력전이 과정에 있다. 한·미·일 군사동맹관계와 조·중·러 군사동맹관계 간의 세력전이로 인하여 힘의 쏠림이 생길 경우에 전쟁이 생긴다. 이때는 남북한은 동맹의 이름으로 대리전(proxy war) 혹은 출전선수(fighter)로 한판 싸움을 하고, 주변 강대국은 서로가 어부지리를 챙긴다.

불균형이 불상사로 이어진다

경북 예천군 풍양, 문경군 영순면과 상주군 낙동면에 내려오는 세 강물이 한곳에 만나는 삼강(三江)이란 곳이 있다. 어느 한 곳에서 소낙비가 내렸다면 두 곳에서는 물이 내려가지 못하고 밀리게 된다. 이렇게 되면 그 두 곳에서는 밀린 물로 둑이 넘치고 전답까지 잠겨 홍수피해를 보게 된다. 국가의 군사력도 강물처럼 상대국가와 밀고 당기는 힘자랑을 한다. 약소국과 강대국의 세력 싸움에서는 약소국이 반드시 밀린다. 세력에 밀린다는 건 유식하게 불균형(unbalance), 비대칭(asymmetry), 격차(divide) 혹은 괴리(gap) 현상이라고 표현한다. 군사적 표현으로는 불균형 혹은 비대칭이라는 말을 즐겨 쓴다. 여기서 세력이란 평시에는 외교적 교섭력, 국가예산액, 금융자산 동원력, 국가지도자의 리더십, 정치적 동원력 등이다. 그러나 전시엔 대항력(counterforce), 대응조치(countermeasure), 확증파괴력(assured destruction), 전쟁억지력(war deterrence)[72]이다. 즉, "두 마리의 호랑이가 서로 잡아먹겠다고 한다(二虎競食)면 둘 다 죽는다."라는 확신이 전쟁 억지력(戰爭抑止力)이다.

　"합리적인 외교정책은 위험부담을 극소화하고 국가이익을 극대화하는 것이다."라고 했던 한스 모겐소(Hans Morgenthau)의 말처럼 평시에도 국제간 외교전은 치열하다. 대부분 자국의 상대적 국력증대를 최대목표로 하고 있다. 국제협상 과정에서 사용하는 표현을 빌리면 '국력을 위한 투쟁(the struggle for power)'이다. 왜냐하면, 국력은 국가분쟁의 결정적인 역할뿐만 아니라 국제체제와 질서에 있어 다른 상대국에 대한 영향력을 유감없이 행사하는 수단이 된다. 이렇게 서로 경쟁을 하다 보면 분위기 혹은 상황에 휩싸인 안보 딜레마(security dilemma) 혹은 세력투쟁의 황야(wildness of power struggle)에서 헤어나지 못하게 된다. 어떤 의미에서 우리나라는 안보 딜레마에 스스로 빠졌다.[73] 우리가 모르는 사이에 강대국이 미리 짜놓은 각본에 따라 흥행을 위한 스스로 싸움 개(fighting dog)로 나선 모양새다.

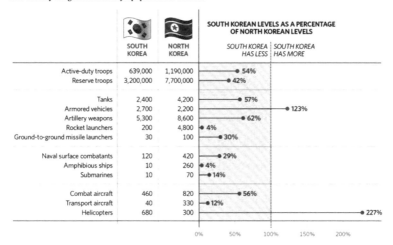

South Korean Military Significantly Smaller than North Korean

South Korea has about half as many active-duty troops as North Korea, and the size disadvantage carries over to many categories of military equipment and vehicles.

	SOUTH KOREA	NORTH KOREA	SOUTH KOREAN LEVELS AS A PERCENTAGE OF NORTH KOREAN LEVELS
Active-duty troops	639,000	1,190,000	54%
Reserve troops	3,200,000	7,700,000	42%
Tanks	2,400	4,200	57%
Armored vehicles	2,700	2,200	123%
Artillery weapons	5,300	8,600	62%
Rocket launchers	200	4,800	4%
Ground-to-ground missile launchers	30	100	30%
Naval surface combatants	120	420	29%
Amphibious ships	10	260	4%
Submarines	10	70	14%
Combat aircraft	460	820	56%
Transport aircraft	40	330	12%
Helicopters	680	300	227%

Source: South Korea Ministry of National Defense, *2012 Defense White Paper*, p. 353, http://www.mnd.go.kr/user/mnd_eng/upload/pblictn/PBLICTNEBOOK_201308140915094310.pdf (accessed October 30, 2014).　🔒 heritage.org

마치 포커 판(poker game)에 서로 가진 패를 까놓고 보여준다면 내가 갖고 있지 않은 상대방의 패(hand)에 대해서 열세를 느끼고, 상대가 갖지 않는 패에 대해서는 강세를 가지며 속셈을 한다. 군사전략에서 무기, 전략, 전술, 병력, 전환 가능 산업, 국방예산, 외교력 등을 비교할 때에 상대방 혹은 내가 갖지 못한 것은 서로의 비대칭전력(asymmetric power)[74]이 된다. 북한의 비대칭전력(무기)으로 핵폭탄과 생화학무기인 대량살상무기(WMD), 특수부대, 사이버 공격전력, 잠수함 공격력 등을 들 수 있다.[75] 비대칭전력을 비정규전에 타격을 가할 수 있다는 의미에서 일명 게릴라전력(guerrilla warfare)이라고도 한다. 비대칭전력이라는 용어는 1975년 J. R. 막(Macks)의 저서 『왜 강대국이 작은 전쟁에 졌는가(Why Big Nations Lose Small Wars)』에서 처음으로 사용했다.

미국이 소련과의 군사적 냉전체제를 주도하고 있었던 1949년부터 1960년 초까지 미국은 핵무기로 우세했을 때 랜드연구소(RAND Corporation)에서는 '세력의 균형(balance of power)'[76]을 국제관계의 안보를 보장하는 피벗 기어로 봤다. 또한, 미국의 동맹국에 '약장수 효과(bandwagon)'가 파급될 것을 확신했다. 이에 핵무기는 종말적 무기(doom's-day weapon)로 상대방(소련)에게 공포를 주는 것만으로 미국 쪽으로 힘의 쏠림이 생겨서 더욱 상대방에게 전쟁공포(war fear)를 주었다. 따라서 '공포의 균형(balance of terror)'이 곧바로 전쟁억지력이었다. 유엔헌장에서도 "공포의 균형은 힘의 균형을 대신하고 있다."라는 표현을 하고 있다.[77] 두 뇌전쟁(brain war)에서 한 수 앞선 미국은 결국 소련의 체제 붕괴(regime destruction)를 이끌어내었고, 재균형(re-balancing)으로 미국의 시대를 열어가고 있다.

8

백두산에 응집된 분노와 불신의 마그마?

삼라만상은 서로 연결되어 있다

2016년 1월 6일 09:30, 북한 인민무력부에서 제4차 핵(수소폭탄)실험을 했고, 12:30분에 조선중앙방송을 통해서 수소폭탄 실험에 성공했다고 발표하였다. 청와대에선 12:00에 국가안보회의(NSC)를 소집해 오후에 대응책을 마련하고, 대통령이 직접 "상응하는 대가를 치르도록 하겠다."고 선언했다. 이어 미국, 일본의 국가 지도자에게 전화통화로 국제공조를 당부했다. 이제까지 '불용부전(핵과 전쟁 불허용)'의 강경한 입장을 견지하던 중국은 긴급전화(hot line)까지 7일간 받지 않았다. 대통령은 1월 13일 10:30분에 대국민담화를 발표했다. 북한에 대한 직접적인 조치로는 대북 확성기 방송 재개밖엔 없었다. 1~3차 핵실험 때와 같이 국제적 공조(미국 및 UN 안보리 대북제재)에만 의존했다.

한마디로, 평시위기관리와 대북제재에 대해 준비를 하지 않았다. 미국과 UN 안보리 제재를 요청하면 자동적으로 대북제재가 이루어질 것으

Trade ban

In retaliation for North Korea's sinking of one of its
navy ships, South Korea is banning all trade with
and investment in that reclusive state. A look
at North Korea's major trading partners, 2008:

North Korean exports
• Major products include minerals,
metal products, manufactured
goods (including armaments),
textiles, farm and fishery products

North Korean imports
• Major products include
petroleum, coking coal, machinery
and equipment, textiles, grain

Major partners Total $2.06 billion
South Korea 38%
India 5%
China 42%
Others 15%

© 2010 MCT
Source: CIA World Factbook
Graphic: Pat Carr

Major partners Total $3.57 billion
South Korea 25%
Singapore 3%
China 57%
India 3%
Others 12%

NOTE: Ban does not include shipments to and
from Kaesong industrial park, where South
Korean firms use cheap labor from the North

자료 : U.S. CIA Factbook, 2010

로 안일하게 생각했다. 우리나라 자체적으로 주도해 추진할 수 있는 제재 거리가 전혀 없었다. 경협사업, 국가 혹은 민간차원의 지원, 각종 에너지(전기, 가스 및 석유) 등의 공급을 중단하는 제재는 이미 다 사용해서 단절된 상태였다. 단지 개성공단 운영도 지난 2013년 4월 18일에서 9월 16일까지 160일간 중단했다가 재개했던 것이다. 북한교역량의 50%가량을 의존하고 있는 중국에 대북 경제제재(economic sanction to North Korea)를 요구했으나, 석유와 식량 공급을 중단하는 척했을 뿐이었다. 미국도 2005년 7월, 방코 델타 아시아(Banco Delta Asia S.A.R.L.匯業銀行) 마카오 지점에 예치금 2,500만$를, 속칭 '미 애국법[78] 제311조'에 의거 동결사례처럼 한국을 위해 대북 압박카드를 모두 다 사용한 상태였다.

2016년 2월 7일, 제6차 탄도탄 미사일 발사로 또다시 한반도는 냉전체제를 방불케 하는 긴장감이 흘렀다. 우리나라 대통령은 대북 강경제재를 한미일 동맹국에 요구했으며, 중국에 대해서도 자위적 차원의 사드(THAAD) 배치를 천명하였다. 미국의회에서는 강력한 경제재재(strong economic sanction)를 2월 14일 만장일치로 통과했고, 중국과 미국의 밀고 당기는 협상 끝에 UN 안보리에 초안을 넘겼다. 그런데 안보리 상임이사국인 러시아는 "북한 국민의 불안을 조성하는 제재는 안 된다."며, 제재 원안을 재검토해야 한다고 지연하였다. 문제는 UN 안보리 제재안이 순

미 의회, 북한 제재 강화법안 내용

■ 북한과 불법 거래한 제3국 개인·단체 제재
■ 북한 돈세탁 우려 대상국 지정 여부 180일내 보고
■ 북한 주요 수출품인 흑연 등 광물 거래 제재
■ 북한 정치범 수용소 보고서 의회 제출
■ 김정은, 인권유린 행위 책임 상세 검토
■ 미 국가안보 침해 응징·대량살상무기 차단
━ 사치품 등 북한 지도층 관련 물자 유입 제한
━ 자금 세탁·위조지폐 제작·마약 밀거래 등 추적 차단

자료 : 서울경제신문, 2016.2.14.

조롭게 통과한다고 해도 실행에 더 많은 장애물이 도사리고 있었다. 여태까지 수차례 대북 제재를 했으나 금지품목이 북한으로 흘러들어 가고 있다.[79] 이번 제재안에서 제외된 i) 동북삼성 인근의 조·중 국경무역, ii) 조·중 의류품 거래 및 iii) 해외근로자 파견의 해외송금액 등이 뚫어진 구멍(loophole)으로 지적되었다.[80]

김정은의 체제유지자금줄을 단절하고자 무기 혹은 마약의 거래를 통제하고 군사적 물자의 북한 반입을 국제공조를 통해서 압박했다. 이제까지 취해왔던 것이지만, 체제 붕괴를 예상했던 것과는 달리 1995년 이후에 핵실험을 중단은 고사하고 수소폭탄과 핵무기 소형화를 지속하고 있다. 이런 배경에는 i) 북한경제구조는 1990년대부터 '고난의 행군' 시대를 겪으면서 자생경제구조를 다져왔기에 풍요함에서 추락함을 피부로 못 느끼고 있었다. 고통과 불안에 불감증 현상을 갖고 있다. ii) 국제적 대북제재에도 마식령 스키장의 스키 장비뿐만 아니라 평양 지하철 시설 등이 오스트리아, 독일 등에서 유입되고 있었다. iii) 여기에 중국과 국경을 접하고 있어 생필품의 밀거래가 성행하고 있으며, 군사동맹관계가 있는 중국에서도 전쟁발발의 위험을 조성하지 않겠다는 의지를 보이고 있다. 대북제재보다는 대화를 통해서 '불핵부전(不核不戰)' 원칙을 천명하고 있다.

이런 대북압력은 곧바로 대남무력도발로 이어졌고, 한반도 군사적 긴장을 곧바로 금융 및 경제적 불안을 고조시켰다. 금강산관광 중단과 개성공단 운영의 폐쇄는 남한경제마저도 축소재생산을 지속해 일자리 축소 등의 직접 혹은 간접적인 투자여건 악화를 통해서 경제 전반에 악순환을 불러왔다. 반면에, 군사적 긴장에 따른 최신첨단무기 구매, 군사비 증액으로 안보딜레마(security dilemma)에 빠지고 있다.

어릴 때 어머니에게 들었던 이야기다. 시골로 시집보낸 딸의 집에 다녀오고자 할머니가 정초에 승객이 콩나물시루처럼 빽빽한 시골버스를 탔다. 마침 딸의 집에서는 안사돈이 온다고 바깥사돈이 읍내시장을 보고 우연 일치로 같은 버스를 탔다. 남녀유별의 풍습이 있던 때였기에 일면식도 없었다. 복잡한 버스 안에서 험악한 비포장도로를 달리는데 이리저리 쏠렸다. 이때에 할머니는 무의식적으로 쓰러짐을 방지하고자 황급히 잡았던 것이 할아버지의 바지춤이었다. 할아버지의 바지춤은 순식간에 내려왔다. 창피함에 할아버지는 할머니에게 욕설을 했다. 끝내 대판 싸움이 벌어졌다. 그만 할아버지가 정제했던 의관(衣冠)은 망가졌고 몸꼴은 말이 아니었다. 할머니는 종착역에 도착하자마자 종종걸음으로 시집간 딸의 집에 왔다. 뒤늦게 귀가한 할아버지(시아버지)를 보니 할머니(어머니)가 대판 했다는 장본이었다. 얼굴에 손톱자국, 망가진 갓, 옷고름마저 없는 두루마기였다.

세상만사는 이렇게 좁고 서로 연결되어 있다. 『한비자(韓非子)』라는 책에선 "주막집 개가 사나우면 어린아이들과 여자들이 술을 사러 오지 못해, 술이 팔리지 않아 식초처럼 상한다(猛犬酒酸)."[81]라고 했다. 궁중에 공주님이 목걸이를 잃어도, 이웃 나라 왕자가 방문해도 궁중에서 가장 힘이 없는 연못에 물고기가 죽는다. 누군가 도둑이 연못에 목걸이를 던졌다고 하자. 그것을 찾겠다고 연못물을 다 펐기 때문이다. 왕자의 축하연회에 맛있는 물고기 반찬이 올라가기 때문이다(城門失火, 殃及至魚)[82]. 2008년 6월 11일, 컨테이너 운전기사들이 갑작스럽게 파업을 하자 장기적 물류대란이 예상되었다. 그때에 항공유 수송이 안 되어서 전투기(F16)가 출격을 못 했다. 다행스럽게도 15일까지 종료되어 4일 만에 끝냈다. 1964년 중국 문화혁명 당시 식량 증산을 위해서 벼를 까먹는 참새를, 홍위병과 인민을 대대적으로 동원하여 전국소탕전을 벌였다. 그런데 이듬해에 메뚜기 떼가 창궐하여 참새가 까먹는 것 이상으로 완전히 폐농했다.

약소국이 승리한 전쟁[83]

전쟁은 꼭 강력한 군사력(무기와 병력)으로 승패를 가름하는 것은 아니다. 명청전쟁[84], 노일전쟁, 청일전쟁, 베트남전쟁[85], 중국의 국공내전[86], 미국의 이라크전쟁, 소련과 아프가니스탄 전쟁 등은 약소국이 승리한 전쟁이다. 그런데 일본제국은 태평양전쟁에서 패전을 안았는가에 대해서 노나카 이쿠리로(野中郁次郎) 외 5명의 공저로『전략의 본질(戰略の本質)』을 출판하였다. 우리나라에서『일본제국은 왜 실패했는가?』라고 번역서를 내놓았다. 그 저서에서는 미드웨이전투, 오키나와전투 등 6대 전투의 패인을 분석하였다. 당시 일본의 GDP는 미국의 12분의 1, 철강생산량은 10분1에 지나지 않았다. 물량의 부족이라는 외형적 원인보다 전략과 조직의 패인이 더욱 작용하였다. 첫째 전략의 패인으로는 i) 명확한 전략개념이 없었다. ii) 구조(시스템)를 동반하는 급격한 변화에 적응이 없었다. iii) 혁기적인 혁신은 하지 않고 미봉책만 내놓았다. 두 번째 조직의 패인으로 i) 한 마디로 시스템은 없었고, 인맥만 있었다. ii) 집단이 서로 통합하는 데 부담이 컸다. ii) 결정하는데 오랜 시간이 걸렸다. iii) 집단사고로 이단을 배제했다. 한 마디로 종합하면, 근본적인 원인은 방대한 무책임의 체계(Vast irresponsibility system)였다. 만주사변을 야기시키고도 군부는 국왕에게 보고조차 하지 않았고, 나중에 마지못해 보고했다. 얼마나 정신 나갔는지는 육군 장관이 전진훈(戰陣訓: Rule of Engagement)에다가 일본군에게 '천왕의 소모품'으로 옥쇄(玉碎)를 지시했다.

2005년, 이반 토프트(Ivan Arreguin Toft)가 케임브리지 대학에서 "어떻게 약소국이 전쟁에 승리했는가(How the Weak Win Wars)?"[87]라는 저서를 내놓았다. 그의 분석에 의하여 강대국과 약소국 사이에 1800년에서 2003년까지 발생한 200여 개의 전쟁을 대상으로 분석한 결과, 강대국이 승리할 확률은 72%에 지나지 않았다. 병력과 인구에 있어 10배 이상 격차가 나는 강대국과 약소국의 전쟁을 '비대칭적 갈등(asymmetric conflicts)'이라는 이름으로 분석했다. 규모가 10배 미만인 작은 것까지 조사했다면 승리 확률은 50% 정도 육박했을 것이다.[88] 1800년부터 1849년까지 약소국의 승전비율은 12%, 1950년부터 1999년까지는 50%를 넘어서고 있는 수준이다. "기량의 상대적 중요성을 증대시키고, 비대칭적 전략과 무기로 대응하는 것이다. 다윗과 골리앗의 대결에서 긴 칼과 갑옷 대신에 물매를 들었다는 비대칭적 전략에 있다."라고 그는 요약했다. 이는 마치 마이클 모부신(Michael J. Mauboussin)이 말했던 '창조적 혁신'이 핵심이다. 약소국의 승전에 대해서 지난 2009년 미국 해군사관학교 잭 하티갠(Jack Hartigan)은 학위논문 「약소국의 승전: 비대칭전쟁에서 추진전략의 요인분석」에서

1965~1975년의 베트남 전쟁, 1980년대 소련의 아프가니스탄(Afghani-stan) 전쟁, 1990년대 미국의 아프가니스탄 및 2003년의 이라크 전쟁에서 직접 혹은 간접적인 공격에서 요인을 분석하였다.[89] 이와 같은 '약소국 승전' 현상은 한반도 남북한 대립갈등 구조에서도 불가능한 것은 아닐 것이다. 마치 독일의 생화학자 '리히비의 법칙(Liebig's Law)'[90]의 주장처럼 한두 가지의 결핍된 영양분으로 인해 다른 영양분이 아무리 풍부해도 해당 생명체가 사멸한다. 참나무 맥주 통에서 하나의 살대가 없어도 모든 맥주가 다 샌다. 우세한 전략적 무기보다 취약한 전술무기로 인해서 패배한다는 것이다. 우리나라의 주도적이고 선제적인 전략, 국가지도자의 외교적 교섭력, 대남도발에 대한 신속하고 명확한 시그널 전달 등으로 전쟁억지력을 확보할 때는 남한 승전의 시나리오도 가능할 것이다.

리히비의 물통(wikipedia)

한반도 북핵 문제의 최악 위험

현재 우리가 안고 있는 북핵 문제를 중심으로 한반도의 대립갈등구조가 의외로 쉽게 풀릴 수도 있고, 베를린 장벽의 붕괴처럼 예상보다 빨리 올 수도 있다. 그런데 우리나라가 한반도 대립갈등 문제를 해결하는 자세를 중심으로 자성해 본다면 : i) 주도적 혹은 선제적으로 이끌어가지 못하고 있다. ii) 과거처럼 주변 강대국의 논리에 따라 수동적으로 풀어가고 있는 모양새다. iii) 그렇다고 우리나라 자체가 전시작전권과 자력 방어를 할 수 있는 처지는 더욱 아니다. 이런 경우에는 의외의 최악 위험(worst risk)에 당면할 수 있다. 2016년 1월 13일, 박근혜 대통령이 연두 기자회견을 하면서 대국민담화를 하는 모습에서 '한숨'과 '분노'를 표출하였다. 중국에 "전략적 파트너라고 하면서 동반자가 어려움을 당하는 데 돕는 것이 진정한 협력이다."라고 언급했다. 국가운명을 위해 사드(薩德 THAAD) 배치까지 고려해야 할 입장을 밝히면서 간절히 대북 제재에 공조를 요청했다. 또한, 2016년 2월 17일, 박근혜 대통령은 이제까지의 기조와 달리 "북한 핵무장을 포기하지 않으면 언젠가 체제가 붕괴될 것이다."라는 경고를 국회 연설에서 했다.[91]

우리나라가 당장 할 수 있었던 대북제재는 대북확성기 방송뿐이었다. 주변 우방국의 공조체제는 "네 탓이오(This is all your fault)." 연출극이었다. 미국의 존 케리(John Kerry) 국무장관은 중국 왕이(王毅) 외교부장에게 전화로 "중국이 원하는 특별한 대북접근법이 있었고, 중국이 이를 실행할 수 있도록 존중했다. 그러나 이 방식이 작동되지 않았다."라고 했다. 이에 중국 외교부 반응은 "문제의 원인이 미국에 있다. 한반도 핵 문제는 중국에서 비롯된 것도 아니고, 중국이 해결할 수 있는 핵심도 아니다."라는 게다.[92] 박근혜 대통령이 일본, 미국의 최고 지도자에게 통화해서 국제공조를 요청했다. 중국은 7일 동안 전화도 받지 않았다. 겨우 1개월이 다 된 2월 5일에 통화를 하면서 "신중을 기해야 한다."고 한 마디 응답만 했다.[93]

2016년 1월 13일, 박 대통령 연두 기자회견에 대한 전문가 토론에서 "김정은이 국제고립을 초래하면서 추진하는 전략은 무엇일까?"라는 의도에 대해서 '월맹식 통일(North-Vietnam's Unification)'을 말하는 전문가도 있었다.[94] 북한이 중국의 경제적 의존도가 심화하였을 때 급격히 체제가 붕괴할 경우에는 중국의 영향권에 넘어가는 위험성도 있다고 걱정하는 분도 있었다. 우리에겐 최악 시나리오이지만, 북한 김정은이 베트콩(월맹)의 호치민(胡志明)처럼 남베트남에 외국 병력 지원 55만(미군 50만, 한국군 5만)이 있었지만, 열세를 극복하고 오히려 역전시켜 남북통일을 했다.[95] 즉, 약소국이 승전하는 묘수를 북한이 선제적으로 도모할 수 있다. 또 하나의 최악의 시나리오는 중국이 갖고 있는 북한체제와 경제의 버팀목(경제적 의존도 심화)을 황급히 제거할 때 체제붕괴(regime collapse)로 중국과 미국이 어부지리를 얻을 수 있다. 절대적으로 받아들일 수 없는 최악의 시나리오이지만, '최악을 대비하고 최선을 도모하자'는 게 가장 현실적임을 인식해야 한다. 속된 말로 i) 이젠 더 이상 죽 쒀서 개에게 주는 꼴은 없어야 한다. ii) 6·25전쟁처럼 당하거나 먹히는 불행은 없어야 한다. iii) 일본제국의 식민지로 전락, 38도선 분단, 남북한 미소신탁통치와 같은 강대국의 흥정거리가 되어서는 안 된다. iv) 또한 베트남 파병처럼 용병 혹은 대리전을 하는 불행은 다시는 없어야 한다.

9

국가 천년대계를 갖지 않는 나라는
백성만 괴롭힐 뿐이다

국가 대계 없이는 백성만 괴롭힐 뿐

우리나라는 휴전협정 이후에 장기적인 평화 정착이나 통일방안을 강구하여 국가적 대계책을 마련하지 않았다. 단지, 정권유지 차원에서 북방정책(North Policy), 햇볕정책(Sunshining Policy) 혹은 전략적 인내(Strategic Patience)정책을 추진했다. 정권에 무관하게 지속적으로 추진하지 않았고, 한 정권 내에만 실시하다가 다음 정권에서는 폐기되었다. 과거 정권에서 추진하는 대북경협사업도 2016년 2월 11일 개성공단 운영을 전면 폐쇄함으로써 깨끗이 끝냈다. 그뿐만 아니라 협상, 대화, 합의서 내용도 지속적으로 준수하고 있는 것이 하나도 없다. 이렇게 감성적으로, 즉흥적으로 추진해온 결과로 얻는 건 분노와 불신뿐이다. 국민들에게는 이념적 갈등, 심지어는 남남갈등[96]까지 팽배해졌고, 대남도발에 역이용되곤 한다. 보수와 진보의 갈등을 서로 선거에도 악용했다. 한반도 주변 강대국의 입장에서는 게임하기 너무 쉽고, 의외로 큰 국익을 챙긴다(too easy game, too big interest)는 생각까지 하고 있다. "한국은 너무 순수한 데다가 의외로 생각도, 주장도 없다. 너무 미안할 뿐이다. 때로는 판돈을 챙기는 게 마음 찔린다." 한반도 게이머들의 표정이다.

한반도 주변 강대국에 대한 관계유지에 있어서도 우리는 일희일비하지 말고, 꾸준히 추진하는 정책적 일관성을 가져야 한다. 단지, 일본에 1991년 이후 24년간 간헐적으로 '위안부 문제 사과'만을 잊지 않고 요구했다. 박근혜 정부는 일본 우익과 미국 친일언론에서 중국경사론(China-Inclined Thought)이라는 비난을 받아가면서 2015년 9월엔 자유진영국가들이 불참하는 중국의 전승절(戰勝節) 열병식을 참관하는 화중관계를 보여주었다. 한일관계의 악화를 관망하던 미국에서는 2015년 10월 한미 정상회담 때 한일관계의 현안(위안부)을 연내 풀어달라는 당부를 미국 대통령으로부터 받았다. 한일정상회담과 2015년 12월 28일에 '최종적·불가역적'인 협상을 체결하였다. 국제외교관계에서 국가 간 사과문제는 곧바로 국력문제와 연관된다. 1941년 12월 7일, 하와이 진주만 공습에 대한 사과는 미국에, 그리고 1937년 12월 13일, 남경대학살 사건의 중국에 대한 사과는 쉬웠다. 미국 세계 경제 제1위(G1)국과 중국 제2위(G2)국이라는 위상에서 3위국(G3) 일본의 입장에서는 자존심이 덜 상했다. 그러나 자신들보다 후진국인 세계 경제 7위(G7)을 자처하는 한국에 사과하는 건 죽기보다도 어려웠다. 사실은 우리의 힘이 아니라 미국의 강압이 더 작용하였다.

우리가 일본에 사과를 요구할 때에 독일의 사례를 인용하지만, 이들에게도 힘의 논리는 존재했다. 이스라엘의 유대인들이 세계 경제계에서 자타가 공인하는 '사자 몫(lion's share)'을 차지하고 있다. 1972년 독일 아데나워 총리가 이스라엘 의회에 사과를 했다. 7만 명이나 학살한 나미비아

(Namibia) 정부에 대해서는 100년이 지나도 공식적인 사과는 한 마디도 없었다. 장관이 연설에서 개인적인 양심에서 유감을 표명했다. 300만 명이나 학살한 집시 민족(Gipsy Nations)에 대해서는 아직도 사과 한마디도 하지 않는 나라가 독일이다.[97]

국가지도자는 언제나 매사에 이성과 적극적인 마인드를 가져야 한다. 또한, 일희일비하지 말고 장기적 안목을 가져야 한다. 민족과 국가를 위해서 한숨이나 분노를 감추는 전략적 인내도 필요하다. 기쁨도 감추는 포커페이스(poker face)도 있어야 한다. 일반적인 지시와 만기친람(萬機親覽)하는 불통의 리더십보다 상대방의 입장을 생각하고, 우회하더라도 더 큰 국익을 챙기는 지혜도 갖춰야 한다. 전시뿐만 아니라 평시에도 국가지도자의 리더십에 의하여 국가운명이 좌우된다. 심지어 말 한마디에서도 국익이 오고 간다. 2016년 1월 13일, 대통령의 연두 기자회견에서 "동반자가 어려울 때에 도와주지 않는 파트너가 무슨 필요가 있는가? 사드 배치를 고려할 것이다."[98]라는 감정이 담긴 외교적 수사보다도 '웃음 속에 칼 감추는 성숙함(笑裏藏刀)'을 보였으면 더 좋았을 것이다. 결국, 되돌려 받은 말은 "미국의 군사방어 바둑판에서 한국은 최전선의 한 알에 불과할 것이다."라는 강소국의 입장에서 분통이 터지는 현실성을 언급했다.

북한에 치명적인 압박수단을 마련하자

2012년 상영했던 영화『베를린(The Berlin File)』에선 북한에서 베를린 외교관으로 파견된 표종성 대사관은 마약으로 외화벌이를 해 충성자금을 마련했다. 그러나 아내 연정희를 이용해서 외화를 먹어치웠다는 누명을 씌

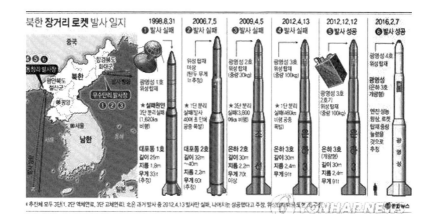

자료: 북한 장거리 미사일 발사(연합뉴스, 2016.2.7.)

우고 숨통을 조여오고 있었다. 동명수라는 저격수를 보내 독침으로 살해한다는 첩보를 입수하였으나, 피할 대안이 하나도 없었다. "먹장구름이 몰려오는데, 피할 수 없다면 대안이라도 있어야 하는데…"라고 궁지에 몰리고 있음을 혼잣말로 했다. 결국, 독살되어 냉동된 채로 북송되었다. 이렇게 절박한 순간에 간절히 찾았으나, 대안 하나 없다니 참으로 막막했을 것이다. 바로 이와 같은 절박한 상황을 지난 2016년 1월 13일, 대국민담화에서, 박근혜 대통령 모습에서 봤다. '한숨과 분노'로 가득 찬 표정이라고 언론에서 표현했지만, 국민을 위해서 뾰족한 대책 하나 내놓지 못하는 무능함과 대남도발에 축제 이벤트를 개최하는 북측의 냉소에 등골이 오싹했을 것이다. "상응하는 대가를 치르도록 하겠다."라고 말만 하고 겨우 했다는 게 대북 확성기 방송 재개였을 때도 국가 최고 지도자로 자신의 말을 인용해서 "립 서비스만 맨날 하고…"라는 메아리가 귓전을 울렸을 것이다.

사실 역대 정권에서 마련한 압박수단 혹은 대응조치는 수없이 많았다. 남북한이 서로 지키지 않았고, 추진하던 사업까지 중단했거나 축소했기에 대북압박 수단으로 쓸 수 있는 게 하나도 없었다. 참으로 후회막급(後悔莫及)이고, 유비무환(有備無患)의 교훈을 몇이고 되씹곤 한다. 이제부터라도 깊은 자성과 제5차 핵실험을 할 때는 압박할 수 있는 경협, 협약, 지원 등의 대책을 마련해 놓아야 제재수단으로 쓸 수 있다. 미국의 네오콘 주장에 앵무새처럼 따라 하기보다 당면한 국익과 미래를 고려해야 한다. 또한, 장기적 안목에서 남북한의 신뢰와 관심을 두껍게 쌓아야 한다. 때로는 주변 강대국을 상대해서 설득도 하고, 우회도 하며, 전략적 인내까지도 하여야 한다.

가장 먼저 가져야 할 것은 한 민족과 국가의 운명을 바라보는 '남한의 렌즈(lens of R.O.K.)'부터 마련해야 한다. '미국의 국방 렌즈(military defense lens of U.S.A.)'로 한반도를 그대로 봐서는 언제나 왜곡된 모습만 보인다. 국책연구소를 통한 장기적인 안목으로 정권이 교체되더라도 지속적으로 추진할 수 있는 국가 대계(national grand plan)를 마련해야 한다. 남북한이 통일되지 않는다고 해도 평화 정착과 경제가 통합될 경우는 1억(남북한과 동북 삼성) 인구규모의 경제영역을 확보할 수 있다. 「미워도 다시 한 번」노랫말처럼 빠른 시일에 남북한의 신뢰를 되찾아 TCR 혹은 TSR을 연결하고, 개성공단의 확대운영, 시베리아의 천연가스 개발과 북한공급도 시도해야 한다. 그뿐만 아니라 남북한의 갈등사건에 일희일비하기보다 한민족이 공존하는 방안을 마련해나가며, 국가운명을 주변 강대국에 내맡기는 어리석은 일은 절대로 하지 말아야 한다. 지금 북한의 경제적 의존도가 대외교역의 50%를 차지하고 있으나, 빠른 시일에 남한에 70% 이상 넘어서도록 확대해야 한다. 동시에 신뢰를 쌓고, 진정한 의미에서 전략적 인내를 갖고 남북한 관계를 형성해야 한다. 이렇게 탄탄하게 관계 형성이 되었다면 대북제재를 위한 국제공조 요청에 따른 외교적 수모를 당하지 않아도 된다.

팃포탯 전략(Tit-for-tat strategy)과
멀티트랙 접근(Two-track Approach)

　현재 한반도의 남북한 대립상황은 마치 격분한 복서들의 '치고받기 게임(tit-for-tat game)'[99]과 같다. 주변 강대국의 관심과 흥미를 느끼기에 충분한 구경거리가 되고 있다. 바꿔 말하면, 남북한의 합의된 생각은 하나도 없다. 북한은 자기의 고집으로 하고 있으나, 남한은 미국 감독(코치)의 지시를 받아서 카운터펀치를 날리지만, 공중에 헛방을 치곤 한다. 그런데도 한 가지 분명한 게 있다면 남한이 매번 얻어터진다. 남한이란 복서는 '상응하는 혹독한 대가를 돌려주겠다'는 국가 최고 지도자의 말과 같다. 감독의 지시에 부지런히 펀칭을 하지만, 상대방의 전략과 기지를 간파할 틈도 없다. 마치 보복하겠다는 적대감만으로 가득해 '눈감고 반사적으로 주먹을 내밀고 있는 정신 나간 인파이터(infighter)'와 같다. 게임 배팅에서는 남한은 올인 게임(all-in game)만 하고 있다. 북핵 문제에 경제, 군사, 외교, 정치, 문화 등 모든 것을 다 한꺼번에 몽땅 다 건다. 남북한의 대립양상이 이전투구(泥田鬪狗)와 같이 흥미진진하고 판돈도 엄청나게 불어나고 있다. 비록 이전투구이지만 북한은 고삐 풀린 맹견이고, 남한은 고삐는 미국이 잡고 있으면서 "싸워라. 물어라."라는 응원소리에 물고 늘어지고 있으나, 게임이 끝나면 매번 온몸에 피범벅이 되고 있다.

US Military Lensatic Compass

　이제 우리나라는 스스로 자신의 몰골을 거울에 비춰보고 자신의 처지를 생각해봐야 한다. 두 번 다시 웃음거리가 되지 않으려면 먼저 자신에게 질문을 던져야 한다. i) 정확하게 현실을 파악하고 미래를 생각했는가? ii) 주변 강대국의 속셈은 무엇이고, 과연 우리나라가 얻는 것은 무엇인가? iii) 진정으로 대립경쟁만이 유일한 방법인가? 그리고 최선의 결과를 얻을 수 있는 방법인가? iv) 매번 최선을 다했는가? '네 탓만 하지 않았는가?' 제대로 된 전략과 대책을 마련했는가? 당리당략이나 정권유지만을 위해서 한 것은 아닌가 등을 반성하고 새 출발을 해야 한다.

가장 먼저 필요한 건 국가지도자의 '내 탓이다(Culpa Mia)' 운동이다. BC 144(한무제 3)년 이광 장군이 대장군(大將軍)을 맡아서 부하장병과 흉노족 정벌에 나갔다. 중간 싸움터에 정해진 시각에 도착하도록 지시를 받았다. 70여 차례 전투를 하다가 그만 길을 잃었다. 구사일생으로 중간 귀착지에 도착했으나, 지시한 시각에 지각했다. 대장군 앞에 모든 병정을 포박하고 문책을 했다. 이광 장군은 "부하들에겐 아무런 죄가 없다. 내가 길을 잃었다. 황제께 지연사유서나 보고서는 내가 쓰겠다."라면서 책임을 지고 그 자리에서 자결했다.[100] 우리나라에서도 2015년 7월 9일, 관세청이 3개의 면세점 허가를 위해서 대기업체를 대상으로 공모를 했다. 이에 응모했던 신라호텔 (HCD 신라면세점)팀이 제2차 파워포인트 제안(PPT) 발표를 준비하고 있었다. 이때에 이부진 여사장은 이들을 찾아와 "노고가 많습니다. 이번 경합에 당첨되면 모두가 여러분의 공입니다. 만일 떨어진다고 해도 내 탓입니다. 아무런 걱정 마시고, 최선만을 다해 주시면 됩니다."라고 당부했다.[101] 결과는 될 수밖에 없었다.

다양한 개념의 고차원방정식처럼 복잡한 문제는 한꺼번에 풀 수 없다면 몇 차례 나누어서 풀거나, 그렇게 풀리지 않으면 2~3개의 방법론으로 푸는 방법이 있다. 자유진영 타이완(臺灣)과 공산 진영 중국과의 문제 해결을 과거 3불 정책(불타협, 불담판, 불접촉)에서 1970년대 등소평의 3통(通

商, 通郵, 通航)과 4류[(경제교류, 문화교류, 과기교류(科技交流), 체육교류)]의 원칙에 따라 양안이 바로 멀티트랙(multi-track)[102]으로 현안을 해결하고 있다. 대립→ 민간 교류→ 긴장붕괴→ 평화와 발전단계에 진입했다. 남북한 문제도 군사문제 하나의 초점에만 두고 모든 것을 걸고 배팅하기보다 적어도 경제와 군사 두 트랙으로 풀 수도 있다. 복잡한 국익문제는 경제와 외교, 두 트랙으로 나눠 푸는 게 일반적인 상식이다. 지금 우리나라 국가지도자가 남북 핵 문제를 푸는 방식이 일방통행이다. "죽기 싫으면 백기 들고 투항하라." 바로 이것이다. 1950년대 할머니께서 해주신 '짚신장수와 우산장수 아들을 둔 어머니' 이야기와 같다. 날씨가 맑으면 우산장수 아들이 걱정이고, 비가 오면 짚신장수 아들이 걱정이다. 두 아들이 대립경쟁만 하면 언제나 걱정하는 어머니가 된다. 그러나 방법만 바꾸면 비가 내려도 좋고, 맑아도 좋다. 두 아들이 '짚신/우산' 합병으로 공동사장이 되는 방안도 있다.

10

한반도 기선(flagship)의 방향타를
우리가 잡아야 한다

남북한의 극한대립에서 무엇을 얻을 수 있는가?

지금 남북한이 극한 대립만을 하고 있는 걸 남북한이 공히 체제유지 혹은 정권유지를 위해서 이용만 하는 모양새다. 극한대립에서 오는 초긴장 분위기 조성으로 내부결속과 체제적 주체성을 확립하려는 북한체제의 속셈이다. 공산독재체제에 대한 주민의 불평·불만을 할 심리적 여유를 주지 않고자 전쟁발발의 공포 분위기에 빠뜨린다. 즉, 민간인을 동원하여 군중집회 혹은 군사훈련 등에 투입하여 집단히스테리 해소에 적극 이용한다. 한편, 남한에서도 집권여당의 정권유지 차원에서 이용했다. 평화의 댐 건설, 총풍사건[103] 야기, 북풍사건[104], 간첩단 적발 등으로 공안정국을 만들었다. 가장 흔히 활용했던 선거 핵심전략은 '북한 때리기(North Korea Bashing)'였다. 북한의 도발 사건은 물론이고, 북핵 문제의 불안감, 국가 안보정국 분위기가 조성되면 보수층이 결집하였다. 동서고금을 막론하고 인간사회에서는 사회적 안정(social safety)을 바라는 심리적 요구는 강렬했다.

이렇게 잠시 당리당략을 위해 이용해서 얻는 것보다 국민으로부터 신뢰를 잃었고 '제 살 깎아 먹기'라는 소탐대실의 결과를 얻었다. 역사적으로 볼 때 1880년대 서세동점(西勢東漸)이 조선에 들어왔을 때, 1900년 초 한반도를 둘러싸고 일본, 러시아 및 청나라가 전쟁을 하던 때에 우리나라는 이용당해 결국은 일본식민지로 전락하였다. 지금도 그 당시와 같이 주변 강대국이 남북한 극한대립을 놓고 서로가 국익을 챙기고 있다는 사실은 분명하다. 우리나라는 주변 강대국을 좋게 평가해도 네 마리의 코끼리, 솔직하게 표현하면 네 마리의 사자들이 한반도라는 발가벗은 어린아이를 서로 삼키고자 쩍쩍 입맛을 다시고 있다.

　그러나 주변 열강들은 한반도의 남북한이 합칠 경우엔 i) 현재 군사력만으로도 세계 3~4위에 해당해 중국과 일본에 강력한 위협이 된다. 특히, 북한의 핵무기 같은 대량살상무기(WMD)를 남한이 장악할 경우는 주변 강대국엔 거대한 위험요소가 된다. 일본은 과거 식민지 보복의 위험성까지 느낄 것이다. ii) 경제시장 규모에서 남북한과 동북 삼성(길림, 요령, 흑룡강)을 결집하여 한민족 경제권역을 형성할 경우에는 1억 2천만으로 일본의 내수시장을 넘어서는 거대 경제규모로 급성장한다. iii) 특히, 국제자원 경쟁에서도 북한의 지하자원과 양질의 노동력에다가 남한의 자본과 기술이 통섭할 경우에, 2050년에 1인당 GDP 8만 5천 달러로 세계 2위 경제대국으로 올라선다는 예측을 2009년 9월 골드만 삭스(Goldmann Sacks) 등 경제예측전문기관에서 발표했다. 이는 한반도 주변 강대국은 분명히 '호랑이 새끼를 키워서 후환을 남기는 꼴(養虎遺患)'[105]이라고 확신한다. 당장 중국과 일본은 후환의 씨앗을 발본색원(拔本塞源)하고자 한다. 사는 길은 단 한 가지 도광양회(韜光養晦)뿐이다.

　한반도를 양분함으로써 이와 같은 위험요인을 제거할 수 있다고 주변 강대국은 생각하고 있다. 가장 먼저 일본의 입장에서 한반도 분단을 진단한다면, 일본은 이미 8·15해방 당시에서도 i) 한반도를 지속적으로 식민지로 통치하고자 미국 등 승전국을 대상으로 설득했다. ii) 한반도 전체를 식민지 통치할 수 없다면 남한만이라도 장악하여 일본에 보복전쟁 등 후환의 근본적인 싹을 자르려고 했다. iii) 최악의 경우에 미국과 소련 간 남북한을 분할하여 통치하도록 권고했다. iv) 마지막으로, 패전국 일본을 4대국 분할통치와 조선식민지 지속화를 맞바꿔 주면서 남북한의 미·소 신탁통치를 적극 제안했다. 지금도 그들의 생각엔 변함이 없다. '이대로가 가장 행복한데!' 미쳤다고 한반도 통일을 원하나? 한반도의 불행은 일본의 축복인데. 6·25동란과 같은 전쟁이 아니라면 분단이 좋다.

미국은 당장 i) 세계에서 연간 9조 원이란 거대한 무기수출 황금어장이다. 북한의 도발 사건은 남한에 첨단무기 수요를 창출하는 직접적인 로비행사다. 한반도에 미군 전략자원의 무력시위나 각종 한미연합작전(훈련)은 남한 국민을 대상으로 첨단무기 판촉행사다. 북한의 대남도발은 주기적인 첨단무기 판촉을 위한 주기적 로드쇼(periodic road show)이고, 이런 땐 얄미울 정도로 챙기려는 친구의 적(cheeky friend-enemy)이다. ii) 중국과 소련으로부터 최고의 우방국 일본을 방어하는 데 한반도(남한)는 제1 방어선으로 완충지대 역할을 한다. 사랑스러운 일본을 제2 전선에 둘 수 있어 안심이다. iii) 또한, 미국 본토방어에서는 한국은 제1제우스의 방패(aegis)다. 중국 혹은 러시아의 사자가 달려들 때는 과거처럼 먹잇감으로 던져줘도 일본처럼 아깝지 않다. 과거 일본, 소련과 중국에도 먹잇감으로 던져주었지만, 여전히 목줄까지 맡기면서 따라주는 대한민국은 충견이다.

중국 역시 한반도 분단으로 얻는 것이 더 많다. i) 경제적으로 동북 삼성의 한민족경제권을 상실하지 않고 경제적·군사적 강대국으로 대접받고 군림할 수 있다, ii) 한·미 군사동맹으로 군사대립을 하고 있지만, 중국에 우방국 북한은 직접적으로 한미동맹의 세력전이(power transition)를 저지하는 완충지대다. 남북통일을 하면 최악의 경우는 미군과 국경을 같이하는 대립상황이 발생할 수 있다. iii) 한·미·일동맹이 국제적 대북제재를 강경일변도로 갈 경우엔 북한의 대중의존도가 70% 이상 웃돌 때 북한의 급격한 체제 붕괴는 곧바로, 통째로 떠맡는 어부지리(漁父之利)를 얻는다. iv) 북한체재가 남한으로 흡수통일 되었을 경우에는 현재 북한 접경지역에 미군과 접경하는 최악의 경우는 막아야 한다.[106] 따라서 최선의 방안은 남북한 분단 상황을 유지하는 것이다.

국민 정서정책으로 평화정책은 가능한가?

한반도 주변 강대국은 어떤 경우에도 한반도 통합을 바라지 않고 분단의 지속화를 바란다. 6·25동란과 같은 동족 상쟁 이외는 통합된 한반도에는 분명히 자기들을 위협하는 거대한 호랑이로 성장할 것이 분명하기 때문이다. 그러나 한반도의 통합은 주변 강대국의 장단에 춤추지 않고 독일처럼 장기적 안목과 의지를 갖고 일관된 정책을 추진할 경우에는 통합도가능하다. 지금까지 강대국의 논리에서 벗어난 적이 없기에 남북한이 주변국을 설득하고 독자적으로의 통합은 1%의 가능성도 없다. 사실 통합이 되지 않더라도 현재의 중국과 대만처럼 양안체제 전략(不同而和)으로도 평화정책과 경제 대국으로 성장할 가능성은 무한하다. 이제까지 강대국의 논리에 따라 남북한 한민족이 6·25동란이라는 전쟁까지 했던 근성으로 봐서 스스로 평화통일을 하기는 어렵다. 남북한 국가지도자들이 체재유지 혹은 정권유지라는 사욕을 버리지 않기 때문이다. 한반도 희생의 대가로 일본은 잿더미뿐인 패전국에서 경제 대국으로 거듭났고, 미국의 군사산업을 세계 최강으로 급성장시켰다. 이제까지 분단의 대가는 한반도는 세계의 화약고이고, 첨단최신무기의 최대 황금어장이 되었다.

이제는 우리의 논리를 가져야 한다. 국가지도자는 체재유지 혹은 정권유지의 사욕(당리당략)을 버려야 한다. 한반도의 평화논리를 마련해야 한다. '미국방어 바둑판에서 한 점에 해당하는 한반도'라는 미국 방어 렌즈(US defense's lens)로 본 시각에서 벗어나 아시아 대륙을 향하고 혹은 태평양을 향해서 내다보는 한반도 렌즈(Korea-Peninsula lens)로 우리나라의 미래를 봐야 한다. "자기 나라를 스스로 지키지 않는다면 누가 목숨을 걸고 지켜주겠는가?" 마키아벨리(N. Machiavelli) '군주론(Il Principle)'의의 한 구절을 우리의 가슴에 새겨야 한다. 스스로를 지키지 못하면 남들이 잠시 지켜줄지는 몰라도 결국은 자신들의 의도대로 이용할 것이다. "불가능한 것을 얻으려고 지금 얻을 수 있는 것을 놓치는 사람은 바보다."라는 클라우제비츠(Carl von Clausewitz)의 『전쟁론(On War)』의 경고문을 몇 번이고 되뇌어야 한다. 두 번 다시는 과거처럼 강대국의 장단에 춤추는 꼴은 없어야 한다. 매번 후회막급이라고 해도 소용없다.

왜 이런 결과가 왔는가? 우리나라의 대부분 정책은 국익차원에서 판단보다 정서적이다. 그 가운데 피해의식(victim mentality)은 우리나라 국민 정서의 핵심으로 자리 잡고 있다. 역사적으로 한반도는 주변 강대국으로부터 913번의 외침을 당해만 했다. 근대에서 있어 일제식민지, 해방 이후 미 군정의 신탁통치, 6·25동란과 남북한 분단에서 강대국에 대한 피해의식을 갖고 있다.[107] 최근에 1997년 말, 동아시아를 강타한 금융위기에도 우리나라만 혹독하게 당했다. 우방국 일본과 미국에 도움을 요청했으나, 싸늘한 외면을 지금도 기억하고 있다. 한미동맹에서도 가장 불평등한 SOFA 협정 문제도, 2008년도 한미 FTA에서도 미국산 쇠고기 사태를 유발했다. 이는 강대국으로부터 받은 피해라기보다 우리나라 국가지도자의 합리적 판단 혹은 정책실패가 더 컸다. 그러나 우리는 강대국의 피해에 대해 '네 탓'만 타령하고 있다. 이렇게 피해의식을 갖고 있는 이유로는 국민들과 소통에 기초한 합의 방안을 도출한 적이 없기 때문이다. 난무한 국민들의 주장을 수렴하여 응축하지 않고, 분열과 조장으로 당리당략에 자의적으로 활용했다. 소통과 여론 수렴을 통한 민주성과 합리적 판단에 기반을 두지 않고, 단지 정책효과성과 소아적인 편견으로 추진했다. 따라서 어떤 정책이든 정권이 교체될 때마다 방향은 바뀌었고, 추진했던 사업은 천당과 지옥을 오가는 롤러코스터를 탔다.

미래를 향해 출범하는 한반도호(Korea Peninsula Flagship)의 방향키?

한반도는 미래라는 거대한 대양을 향해 출범하는 기함(flagship)에 비유하면 방향키는 우리가 잡아야 한다. 남북한 누가 잡느냐? 지금까지는 주변 강대국 중국, 일본, 미국이 잡았다. 방향키를 돌리는 데 주변 강대국의 지시에 따라 돌릴 것이냐? 지금까지는 우리는 방향타뿐만 아니라 목줄까지 만들어 미국에 넘겨주었다. 100년 후엔 "1900년대와 2010년도 한반도 주변 강대국의 논리에 따라 움직였다."라는 평가를 받지 않아야 한다. 언제나 이성과 맑은 정신으로 깨어있어야 한다. 당리당략, 정권유지, 개인의 이득 챙기기 등에 정신을 쏟다가 주정뱅이처럼 흐리멍덩한 결정을 해서는 안 된다. 미국처럼 1,800개 이상의 국책연구소 엘리트들의 이성과 합리적인 방안을 강구해야 한다. 사소한 정책까지는 그렇게 결정하지는 못해도 소통과 국론결집을 통해서 국익과 국가 미래를 위해 매사를 스스로 결정해야 한다. 매사는 적어도 용인(묵인), 제거(거부) 및 협상을 할 수 있는 선택(option)에 달렸다. 아무리 해도 당시 상황에서 최선책 혹은 차선책은 마련하고 이행해야 한다. 한반도 평화만은 주변국이 베풀어주는 선의의 선물은 절대 없다. 힘의 균형을 갖고 억지력(deterrence)을 지녔을 때만 얻을 수 있는 결과물이다. 언제나 모든 가능성을 열어놓고 최악을 대비하되 최선을 추구해야 한다.[108]

2006년 우리나라의 국방검토보고서를 보면, 북한의 핵과 WMD(대량살상무기) 위협에 대비한 대북 맞춤형 억지 전략(North Korea-tailored Deterrence Strategy)을 수립하였다. 주요 내용은 동맹능력의 통합강화, 긴밀한 협의유지, 상호운용성에 기초한 대응능력을 강화하고, KAMD(한국형 미사일 방어체제)를 2020년까지 구축하는 것이다. 북한의 미사일 공격위험에 대응한 Kill-Chain과 KAMD는 2014년부터 5년간 마련한다.[109] 이에 대해 박근혜 대통령은 2013년 10월 1일, '국군의 날' 행사 기념사에서 "북한 정권이 집착하는 핵과 미사일이 더 이상 쓸모없다는 것을 스스로 인식하도록 할 것이다."라고 강조했다.[110] 그러나 이런 장담은 2016년 1월 6일, 북한 제4차 핵실험에서도 "상응하는 대가를 치르도록 하겠다."는 공언처럼 믿음이 가지 않는다. 이어 2016년 2월 7일, 제6차 미사일 발사에 우리나라 자체의 유일한 대응조치는 대북 확성기 방송 재개였다. 그리고 개성공단 운영 전면

제4차 핵실험 실시
(2015. 1. 2.,15. 김정은 서명)

중단이었다. 지난해(2015년)에 미군은 전면전을 대비하는 '작계 5027(operation plan 5027)'[111]을 수정 보완해 직접적으로 대북위험의 억지력을 강화하고자 4D(defense, detect, disrupt, destroy)작전 개념을 도입해 전면전, 국지전 및 CBRN(Chemical, Biological, Radiological and Nuclear)위협에 대응한 작계 5015를 2015년 6월 1일에 한미연합군사령부에서 마련하였다.[112] 한미연합군의 작전계획으로는 정밀공습을 대비한 작계5026, 전면전을 대비한 작계5027, 국지전 작계5028, 급변사태 작계5027, 심리전 작계5030과 최근에 마련한 작계5015가 있다.[113] 이렇게 작전계획이 요란한데, 북한체제는 남한 국가지도자의 립 서비스(lip service)와 미국의 페이퍼서비스(paper service)로 보고 우습게 여기고 있다.

북한의 핵무기개발에 대해서 한반도 주변 강대국의 견해 차이가 크다. 물론, 인식 양상도 다르다. 미국, 중국, 일본 및 러시아는 북핵 문제는 단순한 핵협상 대상일 뿐이다. 우리나라는 국가안보의 대상이고, 북한은 생존의 유일한 수단이다. 주변 강대국마다 약간 국익계산에 수지차이가 크다. 미국의 입장에서는 북한이 갖고 있는 장사정포, 중·단거리 미사일로도 1,000만 인구의 서울을 겨냥할 경우에는 외부 군사적 억지력(external military deterrence)은 충분하다고 평가했으며, 따라서 북한의 핵협상이 가능하다고 봤다. 그래서 1994년 제네바 합의 및 2005년 9월에 6자회담까지 합의를 끌고 나갔다. 그러나 합의한 경제지원까지도 이행하지 않음에 북한은 불신했다. 더욱 이라크의 사담 후세인(Saddam Hussein), 리비아의 카다피(Muammar Gaddafi)의 체재붕괴의 원인을 핵무기를 소유하지 못한 데 있다고 봤다. 결론은 핵보유국이 된다면 공식적 보유국으로 대접은 받지 못해도 국제외교, 군사적 우위를 선점할 수 있다고 확신했다. 또한, 대미협상에서도 핵 보유의 동등한 지위에서 평화협정, 통미봉남 등은 가능하다는 판단이었다.[114][115]

참/고/문/헌

1) 山海經 十七卷大荒北經: "大荒之中有山名曰不咸, 有肅愼氏之國...."

2) Proverbs16:31: "Gray hair is a crown of splendor; it is attained in the way of righteousness."

3) Revelation 2:17

4) 노래마을 작사, 김진경 작곡, 윤민석, 「백두산으로 찾아가자」

5) 서영교, 전쟁기획자들, 글항아리, 2014. pp.271~279 passim

6) 상게서, pp.280~287 passim

7) 宋書, 高句麗伝: "以璉爲使持節, 都督營州諸軍事, 征東將軍, 高句驪王, 樂浪公. 高祖踐阼, 詔曰使持節...十六年, 太祖欲北討, 詔璉送馬, 璉獻馬八百匹."

8) 상게서, pp.73~79 passim

9) 李奎報, 東明王篇 幷序 : "世多說東明王神異之事. 雖愚夫騃婦, 亦頗能說其事. 僕嘗聞之, 笑曰 先師仲尼, 不語怪力亂神. 此實荒唐奇詭之事, 非吾曹所說. 及讀魏書通典, 亦載其事, 然略而未詳, 豈詳內略外之意耶. 越癸丑四月, 得舊三國史, 見東明王本紀, 其神異之迹, 踰世之所說者. 然亦初不能信之, 意以爲鬼幻, 及三復耽味, 漸涉其源, 乃聖也. 非鬼也. 乃神也. 況國史直筆 之書, 豈妄傳之哉. 金公富軾重撰國史. 頗略其事, 意者公以爲國史矯世之書, 不可以大異之事爲示於後世而略之耶...."

10) 海兰江, 維基百科 : 海蘭江是中國吉林省延邊朝鮮族自治州的一条河流, 發源于甑峰山, 图们江水系. 海蘭江發源于长白山山脉东支英額嶺東部, 由多條河流彙集而成, 流向爲東轉東北轉西. 流經和龍市, 龍井市市區, 延吉市, 在延吉市境內與布林哈通河並流.

11) 정운찬 총리 집중포화.... 호된 신고식, YTN, 2009.11.7.: "[녹취: 박선영, 자유선진당 의원] "731부대는 뭐죠?" [녹취: 정운찬, 국무총리] "항일 독립군인가요?" 정 총리는 나중에 2차 세계대전 당시 일본군 부대였다고 바로잡는 등 진땀을 흘렸습니다. 이 같은 태도에 야당은 정 총리가 국정운영에 대한 이해가 부족하다고 비난했고, 한나라당 지도부는 정치공세를 중단하라고 맞섰습니다."

12) '말달리던 선구자'가 독립군 아니었어? [서평] 신현수 부광고 교사가 쓴 『시로 쓰는 한국근대사』 2권, 오마이 뉴스, 2012.9.5.: "제목만 들어도 뭔지 딱 떠오르는 시(詩)다. 우리에게 너무나도 유명한 가곡이기 때문이다. 우리나라 사람 중에서 이 노래를 안 불러본 사람, 한 번도 안 들어본 사람은 아마 없을 것이다. ...중략... 그런데 이 노래가 실은 그동안 겨레를 속여온 친일 노래다. 참 속상한 일이다...." 위에서 언급한 '시'는 놀랍게도 「선구자」다. 가곡 「선구자」는 윤해영의 시에 조두남이 곡을 붙인 것으로, 그동안 독립운동가의 기상과 꿈을 표현한 노래로 알려져 '제2의 애국가'라 불릴 만큼 많은 이들의 사랑을 받았다. 하지만 저자는 책에서 윤해영을 "당시 만주에서 노골적으로 일제를 찬양하고 옹호하는 작품 활동을 하던 친일 시인."이라고 말하고 있다. 만주국은 1932년 일본이 만주사변으로 점거한 중국 동북지방에 세운 괴뢰국이다. 윤해영은 이곳에서 만주 최대 친일단체인 오족협화회 간부로 활약했다. 윤해영이 쓴 만주국을 찬양한 '락토만주'에도 선구자라는 말이 등장하는데, 여기서 선구자

란 만주국을 위해 일하는 사람을 가리킨다. 그러니 '강가에서 말달리던 선구자'가 독립군을 뜻하는 것이 아니라는 저자의 설명은 적절해 보인다.

13) 傳說檀君朝鮮起源於長白山 :"根據高麗時代僧侶一然所編撰的史書《三國遺事》和李承休編撰的《帝王韻紀》的記載,帝釋桓因 (桓因卽帝釋,帝釋天,名釋提桓因) 的兒子桓雄想下凡與人類一起生活.得到桓因的同意.桓雄率領三人千降臨到太伯山,建立了神市.除了帶來風伯,雨師,雲師外,桓雄還制定了相關的法律,法則,並敎給人類各種各樣的藝術,醫學和農業技術.據說,當時山洞中的一個虎和一個熊,求桓雄把他們變成爲人.桓雄給了他們二十片蒜和一把艾草,並告訴它們吃完之後百日之內不能見陽光.虎沒能照辦,因此沒能變成人.熊在第二十一日時變成了女人.「熊女」因沒有丈夫,於是在一棵神檀樹下再次向桓雄祈禱,希望能有一個孩子.桓雄被熊女的祈禱打動,娶了熊女為妻,名為棲梧.後來熊女生了個孩子,就是檀君王儉."

14) 礼记注疏,卷六檀弓上:"公封于营丘,比及五世, 皆反葬于周.君子曰乐乐其所自生,礼不忘其本.古之人有言曰狐死正丘首.仁也."

15) 정경영, 통일을 향한 국제적 협력 방향, 안전하고 평화로운 통일의 길, 한국안보통일연구원, 도서출판 오래, 2014. pp.258~281 passim

16) 네이버 백과사전, 아웅산 테러사건: "1983년 10월 9일, 당시 전두환 대통령의 서남아 대양주 6개국 공식 순방 첫 방문국인 버마(현 미얀마)의 아웅산 묘소에서 일어난 강력한 폭발 사건으로 대통령의 공식·비공식 수행원 17명이 사망하고, 14명이 중경상을 입었다. 이 사건으로 순직한 희생자는 서석준 부총리, 이범석 외무장관, 김동휘 상공부장관, 서상철 동자부장관, 함병춘 대통령비서실장, 이계철 주버마대사, 김재익 경제수석비서관, 하동선 기획단장, 이기욱 재무차관, 강인희 농수산차관, 김용한 과기처차관, 심상우 의원, 민병석 주치의, 이재관 비서관, 이중현 동아일보 기자, 한경희 경호원, 정태진 경호원 등 모두 17명이다."

17) 정동영/지승호, 10년 후 통일, 살림터, 2013.12. pp.74~75 passim

18) 두산백과, 불곰사업: "한국 정부가 1991년 당시 소련(러시아) 정부에 제공한 14억 7,000만 달러의 경협차관의 원리금과 이자 상환액의 일부를 현물인 러시아제 무기로 들여오기 위해 1995년부터 추진한 러시아제 무기도입사업을 말한다. 불곰사업은 이 사업의 암호명으로, 1995년부터 1998년까지 1차 사업이 마무리되었고, 2차 사업은 2003년부터 2006년까지 진행된다."

19) 홍용표 "北, 개성공단 현금 핵 개발에 쓴 증거 있다" 안보리 위반 논란, 동아일보, 2016.2.13.

20) 상게서, pp.96~99 passim

21) Washington Post, Sep.11.2001.

22) Goldmann Sacks, Korea World's 2nd Richest Nation in 2050, 2 Nov. 2012.

23) 모란봉악단의 북경 공연취소 및 북한으로 긴급 철수, 채널A TV, 2015.12.12. 13:00 뉴스

24) Joseph S. Bermudez Jr., North Korea's Ballistic Missile Submarine Program: Full Steam Ahead, 38 North, 5 Jan. 2016.

25) Security Council Strengthens Sanctions on Democratic People's Republic of Korea, in Response to 12 February Nuclear Test, SECURITY COUNCIL MEETINGS COVERAGE, Security Council, 6932nd Meeting (AM)

26) 호언장담 수소폭탄 실험하고도 몰랐다. MBN TV, 2016.1.6. 20:00시 뉴스 김주하 앵커

27) 한민구 국방장관, 대북 확성기 방송 재개 요구에 "종합적 검토 사항", 조선일보, 2016.1.7.

28) Frances Romero, George W. Bush and the Axis of Evil, Time, Tuesday, Jan. 25, 2011

29) Scott A. Snyder, Senior Fellow for Korea Studies and Director of the Program on U.S.-Korea Policy, U.S. Policy Toward North Korea, Council on Foreign Affairs, January 2013, SERI Quarterly (http://www.cfr.org/)

30) Mark E. Many, Foreign Assistance to North Korea, May 26, 2005, CRS Report for Congress, Order Code RL31785.

31) George Lakoff, Don't Think of an Elephant : Progressive Values and the Framing Wars a Progressive Guide to Action Know Your Values And Frame The Debate, Chelsea Green Publishing Company, 2004.9.

32) 정명복, 전게서, pp.144~145 passim

33) Security Council Strengthens Sanctions on Democratic People's Republic of North Korea, UN Security Council Resolution No.2094, March 7, 2013: "Additional 'Significant Steps' in Event of Further Missile Launch, … of bulk cash, and the country's banking relationships, in response to that…."(un.org/press)

34) 정동영, 지승호, 전게서, pp.230~231

35) 희망과 새 시대 국가안보전략, 청와대 국가안보실, 2014년7월(president.go.kr) pp.17~22 passim

36) 전게서, pp.27~30 passim

37) 전게서, pp.31~34 passim

38) 漢書·酈食其傳 "王者以民爲天,而民以食爲天."

39) 世宗實錄 元年敎書:"民惟邦本, 食爲民天.此因水旱,風雹之災,連年凶激,王於有恒産者,亦未免饑餓, 故,受命戶曹,定爲還穀之例,亦直發倉賑濟."

40) 두산백과, 방곡령: "1888(고종 25)년에는 흉년이 들어 굶주리는 백성들을 구제할 방도가 없게 되자 전국 여러 곳에서 연달아 폭동이 일어났다. 이에 곡물 수출항인 원산(元山)을 관장하던 함경도관찰사 조병식(趙秉式)은 1889년 9월 한일통상장정(韓日通商章程) 제37관(款)을 근거로 원산항을 통하여 해외로 반출되는 콩의 유출을 금지하는 방곡령을 발포하였다."[네이버 지식백과] 방곡령(防穀令)

41) The Opium Wars were two wars in the mid-19th century involving Anglo-Chinese disputes over British trade in China and China's sovereignty. The disputes included the First Opium War (18391842) and the Second Opium War (18561860). The wars and events between them weakened the Qing dynasty and reduced China's separation from the rest of the world.

42) Cleopatra is a 1963 American epic historical drama film chronicling the struggles of Cleopatra VII, the young Queen of Egypt, to resist the imperial ambitions of Rome.

43) 張保皐, 錦錢包征唐策:"先消/湯/唐海賊,次之使自新羅去來, 以後令錦錢包征亡唐…."

44) 개성공단 불황 무풍지대 초코파이 힘은 강하다, 주간동아, 2011.7.11.

45) 자금 전용 알면서 놔뒀다? 정부, 안보리 결의 위반 논란, JTBC TV, 2016.2.14.

46) A wizard left each of his three sons a gift before he died. The oldest received a mirror, through which he could see anyone in the world. The second, a horse which could ride to any place in the world in one day. The third, a magic apple which would never rot, and when eaten would cure any disease. One day the brothers heard about a princess in a faraway land who was dying of an unknown disease....

47) 三國志, 襄陽記:"襄陽記曰.建興三年, 亮征南中, 謖/送/之數十里. 亮曰 雖共謀之歷年,今可更惠良規.謖對曰南中恃其險遠,不服久矣,雖今日破之,明日復反耳.今公方傾國北伐以事彊賊.彼知官勢內虛,其叛亦速.若殄盡遺類以除後患,既非仁者之情,且又不可倉卒也.夫用兵之道,攻心爲上,攻城爲下,心戰爲上,兵戰爲下,願公服其心而已.亮納其策,赦孟獲以服南方.故終亮之世,南方不敢復反."

48) 三國志, 陳壽: "...分遣其餘, 使皆卽農,無窮之計也.倉有溢粟,民有餘力:以此興功,何功不立?以此行化,何化不成?夫信之於民,國家大寶也.仲尼曰:『自古皆有死,民非信不立.』夫區區之晉......"

49) 司馬遷, 史記.蘇秦列傳第九: "...人有毀蘇秦者曰 左右賣國反覆之臣也. 將作亂.蘇秦恐得罪歸,而燕王不復官也.蘇秦見燕王曰臣,東周之鄙人也.無有分寸之功,而王親拜之於廟而禮之於廷...其夫果至,妻使妾擧藥酒進之.妾欲言酒之有藥,則恐其逐主母也.欲勿言乎,則恐其殺主父也.於是乎詳僵而棄酒.主父大怒,笞之五十.故妾一僵而覆酒,上存主父.下存主母,然而不免於笞,惡在乎忠信之無罪也.夫臣之過,不幸而類是乎.燕王曰先生複就故官.益厚遇之......"

50) Matthew 17:14~20:

51) 정동영·지승호, 전게서, pp.214~215 passim

52) 시사상식사전, 박문각, 페리 프로세스(Perry Process): "1998년 8월 31일, 북한 대포동 로켓, 금창리 지하 의혹시설에서 발사, 미국 대북정책 조정관 윌리엄 페리(William Perry) 전 국방장관을 임명해 특사로 파견했다. 그는 1999년 5월 북한 방문, 조명록 제1 부위원장 등 양국현안 논의, 10월 클린턴 정부 페리 프로세스(Perry Process)를 제안: 1단계 북 미사일 발사 중지, 미 대북경제재재 해제, 2단계 북핵·미사일 개발중단, 3단계 북·미 관계 정상화, 한반도 평화체제 구축."

53) Nina Hachigian, The Leap Day(Feb.29, 2012) Deal with North Korea, Foreign Policy and Security, Thursday, March 1, 2012: "The North Koreans and the Americans each issued unilateral statements. In theirs, the North Koreans agreed to a moratorium on nuclear and long-range missile testing....If it fulfills these pledges, then North Korea will be taking the "pre-steps" necessary before the next round of the so-called six-party talks can begin. The on-again, off-again six-party talks include the United States, South Korea, Japan, Russia, China, and North Korea, and are aimed at addressing the threat of North Korea's nuclear program."

54) Brad Glosserman, Launch the Perry Process 2 (May 27,2015) Publication, CSIS, FacNet #30, Feb.28, 2016: "The United States needs a new policy toward North Korea. The Obama administration is in no position to develop or implement it. It is time then for the next round of

the Perry Process, a high-level review of Washington's North Korea policy and the articulation of a new strategy to replace it."

55) Luke 5:1~6

56) Matthew 16:18: "And I say also unto thee, That thou art Peter, and upon this rock I will build my church; and the gates of hell shall not prevail against it."

57) 박근혜, 절망은 나를 단련시키고, 희망은 나를 움직인다. 위즈덤하우스, 2007, pp.286-287 passim

58) Choi Kang, "Evaluating President Park Geun-Hye's Foreign Policy in its 1st Year", The Asian Institute for Policy Studies, Issue Brief, Feb.24,2014.

59) 오바마 정부의 '전략적 인내'의 정책수정, YTN TV, 2016.1.10.

60) James E. Goodby and Donald Gross, Strategic Patience Has Become Strategic Passivity, December 22, 2010, The Brookings Institution, http://brookings.edu

61) Wikipedia, Balance of terror

62) Bruce W. Bennett, Deterring North Korea from Using WMD in Future Conflicts and Crises, Strategic Studies Quarterly, v. 6, no. 4, Winter 2012, p. 119~151

63) Alex Abella, Soldiers of Reason, The RAND Corporation and the Rise of the American Empire, Mariner Books; Reprint edition (May 4, 2009). p.62

64) 环球時報. 2012.7.4. 韓国国运已和中国綁在一起 不应反华：" 由于遭到民众的强烈反对,韓国决定推迟同日本签署《军事情報保護協定》.这份协定实际是将美日和美韓两个军事同盟逐渐变成美日韩三边军事同盟的铺垫,日韩军事情報合作是两国成为军事盟友的第一步.韓国社会能够反对它, 令人欣慰...它会成为这場博弈的前沿..."

65) P. K. ROSE, Two Strategic Intelligence Mistakes in Korea in 1950, CIA Report: "0n 25 June 1950, the North Korean People's Army of the Democratic People's Republic of Korea (DPRK) swept across the 38th parallel and came close to uniting the Korean peninsula under the Communist regime of Kim Il-sung. American military and civilian leaders were caught by surprise, and only the intercession of poorly trained and equipped US garrison troops from Japan managed to halt the North Korean advance at a high price in American dead and wounded. Four months later, the Chinese People's Liberation Army (PLA) intervened in massive numbers as American and UN forces pushed the North Koreans back across the 38th parallel. US military and civilian leaders were again caught by surprise, and another costly price was paid in American casualties."(cia.gov/library)

66) 金樽美酒千人血, 玉盤佳肴萬姓膏,燭淚落時民淚落,歌聲高處怨聲高

67) "한 상에 다 올려야"... 朴 대통령 '밥상론'주목, 동아일보 2015.9.9.:"최근 남북협상에서 우리 정부는 박 대통령의 '밥상론'을 적극 활용하고 있다. 지난해 2월, 남북 고위급 회담에서도 특정한 의제를 정하지 않고 남북관계 전반을 논의했다. 8·25 남북 공동보도문 합의 과정에서도 북한의....."/ 다시 주목받는 朴 대통령의'밥상론', 동아일보, 2014.2.12.: "재발→협상과 보상이라는 똑같은 패턴이 반복돼 왔다."면서 "기존의 틀을 뛰어넘는, 보다 포괄적인 구상이 필요하다."고 언급했다. 12일 남북 고위급 회담

이 전격 성사되면서 박 대통령의 이 '밥상론'이 다시 주목받고…."

68) 김우상, 신한국책략, 나남출판, 2002, pp.18-19 passim

69) Chao Tae-yul, Reunification Of Korea Will Be A Geopolitical Blessing, Spotlight Magazine Vol: 08 No. -21 May 08- 2015 (Baishakh 25, 2072), Monday, January 11, 2016

70) Wikipedia,The History of the Peloponnesian War is a historical account of the Peloponnesian War (431404 BC).,

71) 김우상, 전게서, p.22

72) 二虎競食, 三国演义第十四回:"操既定大事,乃设宴后堂,聚众谋士共议曰刘备屯兵徐州,自领州事.近吕布以兵败投之,备使居于小沛：若二人同心引兵來犯,乃心腹之患也.公等有何妙计可图之.许褚曰：愿借精兵五万,斩刘备,吕布之头.献于丞相.荀彧曰：将军勇则勇矣,不知用谋.今许都新定,未可造次用兵.或有一计,名曰二虎竞食之计."

73) 상게서, pp.20~21

74) Wikipedia,Asymmetric warfare (or Asymmetric engagement) is war between belligerents whose relative military power differs significantly, or whose strategy or tactics differ significantly. This is typically a war between a standing, professional army and an insurgency or resistance movement.

75) 하정열, 남북한군의 성공적인 군사통합준비, 안전하고 평화로운 통일의 길, 한국안보통일연구원, 도서출판 오래, 2014. pp.313~314 passim

76) Wikipedia, The balance of power theory in international relations suggests that national security is enhanced when military capability is distributed so that no one state is strong enough to dominate all others. If one state becomes much stronger than others, the theory predicts that it will take advantage of its strength and attack weaker neighbors, thereby providing an incentive for those threatened to unite in a defensive coalition. Some realists maintain that this would be more stable as aggression would appear unattractive and would be averted if there was equilibrium of power between the rival coalitions.

77) Wikipedia,The phrase "balance of terror"is usually, but not invariably, used in reference to the nuclear arms race between the United States and the Soviet Union during the Cold War. It describes the tenuous peace that existed between the two countries as a result of both governments being terrified at the prospect of a world-destroying nuclear war. The term is usually used for rhetorical purposes, and was probably coined by Lester Pearson in June 1955 at the 10th anniversary of the signing of the UN Charter: "the balance of terror has replaced the balance of power."

78) US PATRIOT Act : Uniting and Strengthening America by Providing Appropriate Tools Required to Intercept and Obstruct Terrorism Act of 2001.

79) 美 '세컨더리 보이콧' 의무화 땐 中과 마찰 더 커질 듯, 서울경제신문, 2016.2.14.: "미국 의회가 북한은 물론 중국까지 겨냥한 초강력 대북 제재안을 마침내 통과시켰다. 과거 핵 개발 의혹을 받았던 이란 경

제 제재처럼 북한과 거래를 한 제3국의 기업이나 은행도 제재 대상에 포함시키고, 마카오 은행인 방코 델타 아시아(BDA) 사례처럼 북한을 국제금융 시장에서 퇴출시키겠다는 게 핵심이다.

80) North Korea's Sanctions Loophole, The Wall Street Journal, Feb.28,2016

81) 宋國有個賣酒的人家,他所賣的酒斤兩正確,酒味醇正,待客又親切但是生意卻始終不好,酒賣不出去,都變酸了,於是便去請教村中的長者楊倩. 楊倩,「你家門口是否養了一隻猛犬.宋人是啊. 楊倩,因為買酒的人懼怕那頭猛犬就嚇跑了,所以你的酒賣不出去而變酸,就是這個道理.宋人, 喔原來如此啊. 韓非子,國家也有猛犬,每當有賢人志士,為君王陳述稱霸之術時,大臣們就成為猛犬來咬他,這就是有道之士不為重用的原因.

82) 明,李東陽,尹公墓誌銘 : "城門魚殃,昆崗玉碎...城門失火,大家都到護城河取水,水用完了.魚也死了."

83) 孫子兵法,兵勢篇 : "戰勢不過奇正,奇正之變,不可勝窮也.奇正相生,如回圈之无端,孰能窮之哉.激水之疾,至于漂石者,勢也;鷙鳥之疾,至於毀折者,節也.故善戰者,其勢險,其節短."

84) 정명복, 생생국가안보, 전게서, p.334~341 passim

85) 상게서: "남베트남은 110만의 군사력은 세계 4위였으며 미군 50만 원, 한국군 32만 명 지원과 경제력으로 위세했다. 북베트남은 비정규군까지 합해서 100만 명 정도였다. 미군의 경제적 6,800억 달러의 지원에도 매관매직의 부패, 국민의 사상적 해이, 통일전선전술과 사회적 혼란, 부적절한 전략 등이 패전의 원인으로 분석되고 있음."

86) 상게서: "국민군은 공산당군보다 영토는 8.8배, 인구는 2.4배, 군사력은 3.6배로 우세했다. 미군 차관으로 13억 달러의 무기제공까지 받았다. 그러나 사상적 무장이 약했고, 적절한 전략이 없었으며, 군사력 운영에 실패, 경제위기와 부패가 만연하였다."

87) Ivan ArreguinToft, How The Weak Win Wars, Cambridg University Press, 2005.

88) 강준만, 왜 다윗이 골리앗을 이길 수 있는가? 강문만이 이론으로 보는 세상, 2014.8.11.

89) Jake Hartigan, WHY THE WEAK WIN WARS: A STUDY OF THE FACTORS THAT DRIVE STRATEGY IN ASYMMETRIC CONFLICT, NAVAL SCHOOL, December 2009

90) Wikipeida, Liebig's law of the minimum, often simply called Liebig's law or the law of the minimum, is a principle developed in agricultural science by Carl Sprengel (1828) and later popularized by Justus von Liebig. It states that growth is controlled not by the total amount of resources available, but by the scarcest resource (limiting factor).

91) 韓國一定让朝鮮知道核武将使朝政权崩溃, 环球時报, 2016.2.17. :"韓國总统朴槿惠恰恰选在这一天就半岛局勢发表空前强硬的演说.'韓国一定要让朝鮮知道,核武器只能促使朝鮮政崩崩潰.'韓國《金融新聞》評論称,朴槿惠的演讲显示'韓国的对朝政策基调发生了变化,从过去的对话合作变为制裁压迫'《纽約时報》称,韩国领導人明确提及朝鮮政权更迭的話題,这在两国关系日益恶化的背景下'非比寻常'"

92) David E. Sanger and Choe SanghUnjan, U.S. Prods China on North Korea, Saying Soft Approach Has Failed, Nwe Yirk Time, Jan 7, 2016

93) 정창용, 네 탓이오, 매일신문, 야고부, 2016.1.12.

94) YTN, 2016.1.13. 대통령 연두 기자회견에 대한 논평, 이명작 석좌 교수 및 아나운서

95) 송병락, 전개서, p.22 :

96) 라미경, 남남갈등의 해소와 국민통합, 안전하고 평화로운 통일의 길, 한국안보통일원, 도서출판 오래, 2014. pp.151~157 passim

97) JTBC, 2016.1.13., 20:40 뉴스 룸, 앵커 브리핑

98) 대통령 "사드 배치 검토… 中 적극적 역할 기대", SBS 뉴스, 2016.1.14.

99) Wikipedia, Tit-for-tat strategies are based on the concepts of retaliation and altruism. When faced with a prisoner's dilemma-like scenario, an individual will cooperate when the other member has an immediate history of cooperating and will default when the counter-party previously defaulted. This concept is often applied to economics and biology.

100) 김이희, 평생에 한 번은 손자병법을 읽어라. 주변인의 길, 2015. p.105

101) MBN, 2015.7.2. 뉴스(김은혜 앵커)

102) Brahma Chellaney, China thrives in soft corner with two-track U.S. strategy, Sep.3, 2012, The Japan Times

103) 두산백과, 총풍 사건(銃風事件)은 1997년 12월에 치러진 대한민국 제15대 대통령 선거 직전에 한나라당 후보 이회창 측에서 지지율을 높이기 위해 청와대 행정관 등 3명이 베이징에서 아시아태평양평화위원회 참사 박충을 만나 조선민주주의인민공화국의 휴전선 인근에서 무력시위를 해달라고 요청했다는 혐의로 기소된 사건이다.

104) 사시상식사전, 박문각

105) 司馬遷, 史記, 項羽本紀 : "項王已約, 乃引兵解而東歸, 漢王欲西歸. 張良, 陳平說曰漢有天下大半,而諸侯皆登附之. 楚兵罷食盡, 此天亡楚之時也. 不如因其機而遂取之. 今釋不擊, 此所謂養虎自遺患也."

106) 정경영, 통일을 향한 국제적 협력 방안, 안전하고 평화로운 통일의 길, 한국안보통일연구원, 도서출판 오래, 2014. pp.264~266 passim

107) 최영진, 전게서, pp.158~170 passim

108) 상게서, pp.95~100 passim

109) Karen Parrish, U.S., South Korea Announce 'Tailored Deterrence' Strategy, American Forces Press Service, U.S. Department of Defense, Oct.2, 2013

110) 박 대통령 "북핵 포기까지 대북 억지력 구축" KBS TV, 2013.10.1.

111) 정동영 지승호, 전개서, pp.60~61 passim

112) S. Korea, US agree to joint operation plan against DPRK's nuke, missile threats, Global Times, Nov.2, 2015 :

113) 김은진, 한반도 평화체제론, 리아트 코리아, 2015, p.43

114) 최영진, 전개서, pp.90~94 passim

115) 김정은 "미 어차피 폭격 못 한다." 핵 보유 기정사실화 시도, TV조선, 2016.1.14.

미국, 자유의 여신상에서

1

모사(謀士)가 많은 나라는 흥하리라(잠언 15:22)

임사이구(臨事而懼) 혹은 임사기변(臨事機變)

1949년 세계 각처에서 이스라엘 유대인이 팔레스타인으로 구름처럼 몰려오기 시작했다. 이와 같이 "젖과 꿀이 흐르는 가나안 땅으로(Toward Canaan land flowing with milk and honey)"[1] 민족대이동이 있었던 배경엔 당시 총리 다비드 벤구리온(David Ben-Gurion)이 설치했던 정보기관 모사드(Mossad)가 주역을 담당했다. 모사드(Mossad)란 이스라엘 말로 '모사(謀事)'에 해당한다. 오늘날 우리나라 말로는 계책(strategy), 계획(plan) 혹은 지혜(wisdom)로 '매사에 최선을 강구해 최악을 대비함으로써 성공하도록 도모한다'

자료: 자유의 여신상(en.wikipedia.org)

는 의미다. 지난 2004년 4월 22일의 용천 폭발사건은 북한체제의 불온세력이 질산암모늄(질소비료)을 이용해 중국을 방문하고 귀국하는 김정은의 암살을 기도했던 대형폭발사고로 국내언론에 보도되었고, 우리 기억에서 조용히 사라졌다. 그러나 2010년 해외언론에서는 이스라엘 모사드(Mossad)의 간첩공작으로, 이란 핵무기 관련 시리아 과학자들이 용천에서 핵물질을 기차로 운반하는 것을 폭파했다는 사실로 밝혀졌다. 쥐도 새도 모르게 세계각처에서 암약하고 있는 모사드 정보기관의 슬로건이 "모사가 없어 나라가 망하나, 모사가 많으면 안정되리라."[2]라는 잠언에서 인용하여, 지혜(wisdom)라는 뜻의 이스라엘 말 모사드(mossad)로 하고 있다. 한때는 "지략으로 싸워라. 승리는 지략이 많음에 있으리라."[3]라는 잠언을 사용했다가 지금의 슬로건으로 변경했다.

　오늘날 지구 상에서 가장 많은 지략을 가진 나라는 미국이다. 가장 많은 지략을 가진 민족은 바로 유대인이다. 노벨상 수상자 900여 명 중 200여 명이 미국 국적이고, 민족으론 유대인이다. 따라서 미국이 지구촌에서 최강국으로 군림하는 이유는 경제력과 군사력보다 지략에서 앞섰기 때문이다. "협의가 없는 계획은 실패하고, 자문이 많은 일은 성공한다."[4]는 잠언을 믿고 그대로 행하고 있다. 오늘날 용어로는 소통과 협의를 통한 합리적이고 이성적인 계획(대책)을 수립하여 전문적인 자문기관(전문가)을 통해서 매사를 도모함으로써 성공한다.

　동양에서도 BC 560년경 공자는 "일을 할 때는 반드시 최악을 대비해 최선의 방안을 강구하되, 매사를 도모(圖謀)해야 성공할 수 있다(臨事而懼)."라고 논어에 적고 있다.[5] "맨손으로 호랑이를 때려잡고, 강물을 뛰어넘는 겁이 없는 사람과 같이 일하기보다 매사를 처리함에 있어 두렵게 생각하고 도모하여 성공하는 사람과 함께 하리라."라고 공자는 제자에게 실토를 했다. 지략의 화신인 제갈공명도 "매사에 반드시 위험과 기회가 공존하기에 기회를 살리기 위한 위험 뒤집기를 도모해야 한다(臨事機變)."라는 사실에 입각해 휘하 권솔들과 같이 적벽대전이란 실례를 만들었다.

현재 지구촌에서 매사에 최악을 대비하고 최선을 추구하는 나라 또한 미국이다. 국책연구소만 해도 1,800여 기관이 싱크탱크로 역할을 담당한다. 대부분 미국의 국익을 위해서 연구 분석하고 보수적인 입장을 견지하고 있다. 보다 진보적이고, 새로운 보수적인 입장을 견지하는 싱크탱크가 네오콘(Neo-Con)이다. 대표적 랜드연구소(RAND Corporation)를 비롯해 브루킹스 연구소(Brookings Institution), 외교협회(Council on Foreign Relations), 전략 국제문제연구소(Center for Strategic and International Studies) 등의 국책연구소가 주야로 국책에 대해서 연구를 하고 있다. 2015년 9월 30일, 랜드연구소에서 "북한 붕괴 시에 15만 병력을 증파해야 한다."[6]라는 분석보고서를 내놓았다. 그뿐만 아니라 우리나라 국회의 국방위원회와 국방개혁에 대한 보고서도 내놓았다. 브루킹스연구소에서도 2016년 1월 6일, 수소폭탄 실험에 즈음하여 다음날에『북한, 왜 수소폭탄을 추구하고 있는가』라는 제목의 한반도 분석보고서를 내놓았다.[7]

합리성(合理性)과 이성(理性)이 최고의 전쟁 억지력

현재 NPT(Non-Proliferation of Nuclear Weapons)에서 인정하고 있는 핵보유국가(NWS: nuclear-weapon states)로는 미국, 러시아, 영국, 프랑스와 중국뿐이다[8]. 물론, 이외에도 인도, 파키스탄, 이스라엘, 북한 등에서 핵실험을 하였으나 인정하지 않고 있다. 핵보유국으로 인정한다는 의미로는 i) 불법 핵무기를 소유하고 있는 국가에 대한 확산방지 제재를 가할 수 있고, ii) 최악의 경우엔 보유국이 도발 위험을 느낄 때는 자위적 선제 타격을 가할 수 있다. 즉, 미국의 시리아, 이란 등에 예방적 선제타격을 가한 사례가 관행으로 굳어지고 있다. 물론, 공인된 핵보유국이 아닌 이스라엘이 1981년 이라크의 오시라크 발전소(Osirak Plant), 2007년 시리아의 다이르 알주르 발전소(Dair Alzour Plant)를 선제적 예방타격을 한 적도 있었다. iii) 핵무기 보유는 전쟁의 종말결정자(terminator)로 지위 혹은 전쟁 억지력(war deterrence)으로 인정받게 된다. "사나운 호랑이일수록 서로 죽을 싸움만은 하지 않는다(猛虎不競食)."의 지혜처럼 상호확증파괴(MAD)를 서로 믿기 때문이다.

2016년 1월 6일, 수폭 실험을 한 뒤에 미군 B-52 폭격기가 한반도 상공을 무력시위하였음에도, 북한 김정은은 제3차 핵실험 이후와 달리 태연자약하게 행동을 하고 있다고 국내외 언론은 보도하고 있다. 그 이유는 전쟁 억지력을 내심으로 인정받았다고 믿기 때문이다. "이제는 핵보유국 누구도 손을 보기엔 너무 커버렸다는 판단을 할 것이다(Now it's too late and big to hand me)."라는 속셈을 엿볼 수 있다. 미 7공군(Seven Air

자료 : 펜은 총보다 강하다(imaginivity.co.uk)

Force)에서 "B-52 임무는 미국 우방과 동맹국들에 대한 미국의 헌신을 재강조하고, 대한민국 방호를 위한 많은 동맹역량 중 하나를 보여준다."라고 무력시위의 명분을 말했다.

1945년 8월 6일, 히로시마에 원자폭탄을 투하한 뒤로는 핵무기는 전쟁의 종말결정자(war terminator)라는 사실을 자타가 공인했다. 비핵무기로도 북한의 전쟁수행력을 인정하지만, 핵무기로는 전쟁 억지력을 인정하지 못하는 분위기를 중국과 소련이 북한에 대한 감시의 눈초리로 보내고 있다. 과거 미국과 소련이 핵무기체제의 냉전적 전시상황을 전쟁 억지력(Deterrence)과 상호확증파괴력(MAD)으로 상호감시 통제해왔다. 결국, 소련의 체제 붕괴로 미국의 승리로 귀결되었다. 그동안 랜드연구소 등에서는 차분하게 이성적으로 합리적으로 판단하기 위하여 많은 연구를 했다. 랜드연구소에서만 대표적 12명의 노벨 경제상 수상자가 배출되었다. 존 폰노이만(John von Neumann)을 비롯한 존 하사니(John Harsany), 존 내시(John Nash) 등이 전쟁을 체스게임 혹은 바둑판에서 게임을 하는 것으로 가정해, 가능한 경우 수를 생각해내 최악을 대비했다. 대비개념으로는 패일프리(fail-free), 억지력(deterrence), 대항력(counter-force), 상호확증파괴(mutual assured destruction) 등이다. 또한, 효과적인 미사일 기지배치, 작전연구(operation research), 체제분석(system analysis) 등의 연구를 통해서 총칼을 대신 펜(pen instead of swords)으로 치열한 냉전을 승리로 종결시켰다. 그들 모두는 철두철미한 손자병법의 신봉자였다. 즉, "펜으로 승산이 없는 전쟁은 총칼로도 승산이 없다(The pen is mightier than sword)."라는 확신을 실행했다.

대북정책의 이성 논리(reasonal logics)

일전, 부엌 창문으로부터 아침 햇살을 받으면서 여유를 갖고 조반을 하고 있었다. 아내가 농담으로 친구 이야기를 했다. 줄거리는 이렇다. 어느 여름날, 남편이 운전을 하고 포항 죽도시장으로 달려가는데 갑자기 끼어들려고 하는 승용차가 있었다. 남편이 양보를 하지 않자, 그쪽 운전사 양반이 "○○ 놈, ×× 놈, △△ 놈⋯."이라고 욕설을 했다고 한다. 옆에 있던 아내가 "저쪽 운전하시는 분이 당신을 잘 아시는 모양인데요. 어쩌면 저렇게도 잘 아십니까?"라고 했다고 한다. 서울에 있는 친구 녀석이 자가용을 몰고 대구에 왔다가 간 뒤 느낀 소감을 그대로 표현했다. "대구에서 운전하시는 분 가운데 사람은 하나도 없더라. 모두가 자기들끼리 서로 ×× 새끼라고 하니 맞는 모양이더라."라고 했다. 대구 지상철을 타고 모녀가 서로가 스마트폰을 보면서 대화를 나누고 있는데, 딸이 엄마에게 "엄마 폰에 아빠와 카카오톡을 하면서 'ㅅㅂㄴ'이라고 보냈는데, 이것은 너무 한 것 아니에요⋯?"라고 하자, 엄마는 "ㅅㅂㄴ은 너처럼 '시발놈'이 아니라 '서방님'이다."라고 설명을 했다.

우리나라의 대북정책은 미국에 비교하면 매우 감성적이다. 좋게 말해서 정서적 정책이다. 과거뿐만 아니라 최근까지도 이성적이고 합리적인 논리에 입각한 것이 아니라, 감정논리에 따라 움직이는 경우가 더 많았다. 아마도 주류(main stream)는 i) 국민적 합의나 국익에 기반을 둔 명분도 없으며, ii) 주관이거나 비전도 없이 감성적인 일회용 배팅, iii) 주체적이고 선제적인 안목도 없는 임기응변 중심이다. 북한의 '피바다' 혹은 '불바다'에 휘말려 '미친개에겐 몽둥이가 약이다'[9]라는 식의 대응, 북핵 포기 없이 대화도 보상도 없다는 주장을 위한 "너 먼저 내려놓아라."라고 외쳤다. 그

결과는 공공연히 핵무기를 개발하기에 최적기회만 제공했다. 체제 붕괴 (system destruction) 혹은 체재교체(regime chanage)를 전제로 기획되었던 '전략적 인내(strategic patience) 혹은 전략적 무시(strategic ignorance)'[10]정책은 의도와는 정반대로 체제결집과 체제 공고화에 충분한 시간을 주었다. 이런 결과는 시작 당시에 보수적 싱크탱크인 브루킹스연구소 등에서 이미 예견했다. 미 네오콘(neo-conservatives)의 복사판 정책은 우리나라에선 합리성과 이성과는 거리가 멀었지만, "못 먹어도 고!" 혹은 "초가삼간 다 태워도 빈대가 죽은 게 너무 고소하다."라는 감정논리에는 '딱' 맞았다. 결국은 우리가 믿었던 우방국 미국과 주적인 북한으로부터 뒤통수를 왕복으로 얻어맞고 말았다.

이제는 우리나라의 대북정책은 철저하게 경제, 복지, 인권, 외교 및 국방 등에 국익 혹은 실익을 중심으로 해야 한다. 주도적이고 선제적으로 정책을 추진할 수 있도록 주변 강국에 당당하게 요구해야 한다. 정기적 안목에서 인도적이고, 국민화합과 민족번영을 위한 정책으로, 때로는 우회적이고 이보 전진을 위한 일보 후퇴도 고려해야 한다. 국민소통과 부처 간 협의는 물론 장기적 계책으로 정권교체에도 변동이 없이 추진되어야 한다.

2

'No Design and Action, No Result'의 나라 미국

이란처럼 핵 포기하라는 설득

2016년 1월 16일, 오스트리아 빈에서 미국 국방부 장관 존 게리(John Kerry)와 이란 외무부 장관 자바드 자리프(Javad Zarif)가 협상해 37년 동안의 '대이란 경제적 제재(economic sanctions against Iran)' 해제를 결정했다.[11] 미국에서 북한에 대해서도 이란처럼 핵무기를 포기하면 경제적 제재를 해제하고 이에 상응하는 보상을 제공하겠다고 설득하고 있다. 또한, 중국에서도 '북핵불용(北核不容)'을 원칙으로 하고 있으며, "이란처럼 핵을 포기하라."는 메시지를 보내고 있다.

그런데 미국과 중국이 북한에 핵 포기 설득에 큰 온도 차(temperature difference)를 느낄 수 있다. 미국이 요구하는 북한의 핵 포기 조건에는 이란처럼 '평화적 핵 이용권(peaceful nuclear-using right)'을 주지 않고 '원천적 핵 포기'만을 강요하고 있다. 또한, 보상 가능성에서도 이란에는 미국의 석유메이저(oil major)를 통한 지원거래 등 다양한 보상방안이 강구

되었는데, 북한의 입장에서는 판매할 석유도 없어 실익을 보장하는 경제적 보상은 거의 없다. 또한, 이란과 북한의 체제상 국가운영방식과 국가지도자의 선출방법이 아주 다르다. 국민 여론에 의하여 좌우되는 이란과는 달리 '유일한 국가 지존에 대한 충성만을 강요하는' 일인독재체제와는 판이하다.[12]

이에 우리나라는 미국이나 중국에게 국제적 대북제재에 공조만을 요청하고 있다. 또한, 미국의 설득 논리를 그대로 따라 하는 '앵무새 논리(parrot's logic)'만을 고수하고 있다. 실질적으로 북한체제, 견해 차이 등을 종합 분석하고, 실익을 보장하는 방안인: i) 이란의 협상 조건과 동등하게 한반도 평화 정착에 필요한 평화적 핵 이용권, ii) 부전 원칙에 입각한 평화 정착과 현존체제의 안전보장, iii) 북한 경제실정에 따른 보상 및 현실적인 지원방안 등으로 북한에 맞춤보장은 물론, 핵무장에 깨끗이 손 씻음에 특별선물세트(special gift set)를 마련해서 설득해야 가능성이 있다. 이런 북한의 입장을 고려해서 특별선물세트를 마련하는 코디네이터(coordinator)로의 역할을 우리나라만이 할 수 있다. 우리나라가 주도적이고 선제적으로 하지 않고서는 어느 주변 강대국도 우리를 대신하여 해주지 않는다. 전혀 필요성을 느끼지 않고 있기 때문이다. 한반도 주변 강대국 어느 나라도 현상유지에 만족한다. 그들의 속내는 하나같이 '한반도 분단 혹은 남북전쟁에 어부지리'를 얻고자 함에 혈안이다.

대북정책은 북한이 처한 현실과 체제상에 존재하는 '이율배반 딜레마(antinomy dilemma)'[13]의 속내를 정확히 간파해야 한다. 이를 충분히 고려해야 대북정책이 보다 현실적이고 효과적일 것이다. "무조건 백기를 들고 투항하라. 핵무기를 모두 버려라. 그렇지 않으면 국물도 없다."라는 설득논리는 북한의 입장에서는 "너 죽고 나만 살자."라는 소리로 들린다.

"대의명분도, 실익도 없이 먼저 모두 내려놓고 항복하라."는 말도 일종의 강압에 지나지 않는다. 입장 바꿔 생각해봐도, 우리나라라도 받아줄 수 없을 것이다.

과거 주체사상(主體思想), 강성대국(强盛大國), 선군정치(先軍政治), 핵무기와 미사일개발로 체제를 유지했던 북한의 낡은 패러다임(old paradigm)이었다. 이제는 한반도 평화 정착, 한민족의 공동번영을 위한 새로운 패러다임(new paradigm)으로 전환이 필요하다. 시대에 부응하는 새로운 패러다임의 전환을 위해 우리의 역할을 고민해야 할 골든타임(golden time)이 바로 지금이다. 주변 강대국의 '전략적 인내' 혹은 '전략적 무시'를 지켜 그들처럼 수수방관(wait-and-see)해서는 현상 고착화만이 최선이다. 우리는 현상을 타개하고 발전과 번영을 도모해야 한다. 이를 위해 우리는 더 이상 남의 장단에 춤을 출 것이 아니다. 우리의 필요성을 주변 강대국에 설득하고, 그들이 아무런 도움을 주지 않더라도 직접 북한과 대화, 협상, 경협 등으로 '환상이 아닌 현실적 개입(practical engagement without illusion)'을 추진해야 한다.[14]

북핵 치킨게임(chicken game of North Korea's Nuclear)

지난 2016년 1월 6일 북한의 제4차 핵(수폭)실험과 2월 7일 제6차 미사일 발사사건에 대해 우리나라의 대북조치는 대북 확성기 방송 재개와 개성공단 운영 전면중단이었다. 또한, "상응하는 혹독한 대가를 치르도록 하겠다."[15]와 "미국, 중국, 국제연합을 통한 국제적 조치를 하겠다."라고, 1월 13일 신년기자회견과 2월 17일 국회연설에서 박근혜 대통령은 국민에게 천명하였다. 1월 22일, 국무회의 석상에서 박근혜 대통령은 6자회담의 대화보다 '북한이 아픔을 느끼도록 혹독한 대가[16]'를 치르게 해야 한다면서 미국에 강력한 대북제재를 요청했다. 그 자리에서 그동안 침묵을 지키고 있던 중국에 대해서 "중국에 더 이상 기대할 것은 없다."라고 잘라 말했다. 미국과 중국이 강력한 대북조치에 대해서 i) 1월 9일, 미국 존 케리(John Kerry) 국방장관은 "중국의 대북정책이 실패해서 제4차 핵실험을 했다."라고 중국의 외교부장을 꾸짖었다. 중국 외교부장은 이에 대해 "대북 핵실험의 핵심은 우리가 쥐고 있지 않다. 북핵 문제의 원인(한·미 군사훈련 등 북한위협 가중)은 미국에 있다."라고 공방전을 벌였다.[17] ii) 우리나라는 미국과 중국에, 미국과 중국은 서로 "네 탓이다."는 논쟁을 하다가 미국 측에서 1월 27일에 중국을 방문했다. 남북한에 일종의 달램 혹은 혈맹국과 동반자 국가에 대한 일종의 체면치레였다.[18]

제4차 핵실험에 대한 대북제재의 초안 마련에 고민하는 미국과 중국의 밀당(밀고 당기는 힘자랑)이 있는 사이에 북한은 2월 7일, 제6차 미사일 발사 사건을 또 한방 터뜨렸다. 미국과 중국이 전과 같은 모양새의 '네 탓' 공방전을 하다가 2월 12일, 미국 의회에서 강력한 대북제재가 압도적으로 통과됐다. 2월 19일, 백악관 오바마 대통령의 서명으로 곧바로 미 행정부로 넘어갔다. 동시에 UN 안보리 대북제재 초안에 며칠간 미국과 중국의 '밀고 당기는' 퍼포먼스가 있었다. 2월 20일부터 러시아의 안보리 상임이사국으로 내용 검토와 3월 1일 절차검토를 위한 24시간 지연 요청이 있었다. 북한의 군사적 동맹국으로 상임이사국으로 존재감을 드러냈다. 우리나라는 세계 7위의 경제 대국이라는 위상에서, 미국 등 우방국에 초강력 대북제재를 요청하면 곧바로 일사천리로 미국, 중국 및 유엔안보리에 통과할 것으로 생각했다. 그러나 그렇게 통과하지 않았다. 이제는 우리나라의 국가지도자들은 현실을 직시해야 한다. 이번 국제적 대북제재과정을 경험 삼아 새로운 자성과 자각을 하고 더 이상의 자만과 무례는 없어야 하겠다.[19]

이번 사례를 거울삼아 우리가 미국이나 중국을 통해서 대북제재를 국가 간의 게임(game)으로 풀이해보면 i) 미국이 독자적인 대북조치를 할 경우에는 미국 주도의 6자회담 재개[20], 직접 대북설득(핵 포기협상 혹은 평화협정 등), 남북대화 지원, 유엔을 통한 경제적 제재 강화, 중국에 대북제재 강화(석유중단, 방코 델타 아시아 등 금융거래 중단) 요청, 핵시설 외과수술, 북한의 전력자원 활용 통상 제재, 주한미군 병력 증강, 전술적 핵무기 재배치, 사드(THAAD) 배치 등이 있다. 또한, 유엔 안보리 등의 국제적 제재 공조는 1~3차 핵실험 당시처럼 수차례 협상과 현상유지방안(분단의 국익)을 선택할 공산이 더 크다. 물론, 경제제재는 점검도, 확인도 없는 선언으로 끝날 공산이 크다.

사실 미국은 지난 1962년 쿠바 미사일 사건을 계기로 케네디(J.F. Kennedy) 대통령이 경제 제재를 시작해서 2016년 1월 27일 오바마(Barak Obama) 대통령이 협상을 통해서 54년 만에 해제를, 이란과는 1979년 레이건(Ronald Reagan) 대통령 당시 테헤란 주재대사관 인질사건에 경제적 제재를 시행해 2015년 36년간 압박을 지속했다가 대화로 오바마 대통령이 해제를 했다. 또한, 리비아와도 1986년에 시작하여 2011년까지 25년간 강력한 경제적 제재를 했으나 무너지지 않았다. 이외 수단 및 러시아에 대해서도 경제 제재를 추진하였다. 이들 미국의 경제 제재 대상국이 압박으로 인해 체제 붕괴나 노선변경도 전혀 없었다. 결국, 대화를 통해서 노선변경을 유도하였다.[21] 북한과는 2008년 북핵 문제로 부시(J. Bush) 대통령 당시 행정명령(Executive Order) 13466호로 시작하여 지금까지 강도를 증강해 압박을 해왔다. 핵무기 포기 혹은 체제변경 등의 기미는 보이지

않고 오히려 핵무기개발에 박차를
가하고 있다.

다른 한편, ii) 중국 역시 독자적
으로 대북제재조치로는 재중북한
대사 호출, 북·중 군사대담, 사전예
고 후 석유수송 중단, 무연탄 등의

자료: 치킨게임(울산매일, 2010.12.13.)

지하자원 거래 중단, 동북 삼성 국경지대 병력배치, 핵 불허용 및 부전 원
칙 재천명, 6자회담 재개 등이다. 군사동맹국으로 전쟁유발의 제재행위는
단호히 거절할 것이다. 유엔 안보리 상임이사국으로 중국은 러시아와 같
이 군사동맹국 북한을 위해서 강력한 대북제재의 의결안에 검토 혹은 완
화로 존재감을 드러낼 것이다. 중국은 북한과 인접국으로 전쟁발발 시에
난민의 유입과 국경지대의 폭격피해가 예상되기에 분단된 현실에서 얻는
것이 더 많다. 우리나라가 중국에 바랄 수 있는 건 허울만 거창할 뿐 실속
은 없다. 우리나라는 언제나 스페인의 속담 "최악의 적은 향상 동업자다."
라는 사실을 명심해야 한다.

현시점에서 우리나라가 주변 강대국, 특히 미국과 중국에서 기대할 수
있는 대북조치로는 아래 '죄수의 딜레마(prisoner's dilemma)' 게임에선
도표와 같이 예상할 수 있다.

구 분	미국의 적극 개입	미국의 현상 유지
중국의 적극 개입	6자회담 재개, 국제공조 강화	대북제재 중국이 미온적임
중국의 현상 유지	북핵 문제 원인 미국이 제공	한반도 분단은 미·중 양국의 꿀단지

미국이나 중국에서 취할 수 있는 지배전략(strategy of governance)으로는 현상유지를 통해서 분단의 꿀단지 혹은 남북대립의 어부지리(漁父之利)를 얻는 것이다. 우리나라의 적극성으로 미국과 중국이 적극적으로 개입할 경우에는 최선 전략(the best strategy)으로는 6자회담 재개, 국제공조 등에 앞장서서 대북제재를 하는 것이다. 그러나 우월전략(better strategy)으로는 1~3차 핵실험 당시처럼 실익은 하나도 없는 '네 탓 공방'에 그치며 허울 좋고, 요란스러운 겉치레는 많이 할 것이다. 정답은 마키아벨리의 『군주론』에서 "스스로 자기 나라를 지키지 않는다면 누구 피를 흘려서 지켜주겠나?" 하는 말이다.

의도와 행동 없이는 어떤 결과도 얻을 수 없다
(No design and action, no result)

1837년 영국의 시인 겸 동화작가인 로버트 사우디(Robert Southey)가 전래설화로 「골디락스와 곰 세 마리」라는 동화책을 썼다. 금발소녀 골디락스(Goldilocks)가 숲 속에서 헤매다가 배가 고파 허덕이다가 오두막집에 들어가 뭔가로 허기진 배를 채우고자 했다. 방금 끓여놓은 뜨거운 스프, 따뜻하게 먹기 좋은 것, 그리고 안전히 식어서 차가운 게 3가지가 있었다. 미지근하여 먹기에 좋은 스프를 골랐다. 배불리 먹고 자신도 모르게 잠이 들었다. 잠결에 들리는 목소리는 아빠 곰, 엄마 곰, 그리고 아기곰 3마리였다.[22]

흑백논리(black-and-white logics)에서는 검은색과 흰색만 있으나 현실에서는 검정도 흰색도 아닌 회색이 있다. 사람들은 뜨겁지도 차갑지도 않은 미지근한 음식을 선호한다. 국가정책도 강력하다가 보면 강한 반발을 사기에 미지근한 정책을 더 선호한다. 누구나 당장에 먹는데도 애로가 없고 배부르게 실익을 얻을 수 있기 때문이다. 앞에서 말한 미국과 중국의 선택방안도 미지근한 정책인 현상유지를 택할 확률이 가장 높다. 이런 경향으로 미지근한 대책과 정책을 택하는 것을 두고 경제성장이 높으면서 물가상승이 없는 이상적인 상황을 골디락스 경제(Goldilocks economy)라고 한다. 또한, 비싸지도 싼 것도 아닌 중간의 가격은 골디락스 가격(Goldilocks price)이다. 천문학에서 생명체가 살고 있는 지구촌 생물권(habitable zone)을 골디락스 지대(Goldilocks zone)고 말한다. 한반도 주변 강대국의 대북제재는 말로는 초강력 제재이지만 사실상은 언제나 골디락스 제재(Goldilocks sanction)뿐이다.

우리나라 자체가 현상을 타파하고자 의지를 갖고, 보다 적극성을 띠고 추진하지 않고서는 한반도 주변 강대국에서는 대북제재뿐만 아니라 어떤 경우에도 골디락스 정책(Goldilocks policy)으로 현상유지를 택할 것이다. 아무리 혈맹 국가(blood-alliance state)이든 아니든 전략적 동반자(strategic partner)라고 해도 장본인(한국)이 스스로 자신의 두 손을 호주머니에 놓고 입으로만 요청하는데 절대로 손에 피를 묻혀가면서 대신 싸워주지 않는다. 만약 그렇게 무모하게 손에 피를 묻히며 덤벼들 정신 나간 나라는 지구 상에 존재하지 않는다. 국익을 똑 소리 나게 챙기지 않고서는 강대국으로 성장할 수 없기 때문이다. 이제 우리는 깨달아야 한다. 우리 스스로 매사에 자신의 생각을 갖고 하나하나 도모하면서(謀事) 스스로 추진하지 않고서는 얻는 건 하나도 없다는 사실을. 미국 사람들이 입에 달고 다니는 말이 "계획된 행동을 하지 않고서는 아무런 결과도 얻을 수 없다(No design and action, no result)."이다. 또한, 러시아의 속담에는 "쥐덫을 미리 놓지 않고서는 잡는 것은 고사하고 오히려 물리고 만다."라는 말이 있다.

3

모든 가능성을 열어놓아야 모든 기회가 열린다

한 크리스트(christ)가 손가락으로 땅바닥에 한 메모

기원전 중동에서는 종교적 세례를 받을 때 소중한 사람에게는 물이 아닌 희귀한 기름으로 세례를 했다. 기름으로 세례를 받은 사람을 두고 특별히 '크리스트(christ)'라고 했다. 크리스트는 존경의 대상이며 그들에게 어려운 인간사에 해결을 위한 자문을 구하는 관례가 있었다. AD 29년경 예수 크리스트는 감람산(Mount of Olives)으로 가려고 아침 일찍 성전에 들렸다. 많은 군중이 웅성거리며 성전 관리인과 바리새인 사람들이 불륜 현장에서 한 여인을 잡아왔다고 광장 한가운데 끌어다 놓았다. 그들은 속칭 인민재판(Kangaroo's court)을 열 준비를 다 하고 있었다.

마침 이때 크리스트가 나타나자 모두가 현명한 판결을 내려주지 않겠나 생각하고 그에게 다가와서 "옛 모세율법에 '간음한 여자는 돌로 쳐 죽이라.'고 했습니다. 크리스트께서는 어떻게 판결하시겠습니까?"라고 대표한 사람이 말했다. 그들이 이렇게 판결을 요청한 속셈은 그 여자를 단단히 처벌할 빌미를 만들고, 크리스트(선지자)라고 하니 한 번 시험을 해보자는 게다. 이런 속셈을 간파한 그는 위기라는 사실을 직감했다. 그의 판단이 그들의 마음에 들지 않으면 그 여자를 죽이는 것은 말할 것 없다. 마음에 들지 않는 판결을 한 그를 간통녀의 내통자로 뒤집어씌우고 같이 죽일 최악의 경우일 수도 있었다. 아무리 좋은 결과라고 해도 "선지자 좋아하네. 우리의 연기에 말려든 멍청이?"라는 웃음거리가 될 공산이 컸다.

크리스트는 글을 몰랐기에 평소에 묘책을 찾을 때는 땅바닥에다가 손가락으로 그림을 그렸다. 짧은 시간에 가능한 뾰족한 수를 찾아야 했다. 몸을 굽혀 아이디어 하나하나 땅바닥에 메모했다. i) 가장 보편적 방법인 죄인을 세워놓고 현장목격자의 증언을 들어 판단하는 방법을 화살표(→)로 그렸다. ii) 반대로 현장목격자와 증인을 앞에 세워놓고 증언하게 하고 죄인에게 확인하는 방법은 역(逆) 화살표(←)로. iii) 모든 사람들의 양심에 호소하는 방법은 동그라미(○)를. iv) 죄를 뒤집어쓰고 자신을 스스로 희생시키는 방법은 땅을 향한 화살표(↓)로, v) 국가제도 혹은 하늘을 탓하는 방법은 하늘을 향한 화살표(↑)를 그리고 있었다. 물론 각각의 방법에 대한 장단점으로 야기될 위험이 번개처럼 뇌리를 스쳤다.

알지도 못하는 무엇인가를 땅바닥에 그리고 있는 것을 본 군중들은 하늘의 계시라도 받아서 쓰는 양 신비하기만 했다. 더 이상 기다릴 수 없다고 생각한 성격이 급한 바리새인 한 사람이 빨리 판결을 내려달라고 독촉을 했다. 고개를 들고 일어나는 순간 태양이 웃는 모습이 마치 '양심의 가책(pang of conscience, ○)'을 택하라고 하는 모양이어서 그는 큰 소리로 "너희 중 죄 없는 자가 먼저 돌로 쳐라."고 단호하게 외쳤다. 그리고 다시 몸을 굽혀 땅바닥에 "사랑에 모든 것을 맡겼습니다."라는 뜻으로 하트(♡)를 겹쳐서 그리고 그렸다. 다시 고개를 들고 주변을 보니 모두 다 떠났고 그 여

인과 단둘이었다.[23]

두 호랑이가 서로 잡아먹으면 반드시 둘 다 죽는다(兩虎相食必有一喪)

삼국지에서 헌제(獻帝)를 옹위하고, 허도(許都)로 천도한 조조는 서주
(西州)에 있는 유비와 여포가 협력한다면 자신에게 큰 심복지환(心腹之
患)이 될 것이라고 생각했다. 이에 조조는 서주를 정벌할 계획을 세운
다. 이때, 참모 순욱(荀彧)이 이호경식지계(二虎競食之計)를 조조에게 건
의한다. 즉, 유비를 서주자사에 정식으로 임명하면서 여포를 살해하라
고 교시를 내렸다. 만약 유비가 여포를 죽이면 맹장을 죽여 자기 세력을
약화시킨 결과가 되어 뒷날 조조가 정벌할 수 있다. 그 반대로 실패한
다면 여포가 유비를 죽일 것이니 이야말로 두 호랑이가 서로 싸우면 반
드시 한 마리가 다칠 것이고 조조는 힘 안 들이고 상대를 최대한 약화
시킬 수 있다는 계략이다. 순욱의 건의에 따라 조조는 유비를 헌제에게
추천한다. 유비는 '정동장군의성정후(征東將軍宜城亭侯)'가 되어 서주에
부임한다. 그러나 조조의 이 계략은 유비가 그 뜻을 간파했기에 성공하
지 못한다.[24] 만약 사나운 호랑이
두 마리가 서로 잡아먹겠다고 하
면 반드시 죽지 않아도 치명적인
상처를 입고 이득을 노린 사람은
힘들이지 않고 손쉽게 사나운 호
랑이라도 잡을 수 있다(猛虎相食
必一傷).

자료: 兩虎相食(slide.tech.sina.com.cn)

전국책(戰國策)의 연책(燕策)에 의하면, 연(燕)나라에 몇 년간 가뭄으로 흉년이 들었다. 민심이 동요하는 위기를 이용해 이웃 조(趙)나라가 연나라 정벌계책을 꾸미고 있다는 정보가 파다하였다. 이를 입수한 연나라는 초비상이었다. 가뭄이 아니더라도 이웃 제(齊)나라와 전쟁 중이었기에 동시양전(同時兩戰)은 국력이 모자라는 처지였다. 연나라의 소왕(昭王)은 대신들에게 방책을 물었다. "현황을 타파하는 방안을 대신들의 방책에 달렸습니다."고 당부를 하였으나 속수무책(束手無策)이었다.

다급해진 소왕은 합종계책(合縱計策)으로 6국의 제상을 겸임한 소진(蘇秦)의 동생 소대(蘇代)를 찾아갔다. 당시 형 다음 가는 아우라서 세 치 혀로 세상을 주물리고 있던 삼촌설세객(三寸舌說客)이었다. 연소왕으로부터 간곡한 청을 받은 소대는 곧바로 조나라 혜문왕(惠文王)을 찾아가서 만났다. 단도직입(單刀直入)적인 유세(遊說)를 펼치지 않았다. 대신에 오는 길에 봤던 평범한 일화를 소개했다.

"이번에 제가 이 나라로 오는데 국경 역수(易水)를 지나다가 희한한 광경을 목격했습니다. 물이 빠진 강섶에 커다란 조개 하나가 입을 벌리고 볕을 쬐면서 꾸벅꾸벅 졸고 있지 않겠어요. 그러자 갑자기 도요새 한 마리가 날아오더니 날카로운 부리로 조개 속살을 쪼았습니다. 그러니 깜짝 놀란 조개가 입을 다물 수밖에 없었지요. 그 바람에 도요새 부리는 조개 입속에 꼭 끼고 말았지요. 당황한 도요새는 '네가 입을 제대로 다물지 못하고 계속 벌어진 채로 있으면 볕에 속살이 말라서 죽고 말걸.'하고 위협했습니다. 그러자 조개는 '흥! 내가 놓아 주지 않으면 네놈인들 굶어 죽지 않고 배길까.'하고 서로 코웃음을 쳤어요. 그처럼 둘이 티격태격할 때, 마침 고기잡이 할아버지가 이 광경을 보고 달려와 조개도, 도요새도 함께 붙잡아 버렸습니다."

이렇게 말을 꺼낸 소대는 비로소 본론을 꺼냈다. "조개와 도요새가 오기로 버티다가 둘 다 죽게 된 것과 마찬가지로 연나라와 조나라도 서로 싸우게 되면 같은 불행을 당하게 될 것은 불을 보듯 뻔합니다. 잘 아시다시피 귀국의 바로 등 뒤에는 진나라가 호시탐탐 노리고 있습니다. 귀국이 연나라와 싸워 힘이 빠지기를 기다려 진나라가 달려들면 어떻게 하시겠습니까?" 혜문왕이 가만히 들어보니 이치에 맞는 말이었다. 더구나 현명한 재상 인상여(藺相如)가 옆에서 소대의 논리를 지원하는 간언을 올리는 바람에 마침내 연나라 침공 계획을 철회하고 말았다.[25]

이젠 어떤 대리전(proxy warfare)도 동족상쟁(同族相爭)도 없어야

1269년 몽골제국의 원(元) 세조 쿠빌라이(Mongol Empire of Kublai Khan)는 고려 원종에게 일본을 침공해 정벌하라는 교시를 전달했다. 몽골 사신 묵적(墨的)을 시켜서 몇 차례 독촉했다. 고려 원종은 원나라와는 부마국(駙馬國)의 위상이고 몽골공주를 며느리로 데리고 있어 용상이 가시방석이었다. 눈치를 더 이상 볼 수 없어서 1270년에는 군량미(軍糧米)를 마산(馬山)에 집결하고 전선 300척을 건조해 몽골인과 북중국인 2만 500명과 고려장정 8,000명, 뱃사공 6,700명을 1274년까지 모병해 전투병을 양성했다. 1274년 10월 3일에 일본으로 가는 176km의 바닷길에 올랐다. 대마도→ 이끼 섬(一岐島)→ 하카다만(福强) 상륙→ 사무라이와 백병전을 하고 간신히 내륙요새로 피신했다. 그런데 하늘이 일본에게 축복을 내렸다. 그날 저녁에 태풍이 몰려와서 고려의 일본정벌군 1만 3,000명을 한꺼번에 익사로 수장시켰다. 참패를 당하고 구사일생으로 몇 명만 귀국했다. 태풍의 계절이라는 사실도 몰랐기에 1281년 제2차 일본 정벌 역시 참패를 당했다. 원의 강압에 의한 정동대리전(征東代理戰)은 이렇게 끝났다. 이에 따른 고려와 원나라의 국가사직도 망국의 길로 접어들었다.[26] 이외 세종 때 왜구의 소굴인 대마도 정벌, 임진왜란~정유재란도 피할 수 있는 대명제국을 위한 대리전쟁(proxy war)이었다.

근래로는 1965년 여름 미국 제36대 존슨(Lyndon Baines Johnson) 대통령이 '주한미국을 철수하여 베트남전쟁에 투입하겠다'는 복안을 내비쳤다. 박정희 대통령은 주한미군을 그대로 주둔하도록 하고, 용병(hired soldiers)으로 베트남전의 전쟁특수를 적극 활용하고자 선제적으로 월남파병(대리전)방안을 요청하였다. 1965년부터 1973년까지 연인원 32만 5,517명을 파병하였다. 북한은 1968년 1월 21일 청와대 습격 무장공비 침투 등 몇 차례 군사 도발을 했다. 국내 파병 반대여론과 북한의 군사 도발은 파월장병의 몸값을 올리는데 기여했다. 북한군의 침입 위험, 국민의 반대 여론, 민심의 동요 등에도 '자유평화를 위해' 파병을 했다고 미국으로부터 높은 평가받았다.

국가 경제 기여 측면에서 본다면 1966년도 파월장병의 송금액 1억 7,830만$와 수출, 군납, 용역비, 건설 수익 등 국내 송금액 총액이 6억 9,420만$였다. 당시 외화 획득의 80%가 베트남에 관련된 특수(特需)였다. 베트남 특수로 경제적 이익을 무력 50억$로 1965년 6월 22일 한일협상으로 대일청구권 6억$(무상 3억$, 20년간 원리상환 2억$, 민간차관 1억$)[27]의 8배가 넘었다. 이에 반해서 사망자 5,099명과 부상자 1만 1,232명, 고엽제 피해자 수만 명 중에 지금까지도 수많은 파월장병들이 생계 곤란과 병석에서 병마와 싸우고 있다.[28] 이는 분명히 한반도의 분단현상을 악용한 미국의 계략에 의해서 우리 스스로 대리전에 참여해 용병으로 싸운 것이다.

한편, 지금 한반도의 남북한 대치상태는 분명히 "조개와 도요새의 서로 잡아먹겠다는 싸움(蚌鷸之爭)"에 비유될 수 있다. 이는 주변 강대국에게 이제까지 또한 앞으로도 어부지리(漁父之利)를 제공할 것이다. 가깝게는 1950년 6·25전쟁으로 미국과 일본에게 경제부흥을, 좀 더 멀게는 1910년 경술국치로 36년간 일제 식민지 생활을 했다. 그렇게 당하고도 아직도 깨닫지 못하고 방휼지쟁(蚌鷸之爭)을 해야 하는지, 이제는 강대국의 논리에서 벗어나야 한다. 미국도 중국도 한반도 남북한의 국익을 위해서 '출혈의 대항력(blood counterforce)'을 사용하지 않을 것이다. 한 가지 분명한 건 한반도 주변 강대국 가운데 미국, 중국, 일본, 러시아도 우리나라를 대신해서 대리전쟁을 해주지 않는다.

4

소통만이 국가 화합의 용광로를 가열한다

국가지도자는 먼저 다 듣고 말하라(聖之德)

오늘날은 정보통신의 시대다. 그런데 아이러니하게도 불통의 시대다. 추석 혹은 정월 초하룻날에 오랜만에 가족들이 만나도 대화로 소통하기보다는 인사만 겨우 나누고 고개를 푹 숙인 채 스마트폰으로 문자메시지나 주고받는다. 조직 사회에서는 소통한다면서 일방적인 지시와 잔소리로 전달하고 끝낸다. 질문이나 문제점은 아예 듣지도 않는다. 국가지도자도 준비된 기자 회견문만 읽고, 기자들의 질문은 아예 받지 않고 곧바로 퇴장한다. 아예 자신의 주장과 의견만을 전달하고 상대방의 의견엔 귀를 막고 있다. 지난 2008년 MB 정부가 들어서고부터 불통(不通)이란 말이 유행하더니[29] 2013년 박근혜 정부가 들어서서 소통절벽이란 말이 무척 늘어났다. 국무회의도 지시사항 받아쓰기에 열중하고 있다.[30] 그 대신 '네 탓 공방전'은 심각할 정도로 폭증했다.[31]

불통이란 용어는 아마도 조선 시대 경연(經筵)이나 강경(講經)에서 이해

정도를 측정하는 시험을 볼 때에 사용했던 말이다. 그때도 오늘날 수능시험처럼 등급을 매겼다. 과거 초등학교에서 고등학교까지는 수(秀), 우(優), 미(美), 양(良), 가(可)의 5등급제로, 대학에선 서양대학처럼 A, B, C, D 학점의 4등급제를 평가하였다. 조선 시대 학습 이해도는 순(純), 통(通), 조(粗), 약(略), 불(不) 5등급 혹은 순통(純通), 순조(純粗), 순략(純略)과 불통(不通) 4등급으로 매겼다. 여기서 불통이란 이해를 못 한다. 혹은 의미를 통달하지 못했다는 뜻이다. 물론 학습이해도 측정보다 인체의 순환(혈맥, 정기 및 호흡)에 원활한 소통이 되지 않음을 진단할 때에도 사용했다. 즉, "혈액과 기운이 원활하게 소통되지 않아 심장 통증이 생겼습니다(血氣不通卽發心痛也)."라고 처방전에 썼다.

우리나라 군주의 소통 사례를 보면, 세종(世宗)과 정조(正祖)는 한국사에서 대표적인 개혁군주다. 개혁에 대한 평가는 정조는 가장 많은 인재를 갖고 언쟁에만 휩싸여서 개혁다운 개혁은 못 했다. 결국은 '문체반정(文體反正)'만 했다는 비아냥거림을 샀다. 반면에 세종은 아버지 태종이 워낙 많은 사람을 손봤기(죽였기)에 모든 신하들이 돌아섰다. 그는 그래서 역사상 최대 개혁을 혼자 힘으로 조용히 했다. 위정여건(爲政與件)이 다른 것처럼 두 분의 소통방식 또한 특이하다. 세종은 "대신의 말씀은 백번 옳아요. 그런데 난 이런 관점에서 이렇게 생각해요."라며 'Yes-But' 화법을 구사했다. 이에 반해 정조는 "자네 말은 다 틀렸어. 왜냐하면, 이것은 이래서 틀렸고, 저것은 이래서 틀렸단 말이지."라는 'No-Why' 화법을 썼다.

조선 실록에 기록을 중심으로 역대 군주의 소통 양상을 통계로 살펴보면 첫째로 사용하는 용어로는 태종은 '아니다(No).' 혹은 '틀렸다(You're wrong).'라는 대화를 94회, 영조는 135회, 세종은 단 16회만 나온다. 물론 정조는 셀 수도 없이 많았다. 다음으로 소통을 위한 모임의 회수를 보면, 세종은 재위 기간 중 무려 1,898번이나 토론회를 개최하였다. 가장 많은 숙의(熟議)를 통해서 국정을 논의했다. 그중 손실답험법(損實踏驗法)이라는 세제(稅制) 정책은 1,430년 개정을 시작으로 1,444년까지 14년간 17만 명의 백성과 신하들을 만나서 소통했다. 그는 평소에도 늘 귀를 열어놓았다. "국왕을 욕하는 백성이 있다."라는 상소를 받았다. 조정 대신 모두가 엄벌해야 한다고 주장했다. 세종은 너털웃음을 지으면서 "백성은 국왕의 어버이다. 어버이가 자식이 하는 일이 얼마나 기대에 어긋났으면 욕을 하겠나? 짐을 속 좁은 인간으로 만들지 말게나."라고 무죄 석방을 했다. 이어서 "위정에 있어 백성과 소통이 되지 않으면 나라가 상(喪)한다. 과거를 잊으면 앞날이 없다."[32]라고 사기(史記)의 문장을 인용하여 소통을 강조했고 몸소 실행했다.

귀를 열어야 마음을 얻는다(以聽得心)

과거 절대군주 시대에도 국가를 다스는 데 국민과 소통은 중요했다. 정보통신기술이 발달하지 않아 오히려 지금보다도 더 많은 노력을 쏟아 소통에 힘썼다. 제왕서 중 하나인 『대학연의(大學衍義)』에서는 "귀를 열어 들음으로써 백성들의 마음을 얻고(以聽得心), 소통을 통해 백성들의 사정을 살펴야 비로소(通民情) 민중이 따르게 된다(聽得衆)."라고 가르치고 있다. 이청득심(以聽得心)의 위정 철학을 가장 적극적으로 활용한 분은 청나라의 강희제였다. 그는 변방제후를 빠짐없이 모셔다가 그들이 좋아하는 음식을 차려놓고 소통했다. 그를 두고 역사적 평가는 '소통을 통해서 피 한 방울 흘리지도 않고 대청제국(滿漢全席)을 건설했다.'고. 사마천

(司馬遷)의 사기(史記)에서도 "물을 보면 자신의 모습이 비치듯이. 백성을 보면 나라가 제대로 다스려지는지 아닌지를 알 수 있다."[33]고 당태종(唐太宗) 이세민(李世民)의 말을 적고 있다. 덧붙이면 "아랫사람의 마음을 알려면 입을 다물고 귀를 열어라. 현명한 자는 자기 허물을 듣는 것에 힘쓰고 자신의 뛰어남이나 칭찬을 듣는 것에 좋아하지 않는다."[34] 소통에 있어 '신의 한 수'는 처음부터 끝까지 경청이다. 남을 설득하는 최고의 기술 또한 경청이다.[35]

어떤 면에서 정보통신기술이 발달한 오늘날을 사는 우리들이 선인들보다 소통에 너무 소홀해지고 있다. 소통이란 단순히 자신의 주장만을 하고 홍보(PR)만을 쏟아내는 게 아니다. 아무런 조건 없이 마음을 열고 들어주는 거다. 일방적인 지시(불평불만)를 쏟아내거나 호통(협박)을 치면서 밀어붙이는 걸 원활한 소통으로 아는 국가지도자가 대부분이다. 임진왜란 당시에 선조와 이순신은 앙숙관계였지만, 당시는 가장 빠르다는 파발이나 역참을 이용해도 한 번 내왕엔 달포 이상 걸렸다. 그럼에도 그들 사이에는 한 해 2~3번 이상 서신(장계) 왕래가 있었다. 조정의 국왕과 전장의 장수(戰將)와 직접인 진정한 소통이 있었다. 그런데 오늘날 우리의 언론에서는, 모 비서관이 청와대에서 9개월간 근무했는데도 대통령과는 "전화나 면담이 한 번도 없었다."라고 전한다. 이것이 우리나라 국가지도자들의 불통 현실이다.[36] 서양 속담에 "눈길에 멀어지면 마음마저 멀어진다(Out of sight, out of mind)."는 말이 있다. 직접 얼굴을 눈으로 볼 수 없다면 전화나 문자를 통해서라도 소통이 필요하다.

물론 신체의 순환기능이 원활하게 소통하지 못한다는 의미로 불통(不通)이라고도 했다. 허준의 동의보감에서도 "원활하게 소통되지 않으면 아픔이 생기고, 어떤 신체 부위에 아픔이 있다는 건 소통에 문제가 있다(通

則不痛,痛則不通)."[37]고 규정했다. 고대 중국의 의학서인 황제내경(皇帝內經)에서 "기혈(氣血)이 원활하게 흐르지 못하면 아픔이 생긴다. 아프다는 것은 혈기에 흐름이 원활하지 못하다는 의미다."라고 적고 있다. 신체조직만이 그런 게 아니라 사회적인 조직체인 각종 기관단체의 내부적 활동에서도 원만하게 의사소통이 되지 않으면 작게는 불화에서 조직붕괴라는 큰일까지도 생긴다. 국가라는 거대한 조직도 예외는 아니다. 우리나라 역사학자들은 국가지도자(국왕 등)의 불통으로 인한 대표적인 전란으로 임진왜란(壬辰倭亂)과 병자호란(丙子胡亂)을 제시한다. 솔직하게 말한다면, 자기들 붕당의 이득을 위해 국익을 도외시한 결과로 전란을 자초했다. 지금 우리나라를 둘러싸고 있는 한반도의 분단도, 북한과 극한대립도 지도자들이 당리당략, 정권 유지 혹은 체제 유지 등을 챙기기 위해 국익을 도외시했던 결과이며, 불통의 자업자득(自業自得)이다.

미국은 국가 화합의 용광로에 소통이란 연로를

지난 2010년 3월 23일, 미국의회에 건강보험법(Heath Care Bill) 개정안이 참으로 오랜 진통 끝에 통과되었다. 의결된 법안이 바락 오바마 대통령에게 넘어왔다. 그날 통과된 법률을 공포하기 전, 그는 22자루의 만년필을 갖고 서명했다. 정식 성명 Barack Hussein Obama, 총 18개 스펠링으로 되어 있어 17개에 스펠링엔 한 글자에 만년필을 한 자루씩, 나머지 O에 5 자루 만년필을 사용해서 서명했다. 그리고 법안 개정에 참여하신 20명 의원께 역사적인 법률을 만드는데 노고를 했다고 만년필을 선물로 주면서 기쁨과 추억도 함께 나눴다. 직접 서명에 사용했던 만년필을 나누는데 소통의 의미를 담았다. 나머지 2개는 대통령 본인이 하나 가지고, 또 다른 하나는 백악관 박물관에 법률 제정의 역사적 기념을 위한 소품으로 전시했다. 이런 전통은 1940년 루즈벨트(Franklin Roosevelt) 대통령이 시작했다. 조지 부시 대통령(George W. Bush)은 한 자루로만 서명하고 나머지는 서명하지 않는 것을 기념품으로 주었다. 지난 존슨(President Lyndon Johnson) 대통령은 1965년 '국민인권법(Civil Rights Act)'을 제정할 때에 72자루의 만년필을 기념으로 주었다.[38]

2016년 1월 13일 국내 언론에선 미국 대통령의 소통에 부러운 시각으로 '소통은 이렇게 하는 거야'[39][40] 등의 논조로 기사를 냈다. 백악관 홈페이지, 스냅챗, 트위터 등의 SNS는 물론, 유튜브(YouTube)에다가 셀카 봉 동영상까지 올렸다. 지난해 12월 31일에는 코미디 프로그램에 참여하여 "화가 나면 욕을 하고 한 브랜드의 한 가지 색깔 속옷만 입는다." 혹은 "나초(nacho)를 즐겨 먹고 아침에 운동하기 전 면도부터 하며 정장은 직접 골라 입는다." 라는 개인적 습관을 털어놓았다. 「차 안에서 커피를 마시는 코미디언(Comedians in Cars Getting Coffee)」이라는 프로그램에선 "세계 지도자들 중 몇 명은 제정신이 아니라고 보는가?"는 사인펠드(Seinfeld)[41]의 질문에 "상당한 많은 퍼센트가 미쳤다."고 농담을 하기도 했다.[42] 2016년 1월 17일에 호주머니 속에 갖고 있던 소지품 공개 요청에 소품 하나하나 들고 설명까지 했다. 묵주, 원숭이 상, 행운의 메탈 칩(metal chip), 십자가를 손으로 만지면서 어려운 결정을 할 때에 위안과 평온을 찾는다고 애드리브(ad-lip)까지 덧붙였다.[43][44]

이와 같은 오바마(B. Obama) 대통령의 '스킨십 정치(skin-ship politics)'가 언론에 보도되자, 북한 조선중앙통신에서는 연이어 2012년 7월에 김정은 위원장이 경상유치원을 시찰하면서 유치원 아이들이 의사와 환자로 역할을 담당하면서 의사놀이를 하는 것을 보고, 엄진청이라는 7살 여아에게 다가가서 소매를 걷어 올리면서 "어디가 아픈지 나도 한번 진찰해 주렴?"이라고 요청했다. 쳐다보기만 하던 꼬마 여의사는 "어디가 아파서 왔나요?" 되물었다고 한다. "어린아이가 꾀가 말짱하다."는 유머까지 보도했다.[45]

5

태평양 여성 국가지도자의 대담성(audacity)?

세계여왕과 국가 번영

동양은 서양에 비해 남존여비(男尊女卑)사상이 강하여 남성 위주로 되어있는 것 같다. 그러나 역사상 여왕을 배출했던 정치문화에선 동양이 서양보다 오히려 훨씬 유연했다. 남존여비 문화의 원천 즉 유교 발생지였던 중국이지만 여러 명의 여제(女性皇帝)를 배출했다. 제1위는 북위의 원고랑(元姑娘), 2위는 당나라 때 문가황제(文佳皇帝陳碩眞), 3위는 우리에게 포악성과 혁신성의 양면으로 알려진 측천무후(則天武后), 4위는 서요나라의 야율보속완(耶律普速完), 마지막은 청나라 말기 자희태후(慈禧太后)였다. 그러나 중국 사람들은 자희태후를 제외한 4명의 여제를 인정하고 있다.

한국에서는 신라 시대 제1위로는 삼한일통의 기반을 다진 선덕여왕(善德女王), 2위는 진덕여왕(眞德女王)과 3위는 망국의 길로 접어들게 했던 진성여왕(眞聖女王)이 있다. 그리고 일본은 동양에서 가장 많은 전설상의 천황 2명을 제외하더라도 8명을 배출했다. 제1위는 추고여제(推古女帝), 2위

황극여제(皇極女帝), 3위는 지통여제(持統女帝), 4위 원명여제(元明女帝), 5위 원정여제(元正女帝), 6위 효겸여제(孝謙女帝), 7위 명정여제(明正女帝), 8위 후앵정여제(后櫻町女帝)다. 물론 일본에서는 여제(女帝)나 여왕(女王)이 아닌 천황(天皇)으로 불렀다. 베트남과 인도에도 한 분의 여제가 있었고, 러시아에서도 4명의 여제가 있었다.

오늘날처럼 남녀평등의 인권시대가 아니었던 고대왕조시대 동양에선 20여 명의 여제들이 국가를 통솔했다. 서양에서 가장 여왕이 많았다고 생각하는 영국은 5명의 여왕을 배출했다. 메리 1세 여왕, 엘리자베스 1세, 메리 2세 여왕, 빅토리아 여왕 그리고 현재 엘리자베스 2세가 있다.

세계적으로 남성인 국왕 혹은 황제가 이룩하기 어려운 대업을 성취한 여왕이 있었다. 즉 대영제국의 토대를 마련했던 엘리자베스 1세이고 절정기는 빅토리아 여왕 시대였다. 한편, 스페인에서는 이사벨라(Isabella, 1474~1504) 여왕이 1451년생으로 23세에 여왕으로 등극하여 1492년(64세 때)에 3국으로 분열된 스페인 조국을 통일했다. 더욱 과감하게 콜럼버스에게 세계 항해를 적극 지원해 광활한 식민지영토 확장으로 세계패권을 장악하는 기반을 다졌다[46]. 한편 632년 우리나라의 선덕여왕은 53세 할머니로 붕괴 직전의 신라 사직을 "새로운 천 년을 펼치자(新羅千年)"는 프로젝트를 수립해 가장 먼저 황룡사 구층 목탑과 첨성대(瞻星臺)를 세워 백성들의 마음을 한 곳에 결집시켰다. 이어 삼한일통의 기반이 될 왕성 구축 등 대형토건사업을 추진했다. 더욱 대담하게 사회적 변혁과 신분을 혁파하는 김유신(金庾信)과 김춘추(金春秋)를 과감하게 등용했다. 동시에 나당연합 등 외교와 국방에 획기적인 전환점을 마련했다.

박근혜 대통령과 차이잉원(蔡英文) 총통

　박근혜 대통령은 1997년 12월 2일 사촌 오빠 박재홍의 소개로 한나라당 이회창 제15대 대통령 후보자를 만나 12월 10일 지지 선언과 입당을 했다. 다음 해 4월 2일에 대구 달성군 국회의원 보궐선거로 당선되어 박정희 전 대통령의 딸이고, 미혼여성이라는 특이점에 온 국민의 주목을 받았다. 아버지와 어머니의 고향인 대구 경북과 충청지역의 30~40% 콘크리트 지지층을 가졌다. 2002년 2월 한나라당을 탈당하여 한국미래당 창당, 대선 직전에 복귀, 2002년 5월 12일 북한 방문, 5월 13일 김정일 국방위원장 면담, 2004년 3월 12일 다수의 한나라당(133/273석)이 제16대 국회에서 노무현 대통령의 탄핵소추추진에 대한 역풍, 16대 대선의 불법정치자금과 관련해 SK그룹을 비롯, 대기업과 연결된 차떼기 사건 등 수많은 역경이 밀어닥쳤다.

　이때 최병렬 대표 사퇴 '역풍 위기'를 극복하는 구원투수로 3월 23일 당대표를 맡아 여러 차례 대국민 사과와 여의도 천막당사로 제17대 총선에 121석 예상외 선전으로 '선거의 여왕'으로 등극했다. 2005년 12월 여당의 사립학교법 개정안 직권상정에 장외투쟁으로 당내에서 "한나라당이 무슨 장외투쟁이냐?"라는 비아냥거림에도 개의치 않았다. 2006년 5월 20일 지방선거 유세 중 문구용 면도칼 피습에도 "대전은요?"라고 선거 판세를 물어보는 대담함을 보였다. 2007년 제17대 대통령 후보에 당권과 대권 분리방침에 2006년 6월16일 대표직 사퇴, '줄·푸·세(세금은 줄이고, 각종 규제는 풀고, 법 기강은 세운다)' 정책을 입안 대통령 후보자로 경선에 나섰다. 그러나 이명박 경쟁후보자에게 깨끗이 양보하는 미덕을 보였다.

　MB 정부 때 2008년 총선에 친이계(친이명박계) 후보공천에 친박계(친박근혜계)의 대거 탈락이 있어 "나도 속았고, 국민도 속았다."라고 촌철살인의 핵심을 꼬집었다. 2009년 세종시 수정의견에 극구 반대하여 계파 갈등이 확산되기도 했다. "세종시는 국회가 국민과 충청도민에게 한 약속"이기에 공약을 지켜야 한다고 극구 반박했다. 2012년 7월 8일 '내 꿈이 이루어지는 나라'라는 슬로건으로 제18대 새누리당 대통령 후보자로 출마 선언했다. 과반수의 득표로 박근혜 후보자가 제18대 대통령으로 당선되어 2013년 2월 25일 박근혜 정부로 출범했다.

한편, 타이완에서는 2016년 1월 16일 제14대 총통에 민주진보당 주석인 차이잉원(蔡英文) 후보자가 압도적으로 당선되어 2016년 5월 20일에 취임하게 되었다. 2012년 총통선거에서도 후보자로 경쟁하였으나 마영구(馬英九) 후보자에게 80만 표 차이로 실패한 뼈아픈 경험도 있었다. 우리나라의 언론에서는 '타이완의 박근혜(臺灣的朴槿惠)'라는 표현을 쓰고 있으나 본인은 "아니다. 아버지 전직 대통령의 후광을 입은 박근혜 대통령과는 다르다."고 했다. 산전수전 다 겪고 승리한 '아시아의 메르켈(亞洲的默克爾)'[47]이라는 표현을 선호한다. 그녀는 할아버지가 중국 본토에서 이주했으나 꼴찌에 가까운 학교성적임에도 노력하여 행정원 부원장. 입법위원으로 양안 문제의 전문가로 활동했다. 타이완대학과 미국 코넬대학 법학박사로 대학교수를 하다가 민주진보당 주석을 맡아 총통에 나왔다. 2016년 1월 13일 투표에서 56.1%로 2위인 주입륜(朱立倫) 후보자와 308만 표 차이로 압승하였다.

선거유세 중에 한류 여성가수 16세 쯔위(子瑜)가 타이완의 청천

자료: 차이잉원 총통 글씨(臺海網)

백일기를 흔들었다고 중국에서 한국의 엔터테인먼트회사 JYP에 항의를 했고, JYP는 부모와 협의해 쯔위에게 사과를 하도록 지시했다. 이에 대해서 차이잉원 후보자(50세)는 "타이완 국적이라고 중국에 사과해야 하는 일은 절대로 없어야 한다."고 강경하게 발언했다. 이를 통해 취업 절벽과 중국 본토에 위축감을 감추고 있던 타이완의 딸기세대(草苺族)[48] 130만 명 이상을 투표장으로 모이게 했다는 언론보도까지 있었다.[49]

태평양 연안의 여성 국가지도자들

미래학자 존 나이스비트(John Naisbitt)의 1982년도 저서 『메가트렌드(Megatrend)』에서 "21세기는 3F 시대가 될 것이다."라고 예언했다. 3F 시대, 즉 여성(female), 감성(feeling), 그리고 허구(fiction)의 시대가 당도할 것이라는 말이다. 과거는 남성 위주의 사회였다면 21세기는 '여성중심사회'로 변천할 것으로 봤다. 미국 동부 아이비리그 명문 로스쿨과 의과대학에 30% 이상 여학생들이 입학하고 수석을 차지하는 속칭 '알파 걸(alpha-girl)' 현상이 나타나고 있다. 우리나라에서도 선호도 1위 외국 회사 골드만삭스(Goldman Sacks)에서도 여성 강세 바람이 불고 있다.[50] 또한, 2016년 7월 1일에 한국 공직사회에서도 여성이 남성을 초과했다. 남존여비(男尊女卑)의 사상이 강했던 동양에서도 인도 인디라 간디(Indira Gāndhī), 호주 줄리아 길라드(Julia Gillard), 필리핀 코라손 아키노(Corazon Aquino), 미얀마 아웅 산 수지(Aung San Suu Kyi), 한국 박근혜(朴槿惠), 타이완 차이잉원(蔡英文) 등의 국가지도자가 나옴으로써 여성의 시대로 급격하게 변모하고 있다.

과거 왕조시대에서도 여제(女帝)의 치정의 특징은 남성보다 대담하고 과감한 변혁이 많았다. 특히, 갱후(更年期後) 여성들은 일명 생리적 성교차(biological sexual exchange) 현상으로 남성보다 더 대담한 리더십을 발휘하고, 추진 정책에도 과감한 드라이브(drive)를 걸었다. 대표적 사례로 이사벨라 여왕의 스페인 통일, 세계항해와 식민지 확장 정책으로 '무적함대 스페인' 시대를 개막했다. 우리나라엔 선덕여왕은 붕괴 일보 직전인 신라를 변혁, 통일대비 토건 사업과 나당연합군까지 결성했다. 삼한일통의 기반을 다 닦았다. 영국의 엘리자베스 I 세는 과학 발전과 산업혁명을 통해서 대영제국의 기틀을 다졌고 빅토리아 여왕은 마침내 꽃을 피웠다.

1890년대 미국의 존 웨이(John Way)는 "19세기는 지중해의 시대, 20세기 대서양의 시대, 21세기 태평양의 시대가 될 것이다."라고 예언을 하였다. 마치 최근 태평양 연안국(pacific-rim countries)에서 많은 여성 지도자들이 선출되는 현상이 태평양 시대를 입증하고 있다. 이에 대해서 긍정적인 면에서는 여성적 정서와 섬세함을 갖춘 소프트 파워(soft power)에 의한 화합과 평화의 기반을 다질 수 있다. 부정적인 면에서 서로의 국익과 감성에 지나치게 쏠릴 경우에는 '세렝게티 초원의 암사자들(Lionesses in Serengeti Grassland)'처럼 날카롭게 발톱을 세우고 물고 싸우는 갈등의 연속도 예상된다.

6

선제적 예방타격(preemptive prevent strike)의 기반

선수를 쳐서 상대방을 제압하기

국가의 군사적 사태를 예견하여 먼저 만반의 대비를 해놓아야 한다. 상대방의 허점에 대해서 빠짐없이 함정 혹은 덫을 마련해 놓아야 비로소 어떤 경우도 상대를 제압할 수 있다. 만약 먼저 선수를 당하면 질질 끌려다니면서 수세적으로 아무런 대응도 못 하고 국익을 포기하며 모든 국민들은 노예의 삶을 살 수밖에 없다(先發制人, 後發制於人). 국가지도자는 반드시 선제적인 예방조치(preemptive prevent measures)를 취하는 것이 필수다. 전쟁에 있어서도 사전에 상대방이 가진, 모든 공격 가능한 경우의 수에 철저한 대비를 했다면 상대방은 아예 싸울 생각조차 못 하게 된다. 이것이 가장 좋다(爲上伐謀). 다음으로 외교적인 갈등 해소로 전쟁의 요인을 없애는 것이고, 군사적인 조치로 전쟁을 방지하는 것이다(次之伐交, 次之伐兵)[51].

지난 1993년 3월 12일 북한이 NPT에 탈퇴를 선언했다. 1994년 3월 19

일에 남북한 실무회담이 개최되었고, 북한대표는 '서울 불바다' 발언을 했다. 7월 8일 김일성 위원장 사망, 10월 21일 제네바 협상이 끝났다. 1994년 제1차 핵위기 당시 미국에선 항공모함 2척과 군함 33척으로 영변 핵시설을 없애기 위한 외과수술식 타격(surgical air strikes)을 계획했던 적이 있었다. 윌리엄 페리(Willian Perry) 장관이 언론 인터뷰를 했다.[52] 영변 핵시설을 파괴해서 북한의 장사정포와 다연장포 등이 수도권 주요 도시를 타격할 경우를 컴퓨터로 시뮬레이션해보니 약 100만 명의 인명 피해와 물적 피해가 예상되었다. 또한, 20만의 미군 증강이 필요했다. 이런 예측을 검토한 결과를 6월 16일에 미국 대통령에게 보고했다. 이어 우리나라 대통령에게도 곧바로 전달되었다.

군사적으로 북한은 핵무기를 보유하지 않은 재래식 무기만으로 비대칭적 대항력(asymmetry counter-force)이 있어 전쟁 실익을 확보할 수 없다고 판단했다. 이에 대해 2009년 4월 13일 김영삼 전 대통령도 "2시간의 전화통화를 클린턴 대통령에게 해서 영변 핵시설에 선제타격을 극구 만류했다."고 밝혔다.[53] 이어서 2차, 3차 북핵 문제는 주변 관련 국가의 4자회담에서 6자회담으로 협상하기로 했다. 다른 한편으로 UN 안전보장이사회의 대북제재와 국제공조를 동시에 해왔다. 남한이 해결해야 할 문제라기보다 UN, NPT 혹은 핵보유국의 불법 핵무기를 제재하는 차원으로 흘렸다. 남한 단독으로 어떤 제재를 할 수도 없었고, 할 생각조차 하지 못했다. 그런 관계가 지금까지 이어져 제4차 핵실험에도 자체단독적인 제재보다 UN 안보리와 국제공조를 요청했다.

우리나라는 북한의 대남 무력도발 사건이 터지고 난 뒤에 반드시 "원점타격을 하겠다."[54] 혹은 "선 조치 후 보고를 하도록 조치했다."라고 몇 차례 공언하였다. 2015년 8월 4일 DMZ 북한제 목함지뢰 폭발 사건이 발생하여 대북 확성기 방송을 19년 만에 재개했다. 이로 인해 남북한이 준전시 상황까지 극도로 긴장이 고조되었다. 연이어 8월 23일 박근혜 대통령은 "선 대응 후 보고"를 지시했다. 8월 25일 남북한 고위층의 협상으로 19년 만에 주체명시와 7번째 사과를 받아냄으로써 마무리되었다. 이후 교전수 칙은 "원점 타격을 못 하면 지원세력을 타격하고, 지원세력이 없으면 지휘 세력을 타격한다."고 수정해 대응타격(counter strike)을 국민에게 약속했 다. 그럼에도 2016년 1월 6일 제4차 핵(수소폭탄)실험에 대해서 1월 23일 에 "선 대응 후 보고(first maneuver, second report)"하라고 통일부 업무 보고에서 같은 지시를 재차 반복했다.[55]

대남도발에 선제적 대응조치를

1953년 7월 27일 전쟁휴전 이후 2014년 11월 30일 현재 3,040회(침 투 1,968, 국지도발 1,072)의 대남도발이 있었으나[56] 단 한 번도 선제적 대 응을 하지 못했다. 여기서 선제적 대응(preemptive maneuver)이란 엄격 한 의미에서는 도발 당하고 사후보복타격을 하는 것이 아니다. 상대방의 도발 기미가 있으면 기선제압을 위하여 예방적 타격(preemptive prevent strike)[57]을 하는 것이며, 도발하였을 때는 준비된 일련의 보복타격(series counter-strikes)은 물론이고 더 이상 같은 도발이 없도록 근원 제거 조치 (root-killing measures)하는 것을 의미한다. "선 대응 후 보고"는 사후적 립 서비스 조치(post-facto lip-service reaction)는 아니다. 속된 말로 "상 대방이 간을 본다."는 비웃음만을 사게 된다. 사후조치는 한 마디로 철저 한 보복능력(retaliatory power)을 보여주는 것이다.

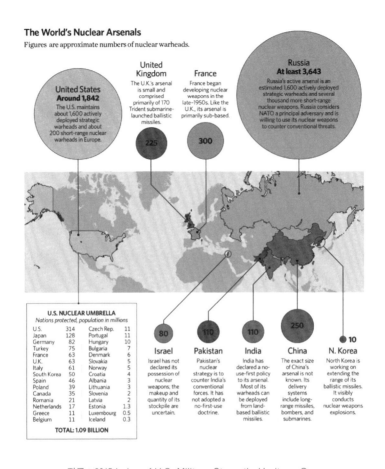

The World's Nuclear Arsenals

Figures are approximate numbers of nuclear warheads.

United States
Around 1,842
The U.S. maintains about 1,600 actively deployed strategic warheads and about 200 short-range nuclear warheads in Europe.

United Kingdom
The U.K.'s arsenal is small and comprised primarily of 170 Trident submarine-launched ballistic missiles.

225

France
France began developing nuclear weapons in the late-1950s. Like the U.K., its arsenal is primarily sub-based.

300

Russia
At least 3,643
Russia's active arsenal is an estimated 1,600 actively deployed strategic warheads and several thousand more short-range nuclear weapons. Russia considers NATO a principal adversary and is willing to use its nuclear weapons to counter conventional threats.

U.S. NUCLEAR UMBRELLA
Nations protected, population in millions

U.S.	314	Czech Rep.	11
Japan	128	Portugal	11
Germany	82	Hungary	10
Turkey	75	Bulgaria	7
France	63	Denmark	6
U.K.	63	Slovakia	5
Italy	61	Norway	5
South Korea	50	Croatia	4
Spain	46	Albania	3
Poland	39	Lithuania	3
Canada	35	Slovenia	2
Romania	21	Latvia	2
Netherlands	17	Estonia	1.3
Greece	11	Luxembourg	0.5
Belgium	11	Iceland	0.3

TOTAL: 1.09 BILLION

80
Israel
Israel has not declared its possession of nuclear weapons; the makeup and quantity of its stockpile are uncertain.

110
Pakistan
Pakistan's nuclear strategy is to counter India's conventional forces. It has not adopted a no-first-use doctrine.

110
India
India has declared a no-use-first policy to its arsenal. Most of its warheads can be deployed from land-based ballistic missiles.

250
China
The exact size of China's arsenal is not known. Its delivery systems include long-range missiles, bombers, and submarines.

10
N. Korea
North Korea is working on extending the range of its ballistic missiles. It visibly conducts nuclear weapons explosions.

자료 : 2015 Index of U.S. Military Strength, Heritage Org.

대표적인 선제적 대응타격의 예로 지난 2003년 3월 20일 미국이 이라크에 대량살상무기가 있다는 첩보로 UN 안보리 결의(No.1441)로 무력사용 권한을 부여받아 즉각 타격한 것을 들 수 있다. 또한, 이스라엘은 시리아의 핵시설(발전소)을 야간폭격으로 파괴했다. 북한의 핵무기는 NPT 등 국제기구에서 인정하지 않는 각종 국제협약을 위반한 불법적인 핵무기다. 따라서 선제적 예방타격(preemptive prevent strike)이 가능하다는 것이

1994년도 미국에서 검토했던 외과수술식 선제타격의 대상시설물이라는 결론이었다.

최근 우리나라는 박근혜 정부가 취임에 앞서 2013년 2월 12일 제3차 핵실험, 2014년 탄도미사일과 방사포 사격 실험, 북한 무인기 추락 사건, 어업지도선 2척 NLL 침범, 연평도 인근 해상 유도탄 고속함 협차 사격, 2015년 DMZ 목함지뢰 폭발사건(8.4.), 서부전선 포격(8.20.), 2016년에 들어와서도 제4차 핵(수폭) 실험(1.6.), 무인기 영공침범(1.13.), 대남전단 대량살포(1.12.~15.), 2월 7일 제6차 장거리미사일 발사 등이 이어지고 있으나 전략적 무시(strategic ignorance) 혹은 전략적 인내(strategic patience)라는 이름으로 '간을 볼 기회'를 제공하고 있다.

그러나 유일하게 우리나라 자체적으로 사후조치를 한 것은 2010년대 '5·24조치'가 있다. 지난 2010년 3월 26일 한미연합훈련 중에 천안함 폭침 사건이 발생하였을 때 MB 정부는 5월 24일에 '5·24조치'[58]라는 사후대응으로 대북제재를 내놓았다. 주요 내용은 개성공단과 금강산을 제외한 방북을 불허하고, 남북교류를 중단하며, 신규투자를 금지한다는 내용이었다. 북한 선박의 해역운항 불허, 대북지원사업의 원칙적 보류, 인도적 차원의 모든 지원까지도 차단했다. 그리고 이듬해부터 투자자산 점검 방북 허용, 임·가공품 반입 허용, 의약품 지원품목 확대, 종교·문화예술인 방북허용으로 유연성을 보였다. 박근혜 정부 들어 와서 남·북·러 물류협력사업(나진-하산 프로젝트) 신규투자 예외 인정, 민간단체 대북 비료 지원 승인 등으로 속칭 "쌀은 좀이 다 먹고 있는데 쌀자루만 쥐고 있다."는 속된 표현이 나돌았을 정도였다.

설상가상으로 2월 7일 제6차 미사일 발사로 2월 11일 개성공단 운영 전면중단과 남북한지원과 경협의 일체 중단을 선언했고, 3월 3일에서야 미국과 중국의 강력한 대북제재 공조 합의와 UN 안보리의 대북제재결의안이 만장일치로 통과했다. 그러나 어떤 면에서는 이런 초강적인 대북제재(super-strong sanction to North Korea)도 외교적 수사(diplomatical rhetorics)에 불과하다. 군사적 타격이나 경제적 타격처럼 직접적인 아픔을 주지 못한다. 수차례 유엔안보리 제재를 받았기에 만성적 면역이 생겼다.

이젠 게임 체인저(game changer)로 등장할 때다

박근혜 대통령 취임 이후에 10여 차례 북한의 대남도발 사건이 발생했다. 그럼에도 우리나라 자체적으로 한 것은 지난 2016년 1월 13일 신년사 기자회견에서 언급한 '대북 확성기 방송 재개'와 2016년 2월 11일 개성공단 운영 전면중단이었다. 나머지는 주변 강대국에게 공조를 통한 UN 안보리에 경제적 혹은 외교적 제재를 요청하는 것뿐이었다. 2013년 2월에 제3차 북핵 실험과 4월 3일 적반하장(賊反荷杖)의 '개성공단 운영 중단'이란 북한의 선제적 공격을 받았다. 8월 16일 협상과 9월 16일에 160일간의 운영중단을 끝내고 공단경영을 재개했다. 이후에 수차례 작은 규모의 무력도발을 받았지만, 사전 준비된 시나리오에 따라 착착 '원점 타격'을 한 적은 한 번도 없었다. 우리나라가 자체적으로는 늘 하던 립 카운터 펀치(lip counterpunch) 혹은 말 폭탄(tongue bomb)만 쏘아 부었다. 한편, 천만다행으로 중국을 통한 군사적 동맹국으로 혹은 경제적 지원국의 지위를 이용한 압박을 가할 수 있었다. 또한, 한미혈맹관계를 활용한 일시적이나마 전력자산을 동원한 가시적인 한반도 무력시위 혹은 한미군사훈련을 통해서 겁을 주었다.

그런데 2016년 1월 6일 북한은 제4차 핵(수폭)실험을 했다. 그날 오후에 청와대에선 국가안보회의(NSC)를 개최했고 '혹독한 대가', '가장 강력한 대북제재'를 국민에게 약속하면서[59], 한일정상과 한미정상이 전화통화를 하여 대북제재를 위한 협력을 요청하였다. 전략적 동반자(strategic partner) 관계를 맺은 중국 최고 지도자와 전화통화를 몇 차례 시도했으나 받아주지 않았고, 이에 대해 2월 4일에 중국 국가지도자가 한밤중에 통화하자고 신청을 했으나 다음날 9시에 비로소 통화가 되었다. UN 상임 이사국인 미국, 중국, 러시아의 의견 조율이 되지 않는 상태에 있었고, 국가지도자들에게 공식적인 외교채널을 통해 몇 차례 '강력한 대북제재'를 요청했다. 박근혜 대통령은 국회 연설, 대국민기자회견 등에 "생화학 무기나 사이버 테러 등 초국가적 위험이 심각해지고 있고, 이런 위협을 열 번 잘 막아도 한 번만 놓치면 국가 기능이 마비될 수 있는 심각한 위험이 될 수 있다."라고 강조하였으며, 또한 국내정치인들에게도 몇 차례 당부했다.[60]

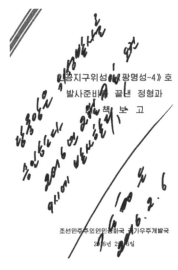

인공지구위성 《광명성-4》호
발사준비 끝낸 정형과
책 보 고

조선민주주의인민공화국 가우주개발국
2016년 2월 6일

제7차 광명성(미사일) 발사
(2016. 2. 6. 김정은 서명)

그럼에도 불구하고 UN 안전보장이사회 대북제재 결의안의 초안을 두고 '강력하고 포괄적인' 조치를 요구하는 미국의견과 '적절하고 합당한' 제재를 주장하는 중국 사이에 세부문안을 놓고 의견 차이를 보였으며, 협상지연까지 있었다. 중국의 최대명절 춘절(새해)을 맞아 관심이 분산되고 있어서 장기화가 전망되었다. 우리에겐 사후약방문(死後藥方文)의 시급한 제재조치인데 미국과 중국에서는 기한이 없어 보였다.[61] 1월27일 미·중 고위층회담에서도 '네 탓 공방'을 주고받았다.[62] 이제까지 '네 탓 공방(your-fault game)'만 해왔다. 임진왜란, 경술국치, 그리고 6·25동란 때도 '네 탓 공방전'으로 그렇게 당하고도 지금까지 계속하고 있다. 지금부터라도 우리나라 스스로 대북제재를 할 수 있어야 한다. 선제적이고 공세적인 대응을 할 수 있도록 여건을 새로 마련해야 한다. 지금이 바로 이런 선택의 기로에 서 있다.

그뿐만 아니라 2016년 2월 7일에는 제6차 장거리미사일을 발사했다. 북한의 연속적 타격에 대해 i) 이제는 더 이상 북한에 끌려가지 않겠다는 단호한 의지표명, ii) 미국 및 UN에 강력한 제재를 요구하기 위한 작은 희생 감수, iii) 북핵개발 및 통치자금의 통로(dollar box) 차단을 위한 강력한 최후수단으로 2월 10일에 개성공단 운영 중단을 선언했다. 이번을 계기로 전환점(turning point) 마련이 필요했다.[63] 히든카드(hidden card)를 보여주었으니 이젠 가지고 있는 패만이라도 잘 써야 한다. 이젠 남북한의 어떤 게임도 남한이 주체적으로 주도할 수 있도록 게임 체인저(game changer)가 되어야 한다.

7

관용(toleration)에서 잔인(cruelty)으로

로마제국의 원동력, 관용(寬容)

관용(toleration)은 탐닉하고 있는 어떤 것을 허용하지는 않는다는 상황에서 의도적으로 할 수 있도록 관대히 베푸는 것이다. 또한, 현상유지 혹은 보존(지배)하기 위해서 봉역을 제공하고 참고 견디어야 하는 상황에서 열등, 과오나 피해를 눈감아주고 지지와 협조를 해주는 것을 말한다. 구약성서 기록에 의하면 BC 539~ 530년대에 페르시아 시루스 대왕 (Cyrus the Great)이 억류했던 유대인을 석방시켰고, BC 331년 그리스와 이집트 사람들과 동등하게 평화롭게 살 수 있도록 알렉산드리아 그리스 사람들 속에 유태인의 지역사회를 형성하여

자료 : 석양의 콜로세움(로마관광 안내서)

살도록 허용했다. "다문화의 제국형태로 생각할 수 있는 관용의 한 실례"를 제공했다고 마이클 왈쩌(Michael Walzer)는 『관용론(On Toleration)』에서 언급하고 있다. 로마제국에서는 제국의 지배권 범위 내에서 정복한 지역의 종교적 신을 숭배할 수 있게 허용한 것은 로마제국의 중요한 전파력이었다. 또한, 정복 지역의 주민들에게 로마시민으로 동등한 권한을 부여해 차등이 없었던 것이 관용이었다. 불가리아 소피아 인근 작은 시골에서 미천한 가문에서 태어났으나 탁월한 전투경력으로 황제에 올랐던 갈레리우스 황제(Roman Emperor Galerius Maximianus)는 AD 311년 그렇게도 박해했던 기독교를 받아들였다.[64]

로마 귀족의 불문율은 '고귀하게 태어난 사람은 고귀하게 행동해야 한다'였다. 즉, 자신의 행동이 바로 자신의 신분이다. 남다른 봉사, 기부 및 헌신을 통해서 남으로부터 존경을 받고 영예를 얻는다는 것이다. 노예와 다르다는 군림만으로 귀족이 되는 것이 아니라 사회적 의무는 물론이고 도덕적 의무(noblesse obligee)를 실천하는 데 자부심을 가졌다. 철저하게 17세 미만의 어린아이들이나 노예들에게는 전쟁에 보내지 않았고, 귀족들이 솔선수범하여 평소 시민들에게 받았던 존경과 자유에 대한 보답으로 목숨을 내놓았다. 카르타고 명장 한니발과의 제1차 포에니 전투에서, 그리고 16년간 벌어진 제2차 포에니 전쟁에서도 13명의 집정관(Consul)들이 전사했다. 이뿐만 아니라 병역의 의무를 실천하지 않는 사람은 절대로 호민관이나 집정관 등의 고위지도자도 될 수 없었다. 스스로 나올 면목조차 갖질 못했다고 생각했다.

또한, 귀족들은 자신의 재산과 노예 등도 시민으로부터 받은 은전이라고 생각하고 아낌없이 내놓았다. 공공시설을 신축하거나 개보수할 때 재정지원을 하여 귀족의 이름을 따서 건물과 도로명칭을 지었다. 심지어 정책이나 법령명칭에도 자신의 이름을 걸고 의무를 다했다. 죽고 난 뒤에서도 자손에게 양말 쪽 하나도 상속하는 것이 없이 군중들에게 나눠주었으며, 속옷까지도 제비뽑기해서 필요한 군중에게 기부했다. 귀족 이름이 들어가는 가도(街道)로는 아피아 길(Via Appia)은 '아피우스의 길'로 BC 312년 재무관이었던 아피우스가 입안해서 자신의 재산과 감독으로 건설했다. 이외도 라티나 길(Via Latina), 티부르티나 길(Via Tiburtina), 노멘타나 길(Via Nomentana) 등, 법령명칭으로는 셈프로니우스 도로법과 율리우스 농지법 등이 있었다. 그는 제1차 포에니 전쟁 때 군선 200척을 건조하여 전쟁을 승리로 이끌거나 몸소 노역에 참여하기도 했다.

오늘날 세계제국의 미덕은 잔인(殘忍)

우리나라에도 2014년 3월에 「300: 제국의 부활(Rise of An Empire)」이란 영화가 상영되었다. 300에서 다루는 것은 BC 480년 9월 23일 제3차 페르시아 전쟁으로, 살라미스 해협에서 아테네 함대가 주역으로 그리스 연합 해군과 페르시아 해군이 격돌했다. 1588년 영국 갈레 해전, 1592년 조선의 한산도 대첩, 1805년 영국의 트라팔가르 해전과 더불어 역사상 4대 해전으로 손꼽히며, 그중에서도 가장 오래된 살라미스 해전이다. 그 영화에서보다 우세했던 페르시아는 "누가 어린애 같은 너의 머리에 왕관을 씌웠는지 잊지 마라."라는 말과 같이 "우리는 오늘 죽은 그리스 군대의 등짝을 밟으면서 춤을 출 것이다."[65]라고 외쳤다. 한편, 그리스 연합은 "보여 줄 것이니라. 우리가 네놈들의 발밑에 무릎을 꿇고 사느니, 차라리 내 발로 선 채로 죽을 것이라!"[66]고 되받아쳤다. 스파르타 군대의 병정들은 전쟁에 소모품이었고 지도자들은 귀족과 군왕의 한 부품에 불과했다. 철저한 잔인(殘忍)만이 지배의 원동력이었다. 국력은 노예와 하층민의 피에서 나왔다.

오늘날 강대국의 원동력도 대부분 전쟁에서 얻은 힘이다. 대영제국의 식민지, 일본제국의 식민지, 미국의 전쟁경제 등은 고대역사는 '노예 피에서 나오는 힘'이라는 잔인성에 기초를 두고 있다. 독일 히틀러는 유대인과 집시족 360만 명을 유독가스로 학살했다. 1937년 12월 13일 난징(南京)을 장악한 일본군은 무고한 남경시민 30만 명의 대학살을 감행했다. 또한, 미국은 1945년 8월 6일과 8월 10일 히로시마와 나가사키에 원폭으로 무고한 시민 30만 명을 살상하였다. 지금도 규모는 작아도 약소국가에 힘을 과시하고 있다. 현재도 강대국(제국)들의 잔인함(cruelty)을 보여주고 있다. 과거처럼 신뢰와 우정보다는 국익을 위해 혹은 국민감정을 해소하기 위해 여지없는 잔인함을 보여주고 있다.

지난 1860년경 영국 총리였던 팔머스톤 경(Lord Palmerstone)은 "영원한 우방도 영원한 적도 없다. 우리의 국익이 영원히 끊임없기를 바라면서 이를 추구하는 것이 우리의 의무다."[67]라고 규명하였다. 좀 더 솔직하게 "영국인에겐 영원한 우방이란 존재하지 않으며 오직 영원한 이익 추구만 있을 뿐이다(Britain has no eternal friends or eternal enemies, only eternal interests)."고 했다. 최근에는 '적 같은 친구(fenemy or friemy)'[68]라는 말이 생겨나고 있다. 지난 2015년도 중국 국가지도자 시진핑(習進平)이 오바마 미국 대통령을 방문했을 때도 '프레네미(frenemy)'라는 표현을 사용했고, 5월 13일 시진핑 주석이 인도를 방문하였을 때 미국 CNN 방송에서는 '인도와 미국은 친구인가 적인가 혹은 프레네미인가?'라는 제목으로 보도를 했다.[69] 단적인 사례로 지난 2016년 1월 16일 미국과 이란은

1979년 이란 혁명 이후 군사, 경제, 금융 및 교역에 대해 지속해 오던 UN 의 각종 제재(sanctions against Iran)를 해제했다.

우리나라도 국익과 도의적 의무를 다하는 국가지도자를

지난 2003년 10월에 상영한 우리나라 영화 「황산벌」에선 신라 김유신과 백제 계백(階伯) 장군이 자존심을 놓고 AD 660년 황산벌에서 한판 싸움을 벌였다. "이 세상은 강한 자가 살아남는 게 아니야. 살아남는 자가 강한 거야!" 10만 대군을 이끈 김유신이 결사대 500명으로 맞서고 있는 계백에게 약을 올린다. 밀고 밀리는 싸움판은 쉽게 전황이 한쪽으로 기울여지지 않았다. "이놈의 싸움은 피를 더 봐야 하는 모양이다."라고 생각한 김유신은 가장 먼저 자기 아들 반굴(盤屈)에게 낭장결의(郎將決意)를 보이면서 앞장서서 싸우라고 했다. "지금이 바로 충효를 보여줄 기회다."라고 외치며, 적진으로 달려가 전사했다. 그런데도 군사들의 사기는 냉랭했다. "더 많은 피를 요구하는구나!"라고 하자 옆에 있던 품일 장군에게 눈길을 보냈다.

품일 장군은 합천 대야성 성주였던 김춘추의 사위 김품석의 아우다. 이를 기다리고 있던 관창은 반굴이 하던 그대로 낭장결의를 보이면서 "내 나이 비록 어리지만, 뜻과 기개가 충천하다. 어찌 용맹을 내지 않을쏘냐?" 라고 앞에 나와 칼을 빼 들고 적진을 향해서 외쳤다. "계백아, 나오라~! 나는 신라대왕 김춘추의 사위인 전 대야 성주 김품석의 아우이신 현 신라 좌 장군 김품일의 아들 화랑 관창이다~." 계백은 잡고 보니 어리고 총명한 화랑이라 죽은 아들이 생각나서 살려 보냈다. 그러나 관창이 또다시 결사 항전하자 목을 쳐서 말에 태워 돌려보냈다.

이렇게 신라의 귀족들은 도의적 의무를 다하였기에 1,000년 제국을 영위할 수 있었다. 그러나 이후 귀족들은 자신의 몫을 찾았고 과도하게 군림하면서도 자신의 의무는 아예 하지도 않았다. 조선 시대는 양반에겐 병역까지 면제시켜 주었다. 이렇게 군림하는 지도자의 모습은 일제식민지 시대에 더욱 굳게 자리를 잡아왔다. 1950년 6·25동란 당시는 '장군의 아들(The General's Son)'이라는 영어가 생겼다. 병역면제는 물론이고 전쟁 중에도 일본에 밀항해 애정행각을 했다. 부족한 병력을 채우기 위해 머슴살이하는 사람에게 2~3번까지 병역을 중복해서 부과했다. "한국전(Korea War)에서 한국 병사들은 죽을 때는 '빽~빽~(back back)!'비명을 지르면서 죽었다고 했다. '장군과 같은 백(background, 배경)이 없어 죽는다는 원한의 울음소리였다.'" 한국전쟁에 종군기자로 근무했던 한 외신기자의 회고록에 남아있었던 일화였다.

　지난 2010년 MB 정부 때 연평도 포격사건이 발생하자, 청와대 지하상황실에서 국가안전보장회의를 개최하였는데 김관진 국방부 장관을 제외하고 8명 모두가 병역면제자들이었다. 안보를 강조했던 MB 정부가 '병역면제 정부'라는 조롱을 받았다. MB 대통령, K 총리 혹은 J 총리, Y 국정원장, Y 기획재정부 장관, J 국토해양부 장관, L 환경부 장관, H 검찰총장 등[70]이었다. 특히 A 여당대표는 연평도 해전 격전지 시찰에서 보온병을 포탄으로 소개하는 난센스를 보여 언론에 게재되었다. 우리나라의 많은 국가지도자들은 사회적, 그리고 도의적 의무에 따르는 봉사를 하지 않는 것 같다. 당리당략이란 도덕적 해이(morale hazard) 속에서 군림하는 국가지도자의 모습을 보여주고 있다. 지금 우리나라는 국가지도자에겐 너무 관용을 베풀고 있는 데 반해 적반하장으로 자신의 의무와 책임을 도외시하고 국민에게 잔인하게 군림하고 있다.

8

미국, 세계 최고 모사(謀士)들이 모인 나라

미국을 움직이는 세계 지성

1901년부터 노벨상 시상 573회, 900명에게 영예를 수여하였다. 그중에 1위는 미국 357명, 2위는 영국 118명, 3위 독일이며, 동양에서는 일본이 24명으로 7위로 10위 안에 들어가고 있다. 인도 13명, 중국 12명, 이스라엘 12명이다. 방글라데시 2명, 동티모르 2명, 이란 2명, 터키 2명, 리비아 2명 등이며 우리나라는 겨우 1명이다.[71] 대학 및 연구소별로 수상자를 살펴보면 먼저 미국 대학으로는 하버드 157명, 콜롬비아 104명, 케임브리지 91명, 시카고 91명, MIT 85명, 캘리포니아 버클리 72명, 스탠퍼드 60명 등이다.

동양의 대학으로는 일본 동경대 10명, 교토 10명, 나고야 6명, 고베 1명, 도호쿠 1명, 나가사키 1명, 홋카이도 1명 등이며, 중국에서는 홍콩대학 4명, 난징 2명, 국립북경 2명, 북경대 1명, 청화대 1명, 국립대만 1명 등을 배출하였다. 그뿐만 아니라 우리가 시시하게 생각하는 인도의 콜카타 대학

4명, 이집트 카이로 대학 3명, 모스크바 대학 11명, 이스라엘 히브리(He-brew)대학 7명의 수상자를 배출하기도 했다.

미국의 국가 정책에 아이디어나 각종 전략을 제공하는 국책연구소는 대략 1,800여 개가 된다. 샌프란시스코 산타모니카(Santa Monica) 해변의 랜드연구소(RAND corporation)에선 수십 명 연구원이 정계로 진출했다. 미소 냉전체제에서 우위를 확보하기 위한 전쟁 억지력, 대항력 등을 기초로 게임이론(GT), 운영연구(OR), 시스템분석(SA) 등을 연구한 공로로 노벨경제학상 등에 십여 명이 수상했다. 또한, 브루킹스 연구소, 헤리티지 재단, 기업연구소, 국제전략문제연구소 등에서 보수적인 국책연구소 연구원들은 정계에 들어가서 자신의 정책을 실행하기도 한다. 국책연구소에서 연구 분석된 구상을 정부, 정당 혹은 의회에 제공하여 실제 정책으로 채택되도록 실무자로 참여한다. 반대로 정책실행부서에서 정책연구소(think tank)의 전문가로 교체 순환되는 회전문(revolving door)이 되고 있다. 레이건(Reagan) 정부의 냉전 종식을 위한 '방어전략 이니셔티브(Strategic Defense Initiative)'[72]은 1987년 헤리티지 재단(Heritage Foundation)의 한 연구원이 제공했다. 다윗 포럼(David Frum)은 미국기업연구소(American Enterprise Institute) 출신으로 '악의 축(the axis of evil)'이란 부시(Bush) 대통령의 유엔 연설문을 작성한 사람으로 유명하다.[73] RAND 연구소에선 NATO 확대 및 미사일 방어망 중부 유럽 배치 등을 제안하였다. 라이스(C.

RAND corporation was created by the american military in 1946. It is the # proponent of the military industrial complex. RAND has exactly 1600 employe the same # as 1600 Pennsylvania Avenue whi happens to cross 16th Str in Washington D.C.

자료 : 랜드연구소의 안내책자

Rice) 국무장관은 헤리티지 재단, 체니(R. B. Cheney) 부통령은 기업연구소(American Enterprise Institute), 수잔 라이스(Susan Rice)는 브루킹스 연구소(Brookings Institute), 브레진스키(Z. K. Brzezinski)와 제임스 켈리(James Kelly)는 국제전략문제연구소(International Institution for Strategic studies) 출신이다.[74]

미국을 움직이는 지성은 3,000여 개의 대학과 1,800여 개소의 국책연구소 싱크탱크로 끊임없이 국가정책과 아이디어를 제공하여 국익을 도모해 왔다. "지혜로운 지도자(謀士)가 없으면 나라가 망해도 이런 조언자가 많으면 그 나라는 흥성하리라."는 잠언 구절처럼 미국은 지구촌에 최강국으로 명실공히 제 역할을 다하고 있다.

'혹독한 대가를 반드시 치르도록 하겠다'는 타령[75]

지난 2016년 1월 6일 북한이 제4차 핵(수소폭탄)실험을 했다. 우리나라는 국가안보회의(NSC)를 하고 "혹독한 대가를 반드시 치르도록 하겠다."고 대통령이 발표했고, 한주 뒤 13일 신년사 기자회견에서도 같은 말을 했다.[76] 2월 3일 북한이 2월 8일에서 2월 25일 사이에 미사일 발사를 예고함에 따라 우리나라는 또다시 NSC를 소집하여 "혹독한 대가를 반드시 치르도록 하겠다."고 같은 말만 되풀이했다. 2월 4일에는 청와대 대변인을 통해서 "유엔제재를 통한 핵 포기 없이는 국제사회에 생존할 수 없음을 보여주겠다."는 말 폭탄만 역시나 되풀이하고 있다.[77] 혹독한 대가로 되갚겠다던 조치는 대북 확성기 방송 재개였고, 인도적 자원의 민간지원까지도 일체 보류하였다. 그리고 1996년부터 20년 동안 신뢰를 쌓은 남북한의 유일한 숨구멍(통일 인큐베이터)에 해당하는 '개성공단 운영폐쇄'는 비장의 히든카드로 감추었다.[78] 그러나 2016년 2월 10일 남한의 중단선언에 2월 11일 북한은 전면폐쇄 및 자산동결의 초강수로 대응했다.

제1~3차 핵실험 때마다 뒤늦은 UN의 제재(UN's sanction)로는 북한에 뼈아픔보다는 코웃음만 짓게 했다. 우리가 믿고 있던 미국은 립 서비스 혹은 중국과의 '네 탓 공방전'만을 보여주고 있다.[79] 핵우산을 언급하는 고위층의 말엔 사드(THAAD)를 수출(?)하려는 속내가 비쳤다.

전략적 동반자인 중국은 수소폭탄실험 이후에 국가지도자 간에 전화 핫라인(hot line)마저도 받지 않았다. 경제우방국 일본은 '진화타겁(趁火打劫, 불난 집에 훔치기)'의 좋은 기회라고 히죽 웃고 평화 헌법 개정의 기회를 엿보고 있다. 국가지도자들은 여당과 야당으로 패싸움만 하고, 국가위기에 대해 국민과 소통조차 하지 않았다. 자신들은 아무것도 하지 않는데 미쳤다고 대리전쟁을 하겠나 하는 속내를 감추고 국익을 챙기기에 혈안이 되었다.[80]

2016년 2월 11일 남한의 개성공단 중단선언과 북한의 전면폐쇄라는 강수로 맞대응을 함에 따라 국제적 대북제재에 큰 모멘텀(momentum)을 제공했다. 이에 일본은 얄미울 정도로 발 빠르게 '북한 국적자의 일본 입국 금지' 등의 제재를 발표했고, 미국은 강력하고 다양한 제재방안을 담은 행정법령을 2016년 2월 10일에 만장일치로 통과시켜, '이란 제재(Iran's sanction)'처럼 강력한 '제3 국가 제재(secondly boycott)'까지 넣어서 대북통상에 군사용, 테러용 및 사치품까지 금지할 수 있게 했다. 북한과 연간 60억 달러의 통상이 이뤄지고 있는 중국에 대북제재를 유도했다.

그러나 미국의 북한제재는 공산국가, 테러국가, 불법 핵 개발 국가 등에 30여 년 동안 100여 종 이상 압박을 가했다. 또한, 중국에서도 여러 차례 북한에 외교적 압박을 가했으나 조금도 변동 없이 생존과 체제 보존차원의 핵 개발을 포기하지 않았다.[81] 그럼에도 해외언론보도를 보면 독일제 평양 지하철, 오스트리아제 마식령 스키장의 각종 장비, 세계적 명품이 고위층 선물에 사용, 중국 및 러시아에 인력 공급으로 연간 6억 달러 이상 북한으로 유입되고 있다. 연간 60억 달러 이상 통상거래가 있는 중국은 "핵 보유 불허, 전쟁 불허(不核不戰)" 원칙만을 주장하고 있지만, 전쟁(체제 붕괴)위험을 혼자서 도맡아야 한다고 생각하고 있다. '바다 건너 불구경(fire watching over sea)'하는 미국은 어부지리(漁父之利)만 챙기기만 하고 있다[82]고 중국은 불만을 늘어놓고 있다.

이젠 실제적으로 살길을 찾자

Source : World War Z(wall-climbing zombies)

2013년 상영하였던 미국 영화 「월드 워 Z(World War Z)」에서는 한국에 좀비가 생겨서 전 세계 전쟁의 회오리바람을 몰아 지구를 온통 휩쌌다. "아빠, 저 좀비들(zombies) 좀 봐! 모두 왼쪽으로 치우쳐 있어!"라고 어린 레이첼(Rachel)이 아빠에게 말한다. 좀비란 자기들의 철학은 물론 생각도 없이 남들이 하라는 대로 하는 사람들이다. 육체는 있으나 혼이 없다는 것이다. 그런데 제리 레인(Jerry Lane)은 이스라엘 예루살렘에서 만난 친구와 대화 가운데 "아홉 사람이 다 옳다고 말해도 열 번째 사람은 아니라고 말해야 한다."고 주장을 한다. 우리나라의 사람들이 자기 생각 없이 미국의 정책논리라는 틀에 갇혀서 그들의 '전략적 인내(strategic patience)' 혹은 '북한 10조 원 퍼주기'를 앵무새처럼 외치는 것을 풍자해서 비아냥거렸다. 우리의 생각을 담아서 우리의 표현을 해야 하는데 그대로 따라 하는 것이 좀비(Zombi)처럼 보였다.

좀 더 깊이 생각하면 미국 조지 레이코프(George Lakoff)의 『코끼리를 생각하지 말라(Don't Think of an Elephant)』에서 코끼리를 생각하지 말라는 말에 코끼리를 생각하게 된다. 즉, 코끼리 프레임(틀)에 갇힌다는 정책 이론이다. 우리나라의 지도자는 미국의 정책 논리를 말하는 순간 그들이 바라던 프레임(frame) 안에 갇혔기에 그들이 유도한 생각과 시각을 무의식중에 갖게 된다. 그뿐만 아니라 김정은의 '마이웨이 게임(My Way Game)'에 빠져 미워하면서 닮아가고 있다. 비난하면서도 같은 방향을 보고 있고, 분노하면서도 유사한 감정적 대응을 하고 있다(hostility-spill measures). 어떤 의미에서 우리나라는 미국과 북한의 프레이밍 매직(framing magic)에 홀려서 제정신을 못 차리는 것 같다.

국제적 외교는 수사(rhetorics)의 경연장이다. 외교적 수사에만 놀아났다가는 결국은 손에 쥐는 건 하나도 없다. 손에 쥐었던 것까지 빼앗기고 빈털터리가 되고 나서는 후회막급(後悔莫及)할 뿐이다. 우리나라는 제1~3차 핵실험의 대응조치를 UN 제재라는 외교수사에만 의존했다. 제4차 핵실험에도 우방국인 미국과 일본으로부터 위로의 말만 들었다. 국제적 제재에 '네 탓 공방전'만 했다. 스스로 손에 피를 묻혀가면서 보복하지 않는데 누가 미쳤다고 대신 피를 묻히겠는가? 자문부터 할 일이다. 외교적 수사만 듣자고 국제적 제재를 요청해서는 안 될 일이다. 자신의 일을 '혹독한 대가를 치르도록 하겠다'고 말 폭탄(lip bomb)으로만 해결하는 게 아

니다. 설령 미국, 중국 및 UN 안보리의 초강력 대북제재가 나왔다고 한들
말 잔치로 끝나는 건 과거와 하나도 다를 바 없다. 이제까지 했던 대북제
재만으로도 북한은 벌써 붕괴해야 하지만 아직도 건재하고 있고, 대남도
발에 힘을 과시하고 있다.

평화 정착을 위한 진정한 전쟁 억지력을 위한 '전쟁의 종결자(war ter-
minator)' 핵무장에 대해서 국론을 수렴해야 한다. 이보다 자세히 말하면
THAAD 배치의 손익, 미국이 일본에게 부여한 핵폐기물 재처리(nuclear
recycling & waste re-treatment), 핵농축(nuclear enrichment) 및 평화적
사용 등의 핵 선택권(nuclear option) 요구, NATO 6개국에 부여하고 있
는 확실한 핵우산인 핵무기 공동사용권(nuclear sharing) 요구, NPT 탈퇴
와 비핵화의 손익, 핵무장의 손익 등을 당장 따져봐야 한다. 한편 6자회담
혹은 UN 제재와 요란하고 형식적인 제재방안을 집어던지고 우리만의 '협

Weapons provided for nuclear sharing

Country ⬍	Base ⬍	Estimated ⬍	Bombs ⬍
Belgium	Kleine Brogel	10~20	B61
Germany	Büchel	>=20[2]	B61
Netherlands	Volkel	10~20	B61
Italy	Aviano	50	B61
Italy	Ghedi Torre	20~40	B61
Turkey	Incirlik	50~90	B61
5 nations ⬍	6 bases ⬍	160~240 ⬍	B61 ⬍

자료 : nuclear sharing(https://en.wikipedia.org)

상 테이블 밑 작전(under-table operation)'을 시도해야 한다. 실익이 된다면 특사도 보내고 남북한 고위층 회담도 해야 한다.

그뿐만 아니라 진정으로 남북한의 번영을 위하는 길이라면 당장에 손해를 보더라도 역발상까지 해야 한다. 오히려 국제적 제재를 받더라도 개성공단 운영을 확대하고, 금강산관광을 재개하며, TCR, TSR과 같은 대륙철도 개통도 추진하고[83], 따렌(大蓮)-옌타이(煙臺)의 열차페리 프로젝트[84], 러시아와 천연가스 파이프라인 설치 (나진-하산 프로젝트) 등을 과감히 용진해 북한의 경제의존도가 70% 이상 우리 손안에 있다면 단단히 목줄을 쥘 수 있다. 박근혜 대통령의 자서전『절망은 나를 단련시키고 희망은 나를 움직이다』에서 "외교도 인간이 하는 것이기에 우리 국익을 지키는 일에 관한 국가지도자의 외교력이 정말 중요하다. 상대방에게 신뢰를 주고 이야기하는 방법만 잘 찾는다면 얼마든지 좋은 결과를 낼 수 있다."[85]라고 적고 있다.

9

미국이 기획한 한국의 미래

어쩌면 주변 강대국의 '실험상황(experiment situation)'인지도

베트남 하노이엔 강, 호수 등의 수변 환경에 적응해 살아가는 지역주민들은 물고기, 특히 잉어(Ongtao)에 대한 신앙이 깊어 농가마다 조왕신(竈王神)으로 모시고 그믐날 혹은 정월 초하루에 제사를 지낸다. 조왕신이 잉어를 타고 천상에 가 옥황상제를 만나서 덕담을 많이 하면 그 집에 복록을 많이 받아온다고 믿고 있다. 또한, 1121년 리(Ly) 왕조 때 하남(Hanam)주 두이띠엔(Duy Tien) 지방에 처음으로 국왕의 만수무강을 기원하는 물고기와 어부의 삶을 극화했다. 그것이 오늘날 수중인형극(Roi Nuoc, water puppet play)으로 명맥을 이어왔다. 주 떼우(Chu Teu)라는 연출자는 인사말, 서두를 열고 말미를 담당한다. 베트남의 전통수중인형극은 15개의 단막으로 낚시하는 농부, 물소 타고 노는 어린아이, 물속에 수영하는 아이, 물고기들의 놀이, 그리고 신화 속의 환상 동물(龍)이 출현하는 인형극이다. 이렇게 흥미진진하게 연출을 할 수 있다는 건 장막 뒤에서 연출자의 의도에 따라 모든 인형의 동작 하나하나를 끈으로 조정할 수 있기 때문이다.

2010년8월 중순 미국영화 「엑스페리먼트(The Experiment)」가 상영되었다. 인간은 아무리 알고 있어도 놓인 여건과 역할에 한정되어 생각하고 행동한다. 영화에서는 트래비스(Travis)와 배리스(Barris)가 여행자금을 벌기 위해 실험 프로젝트에 참여한다. 14일간 실험 참여, 1인당 14,000달러 주기로 약속하고, 둘은 간수(prisoner guard)와 죄수(inmate) 역할을 한다. 첫날은 큰 변화가 없었으나 이튿날부터 서로 다툼이 생겼고, 4일째부터는 폭력적으로 번졌으며, 5일째는 살인사건이 발생했다. 실험은 파국적으로 치닫게 되어 중단하였다. 머릿속에 맴돌고 있는 대사로는 "강자가 약자를 먹어치워야 하죠(The stronger's gonna eat the weak)." 또한 "우리가 하는 짓을 보니 원숭이보다 더 진화된 것인지 의문스러워요(I wonder we're slightly higher on the evolutionary chain than monkeys)."가 있다. 한반도의 주변 강대국이 만든 '실험 상황'을 위해 남북한은 각본대로 '치킨 게임(chicken game)'의 병아리 역할만을 하고 있는지도 모른다. 남북한은 같은 한민족이라는 사실조차도 잊고 있다. 그러나 영화에서처럼 "우리는 적어도 해결책은 찾을 순 있지('cause we can still do something about it)."라는 과제만은 잊지 않아야 하는데, 서로 죽일 생각만을 하고 있다.

한반도 주변 강대국이 만든 '실험 상황'을 우리는 알면서도 벗어나지 못하고 있다. 눈에 보이지 않는 끈으로 조종하거나, 여건과 분위기를 조성하여 감성과 사고범위를 제한하며, 살만 남은 핵우산이라도 같이 걸어가자고 내미는 손길을 뿌리칠 수 없다. 프랑스 개구리 요리에서 안주하는 개구리 혹은 말뚝에 묶인 서커스단의 코끼리(circus post-tied elephant) 신세인지도 혹은 사대주의적 사고에 의한 순종에 길든 것인지도 모른다. 따라서 자성과 현실을 직시해야 할 때다. 우리가 꿈에서도 상상하기 싫은 "북한의 핵무기 실전배치 완료와 미국 철수"라는 최악 상황을 상정하고 만반을 준비해야 할 때다.

북한정보는 확인이 아닌 점칠 뿐

2016년 2월 10일 남한의 개성공단 중단 선언이 있었다.[86] 북한은 사전에 기다렸다는 듯이 2월 11일 '전면 폐쇄, 전 자산 동결, 30분 전 전원 추방 조치'라는 맞대응을 했다. 2월 12일 미국 자유아시아방송(RFA)에서 북한 내부 소식통을 인용해 '북한은 2015년 통일대전의 해, 7일 전쟁설 혹은 3년치 군량미를 확보 등'[87]을 김정은이 2015년 8월에 지시했다고 전했다.[88] 2016년에 북한의 국가대행사인 노동당 창건 70주년 기념 및 7차 노동당 전당대회의 경축을 위한 핵실험과 로켓(장거리 미사일) 발사를 사전에 대비했다. 이와 같은 첩보는 북한의 기념일 달력(anniversary calendar)만 알아도 짐작할 수 있는 정보였다.

북한이 매년 중량감이 있게 개최하는 기념행사로는 태양절(4.15 김일성 생일), 그리고 광명절(2.16 김정일 생일), 북한군 창건일(4.25), 전승기념일(7.27 남한의 휴전일), 정권수립일(9.9), 노동당 창건일(10.10), 헌법절(12.27) 및 국제노동절(5.1) 등이 있다. 특히, 2016년은 36년 만에 5월 초순 제7차 노동대회를 개최하겠다고 북한 대중매체를 통해서 몇 차례 언급했다. 이에 따라 경제 발전과 우주 개발 대국의 면모를 보여주고자 제4차 핵(수폭)실험과 미사일 발사를 기획했다.[89]

북한 정권은 상식적으로 상상이 되지 않는 정치체제(political regime)

다. 최고 지도자의 의중에 따라 움직일 뿐이다. 한 마디로 '김정은의 마이 웨이(My Way of Mr. Kim Jung Eun)' 놀이를 하고 있다. 그는 김일성대학 학사 출신으로 해외유학 생활에서 자유분방한 서방자본사회를 경험하였다. 2012년 4월 집권 이후 정권을 안착시키기 위해서 처형과 숙청이라는 수단을 사용해 공포정치를 추진해왔다. 노동당, 군벌, 정계의 파워 엘리트(power elite) 100여 명을 처형했다. 최근 2016년 1월에 인민군 총참모장인 리영길, 2015년에는 고모부인 장성택, 현영철 인민 무력부장 등 처형이 빈번

* 북한의 현실

· GDP : 1인당 GDP 1,800$
  – 수출 GDP의 5.9%
  – 수입 GDP의 11.1%(2013)
· 국가 예산 규모
  – 세입 32억$(2007)
  – 세출 33억$(2007)
· 수출입 실태
  – 수출 44억$(2013),
  – 수입 40억$(2012), 52억$(2013)
· 수출입 거래처
  – 수출 중국 65%, 남한 27%(2014)
  – 수입 중국 68%, 남한 22%(2014)
· 대외 부채 : 50억$(2013)
· 개성공단 : 근로자 급여 1억$/연간

Source : CIA, Factbook, 2016, www.cia.gov

했다.[90] 서열 10위 안에 드는 지도자라면 김정은 제1비서의 측근에 보이지 않으면 처형설이 나올 정도다. 북한 최고 지도자의 성격은 전쟁과 직결된다는 게 전문가의 통설이다. 독일 히틀러 혹은 일제 군국주의자처럼 국가 최고 지도자의 성격은 전쟁 발발에 가장 중요한 요인이 되었다.

우리나라는 북한에서 공개하는 영상 자료를 통해서 제1비서의 신상 정보, 호위하는 주변 인물의 공산당서열(순위)을 점치고 있다. 국내외에 흘려나온 북한정보는 오류투성이다. 2015년 6월 13일 국정원이 국회정보위원회 비공개 현안보고서에 인민군 서열 2위 현영철의 불경죄(不敬罪)로 고사포 처형되었다고 했으나 14일에 조선중앙TV에 나타났다. 2014년 9월 김정은 제1비서가 40일간 언론에 나오지 않아 평양 계엄령 선포설, 정신병

설, 김여정 대리통치설 등이 나왔다. 2013년 4월 4일 '북, 개성공단 입주기업을 10일까지 전원 철수'가 오보로 밝혀졌다. 2011년 5월 20일 '북 김정은 투먼 통해 방중', 1996년 2월 13일 '성혜림 망명설', 1994년 2월 15일 '북한 이미 핵 실험'이라는 오보도 있었다. 멀게는 1986년 11월 16일 '김일성 피격 사망'을 4단 기사를 내놓았으나 17일 평양공항에서 몽골 주석을 맞이하는 모습이 텔레비전에 방영되기도 했다.

이와 같은 현상은 1950~70년대 냉전 시대에 소련 '철의 장막(iron curtain)', 그리고 중국 '죽의 장막(bamboo curtain)'으로 불리던 시절, 정보 단절로 미국에서도 점치는 수준에 머물었던 적이 있었다. 오늘날 우리나라가 북한에 대한 봉쇄된 정보추정은 점치는 것과 같았다.[91] 심지어 라디오 방송 아나운서의 전달 목소리에 따라서 같은 정보라도 다르게 해석되곤 했다. 오늘날, 우리나라도 북한 공영방송의 영상자료나 해외 북한 관련 영상자료 등을 보고 '점친다'는 표현이 보다 솔직한 것 같다. 이와 같은 오보를 국내외에서 양산하고 있는 이유는 i) 폐쇄된 북한에 대한 사실 확인(fact check)이 불가능, ii) 자유분방한 서구사회의 독자들이 북한에 대한 궁금증을 갖고 있으며, iii) 마감 시간에 쫓긴 언론인들이 독자에게 흥미를 제공한다는 차원에서 추측 기사를 쓰고 있기 때문이다.[92]

대북 대응의 패러다임 변혁

2016년 2월 11일 12년간 운영해왔던 개성공단 운영을 전면적으로 중단하는 중대한 결단을 했다. 2월 12일 리얼 미터(real meter) 국민여론조사 결과 47.5%가 '잘했다'와 44.3%는 '잘못했다'로 오차범위 내에 있는 대립양상을 보여, 앞으로 재개운영엔 많은 고민을 거듭해야 하는 상황에 있다. 또한, 북한의 위험에 대응하는 사드(THAAD) 배치에 대해도 '사드' 국내 배치, 49.4%가 '찬성'을, 42.3%는 '반대'를 하고 있어서 전폭적인 국민의 지지를 얻었다고는 할 수 없다.

이번 결단에는 국가지도자의 결의를 선명하게 보여주었다. 40여 년 동안 북한에 대한 대북대응에 '끌러 다님에서 끌고 가겠다(defensive to proactive).'는 패러다임 변혁(paradigm shift)의 계기가 되었다. 크게 봐서는 i) 사후대책중심에서 사전대비로 전환, ii) 대북지원 등의 당근책에서 상응하는 채찍(North Korea Sanction Enforcement)[93]을 들었다.[94] iii) 대남도발에 외교수사(diplomatical rhetorics) 중심의 대북제재 공조에서 개성공단 운영 전면 중단이라는 육참골단(肉斬骨斷)의 아픔을 받으면서 행동을 보였다.[95] iv) 그뿐만 아니라 북한에도 반드시 제2 이란 핵 포기

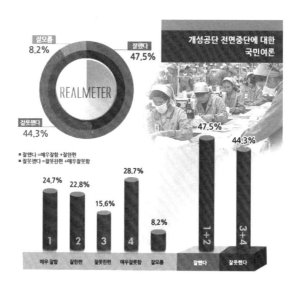

자료: 2016. 2. 12. (realmeter.net) 국민여론조사

(Iran Nuclear Deal) 사례를 만들겠고, 그렇지 않는다면 정권 교체(regime change)까지도 손보겠다는 국가 최고 지도자의 야무진 포석이었다.[96]

초보 운전사들은 처음 통과하는 긴 터널을 통과할 때에 당면하는 애로 사항은 어둡다는 공포심, 긴 터널이 언제 끝날지 모른다는 두려움에다가 앞만 보고 달려야 하는데, 과속 진입하는 옆 차량에 순간적인 대응이 어렵다. 우리나라의 국가 최고 지도자는 법제상 늘 초보 운전사처럼 모든 국정이 터널 시야(tunnel vision) 혹은 미경험 함정(unexperienced trap)에 빠져있다. 구체적으로는 i) 정보의 함정(information trap)이다. 즉, 자기의 아집이나 주변 정보 제공자의 편협과 지나친 확신에 빠진다. ii) 사람의 함정(human trap)이다. 주변 국가, 단체, 기관 및 인적 자원에 한계가 있다. 잘한다고 손뼉 치는 사람은 늘 재미있고 잘한다는 거다. 결과는 '곰은 재주만 부리고 돈은 중국 놈이 가져간다.' iii) 스케줄의 함정(schedule trap)이다. 어떤 정책도 철저한 사전대비, 최악을 대비하지 않고서는 립 서비스로 끝나고 만다. 북한 미사일 발사 때마다 일본은 10분 이내 NSC 소집, 대국민 홍보 및 대책 발표 등으로 발 빠른 행보를 보였다. 우리는 '남의 일 인양' 마지못해 하는 척 그때부터 시작했다. 2015년 8월 25일 '남북한 8·25 협상'을 하면서 북한 김정은은 '개성공단 운영 중단'에 대해 언론에서 흘러나오는 것을 보고 '군량미 비축, 개성공단 폐쇄 대책 강구'를 지시했다. iv) 마지막 근시안(short sightedness)이다. 장기적이고 이성적인[97] 안목이 모자란다. '제발 내 임기 안(Please in my period)' 현상으로 눈앞에 당장만을 생각한다. 속된 말로 '내가 나오고 난 뒤에 우리 엄마야 죽든 말든이다.' 그래서 국가 주요정책들이 정권의 성향에 따라서 왔다 갔다 하는 것이다.

10

한반도 워게임 하우스의 게임 체인저
(game changer)[98]

한반도 워게임 하우스(war-game house)

　한반도는 유라시아대륙과 태평양 연안국 세력이 각축하는 요충지라는 지정학 위치에 놓여있어 1880년대 서세동점(西勢東占)의 시대에부터 현재까지 주변 강대국이 군사적 국익, 이념체제 및 경제적 영토 확장을 위해서 반드시 선점해야 하는 요충지였다. 볼링 게임에 비유하면 헤드 핀(head pin)에 해당하는 곳이다. 1880년부터 1910년까지 한반도 거문도 영러 충돌, 아산만 청일전쟁, 대마도 해협 러일전쟁, 일제 강제 점령이 있었다. 이어 만주사변, 태평양전쟁 및 베트남전쟁에 참여는 물론 미군 신탁통치, 6·25동란이라는 비극을 당했다. 객관적인 관점에서는 전쟁이 종료되지 않은 채 60여 년간 휴전상태다. 또한, 1950년 7월 14일 이관했던 군사적 주권이라는 전시작전권(Wartime Operational Control)까지도 아직 돌려받지 못했다.

　한반도 주변 강대국은 '힘의 논리(power logic)'에 따라 식민지 병합, 분

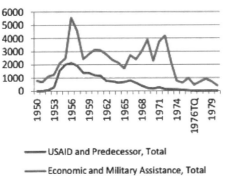

Figure 1: U.S. Assistance to Korea
in millions, constant 2009 US$
Credit: U.S. Overseas Loans and Grants: Obligations and Loan
Authorizations, July 1, 1945-September 30, 2009

—— USAID and Predecessor, Total

—— Economic and Military Assistance, Total

Source : US Aid to Korea (photos.state.gov)

할통치, 이념적 진영국가로 영향력을 행사했다. 요사이 젊은이들이 좋아하는 게임 논리로는 한반도는 주변 강대국의 워게임 하우스(war-game house) 역할을 하고 있다. 과거 3,000여 년 동안은 중국에게는 중화 사상으로 중국의 칩(Chinese chip), 36년 동안 일본제국의 칩(Japa-nese chip)을 남북이 공동사용, 6·25동란 이후에 북쪽은 소련의 칩(U.S.S.R. chip)과 남한은 미국의 칩(U.S.A. chip)을 달리 사용하고 있는 전쟁놀이(war game)를 하고 있다. 물론 미국의 글로벌 방위전략(global defense strategy)에서는 한반도는 '하나의 바둑알'에 해당한다. 그러나 한반도에서 생존하는 우리나라는 '한반도 연못에 한 마리 개구리(a frog in Korea-Peninsula pond)'와 같이 생명과 직결된다.

지난 1991년 12월 25일 모스크바 시각 저녁 7시에 소비에트 사회주의 공화국 연방(U.S.S.R.)체제는 붕괴하여 15개국으로 분리 독립하였다. 1985년에 고르바초프는 체제적 수술을 위해 페레스트로이카(개혁)와 글라스노스트(개방)정책이라는 메스를 잡았으나 말기 암환자처럼 "잘라내기엔 너무 크고, 그대로 두기에도 너무 크다(Too big to cut it, too big to let it be)."는 자가진단을 하고 말았다. 체제 붕괴의 시계(clock of regime collapse)를 멈추지 못했던 것이다. 소련은 1950년부터 붕괴 이전에는 미국과 핵무기를 중심으로 냉전체제로 대결하여 왔다.

이젠 우리나라는 한반도 주변 강대국의 힘 싸움(power game)에서 벗어나야 한다. 숙명적으로 받아 들여왔고, 순종에 길들어져 자주와 자립하려는 노력과 고민을 감당할 수 없다고 생각해왔다. 요사이 젊은이들이 스마트폰 중독(smart-phone addition)처럼 당연시하고 있다. 지정학적인 위상으로 GH(game house) 신세를 면할 수 없다면 적어도 게임 체인저(game changer)는 되어야 한다. 게임을 주도하고 이기는 게임을 해야 한다. 그것도 아니라면 게임 딜러(game dealer)가 되어야 한다.

게임 체인저(game changer) 혹은 게임 딜러(game dealer)

오늘날 지구촌에 우리가 살고 있으나 글로벌 허브공항(global hub air-port)에서는 목적지를 가기 위해서 다른 항공기로 갈아탄다. 잘못해서 테러용 항공기에 탔을 경우는 속절없이 자멸 환승의 결과를 초래한다. 고르바초프(M. Gorbachev)의 개혁(perestroika)과 개방 정책(glasnost)은 체제 붕괴를 촉진하였듯이 국가 정책이 때로는 뜻하지 않는 역기능으로 바둑에 비유하면 자충수(自充手)를 놓는 경우가 많다. 한반도에서 주변 강대국이 세력 전이 게임(power transit game) 혹은 국익을 위한 전쟁놀이를 하더라도 i) 게임에 직접 참여를 하지 않고 단지 게임 딜러(game dealer)로 영업하는 방법이 있다면 가장 좋으나, ii) 이제까지 영업 비밀과 영업 이익을 놓을 수 없어 직접적으로 참여해야 한다면 상대방의 수를 먼저 읽고 몇 수 앞서 나가거나, 그것도 아니면 게임규정(game rule)을 바꿔 이길 수 있도록 판을 짜야 한다. 아무리 순박하고 무능해도 텃세가 있으니 하우스

룰(house rule)만은 유리하게 만들어 가져야 한다. iii) 이것이 안 될 때는 비로소 게임에 참여하여 판세나 승세를 잡을 수 있도록 포커페이스(poker face), 블러핑(bluffing) 등 기교에 능숙한 게임체인저가 되어야 한다.

사실 우리나라는 헌법상 5년 단임제로 인하여 대통령은 하나같이 포커 게임에서 말하는 교과서 플레이어(ABC player)다. 처음에 받은 2장만(hand) 보고 일희일비하면서 표정 관리조차 할 수 없다. 박근혜 대통령의 위안부 문제로 인한 일본과의 외교적 표현이나, 북한의 제4차 핵실험과 제6차 미사일 발사 이후에 중국과의 외교수사에서는 초보자의 표정을 드러냈다. 전문 노름꾼의 포커페이스(poker face)는 아니었다. 북한이 가진 패(hand)를 읽으려고 하지 않고 블러핑(bluffing) 혹은 애드버타이즈(advertise)를 액면 그대로 받아들이고 있다. 판돈(bankroll)을 늘린 기회조차 다 놓치고 말았다.

우리나라 역사상 받은 패(pocket card)가 가장 최악의 경우는 세종대왕이었다. 그러나 그는 "갖은 패가 나쁘면 상대방의 패를 읽고 잘 쓴다면 반드시 이길 수 있다(雖善牌不如善用)."고 했다. 선왕 태종이 형제까지 손을 봤기에 누구 하나도 세종을 도와서 일하고자 하지 않았고, 영의정 최만리마저 한글 창제에 눈에 쌍심지를 돋우고 결사반대했다. 신하라고 있어도 사사건건이 반대하는 사람뿐이었다. 심지어 노예(이천, 장영실 등)들까지 달래서 등용하였다. 대명황제의 투정으로 왜구를 섬멸하지 않으면 조선을 침공하겠다는 협박에 끝내 견뎌내지 못하고 1419(세종1)년에 이종무 장군으로 하여금 대일초소(對日哨所)였던 대마도를 정벌하게 하였다.

전환적 계기(turning point) 만들기

"영혼은 영원한 존재로 죽은 뒤엔 새장에 갇혔던 새처럼 풀려나오리라." [99]란 구절을 읊곤 하는데, 이는 AD 50년경에 살았던 플루타르크(Lucius Mestrius Plutarchus)가 썼던 『영웅전(Parallel Lives and Moralia)』에서 나온 말이다. 오늘날을 사는 우리에게 그는 무한한 지혜를 주고 있다. 2004년 영화로도 상영되었던 「알렉산더(Alexander)」는 그의 저서 첫머리를 장식하고 있다. "난 승리를 훔치고자 아시아를 건너가지 않았다(I didn't cross Asia to steal this victory)."는 명대사는 장엄한 역사는 피나는 노력의 대가였지 하늘이 준 행운이 아니었다고 외쳤다. 모든 남성들이 좋아하는 "용감한 자만이 미녀를 차지한다(None but the brave deserve the fair)."라는 말도 했다. 어느 시대를 막론하고 "행운의 여신은 여성스럽지만 무모할 정도로 과감한 사람을 좋아한다."라는 마키아벨리(N. Machiavelli)의 『군주론(The prince)』에서 과감한 결단을 언급했다. 획기적인 결과는 도전 혹은 무모한 과감성에 전환점을 두고 있다.

전환적 계기(turning point)란 사전에 철두철미하게 분석하고 기획해 최악을 뒤집어 최선으로 만드는 전화위복(轉禍爲福)을 말한다. 먼저 협상과 담판의 기회를 마련하기 위한 만남의 장(meeting point)을 마련해야 한다. 이제까지 전략적 신뢰와 인내로 쌓아온 결실을 가져올 과정상 숙성(tipping point)이 있어야 한다. 그뿐만 아니라 "다 끝나지 않았다면 아직 다 끝난 것이 아니다(Nothing is final until it's final)."라는 근성으로 올인 타이밍(all-in timing)으로 목표점(targeting point)을 지향해야 한다.

지난 2016년 2월 11일 '개성공단 전면 폐쇄'라는 대북제재의 초강수 [100]에 대해 우리가 의도하는 속셈은 i) 대북제재의 한·미·일 공동방위 공조에

출처 : 항우의 사촌 동생이 유방을 향한 칼춤(pep.com.cn)

'나를 봐라, 이렇게 죽을 각오가 되어 있다.'라는 것을 보여주었고, 중국과 러시아에게 대북공조에 머뭇거리지 말라는 경고였다. ii) 북한에 끌려다니던 과거 관행에서 벗어나고자 과감한 행동으로 이제까지와는 다름을 보여주었다. 이어서 국가생존의 자위적 방어수단으로 사드(THAAD)를 배치하겠다는 연속타로 중국과 러시아에게 이제까지와는 다른 고민을 하게했다. 중국 왕의 외교부장은 '항장의 칼춤은 패공을 겨냥한다(項莊舞劍意在沛公)[101].'[102]라는 말을 했다. 즉, 미국이 중국을 겨냥하여 사드를 배치한다는 불가논리를 펴고 있다. 여기서 끝낸다면 우리가 뒷심부족으로 연속적 반격(series counterpunch)에 얻어터질 위험이 있다.

판세를 주도적으로 이끌려갈 생각이라면 자위적 후속타(self-defense following hit)를 쳐야 한다. i) 미국을 향해서 자위적 차원에서 NPT 탈퇴 혹은 비핵화 원칙 내의 조건부 핵무장을 주장해야 하고[103], 적어도 핵 그림자 전략(nuclear shadow strategy)에 군사적 주권을 찾아야 한다. 적어도 NATO 6개국처럼 NS(nuclear sharing)의 열쇠를 받아야 하고, 일본처럼 평화적인 핵물질 이용을 자유롭게 할 수 있도록 핵농축과 핵폐기물 재처리 등의 NO(nuclear option)를 받아 한미공약(SOFA)에 명기해야 한다. ii) 이제는 더 이상 북한의 군사적 대남도발에 얻어터질 이유는 하나도 없다. 주변 강대국에게도 전략적 설득으로 사드 배치는 물론 SM3 등 북한 핵무장에 대비한 자위적 방어시스템을 장기적이고 체계적으로 완비해야 한다. iii) 북한의 3일 속전속결에 대비하여 재래식 무기에서도 비대칭전략에 우위를 점할 수 있게 드론 참수 작전(drone decapitation operation)[104] [105], 레이저 광선 방어 체제(laser-ray defense system)를 개발하여 실전 배치해야 한다. 북한의 비대칭전략인 방사포 혹은 장사정포(3,000여 문)로 서울 불바다, 갈까마귀 떼(300~500대) 자폭용 무인기[106], 핵무기 타격(10~20개)으로 남한의 핵겨울(nuclear winter)[107] 등에도 대항력(counter-force)을 갖춰야 한다.

또한, iv) 이로 인한 북·중·러와 한·미·일로 갈라지는 새로운 냉전 제체(new cold war)의 기류가 형성될 수 있으나[108] [109] 우리나라의 국가지도자는 포커페이스(poker face)를 가지며, 능수능란한 외교적 수완을 발휘해야 한다. i) 외교적 수사에 홀려서 약속어음의 액면 그대로 받아들이지 말고 적어도 배서(背書) 부분을 보고 속셈을 읽어야 한다. ii) 당장 울고 싶은 기분이라도 능청스럽게 웃으면서 감성을 앞세우지 말고[110] 이성적으로 국익과 미래를 생각해야 한다.[111] iii) 단기적 안목에서 일희일비하지 말고 장기적인 우려에서 역지사지(易地思之)와 뒤집어 대응하라(轉禍爲福). 30대 김정은은 지난해 8.25 남북한 고위층 협상을 하면서도 제4차 핵실험과 제6차 미사일 발사를 대비하라고 지시했다. 그땐 우리는 '돌고래 외교' 혹은 '러브콜을 받는 축복의 순간'이라고 자화자찬했다. iv) 매사 유비무환

(有備無患)을 실행해야 한다. 립 서비스(lip service)로는 당분간 국민을 속일 수 있으나 결과는 없고 문제는 해결되지 않는 채 그대로 남는다. 가능한 모든 경우의 수를 고려해서 대책을 마련해야 한다. 말로는 '원점 타격(zero-point strike)'을 수십 번 했으나 실제 똑소리 나게 한 대응사격은 한 번도 없었다는 걸 국민들은 알고 있다.[112] 이제는 일본보다 앞서서 대북제재를 내놓고 상응하는 대응타격도 해야 한다. 이스라엘처럼 철저한 보복능력만이 확실한 평화를 정착시키고 국가안보를 보장한다.

대박을 터줄 거냐? 쪽박을 찰 거냐?[113]

#1. 먼저 속셈을 안 다음 행동하라

2016년 2월 14일 중국 왕의(王毅) 외교부장이 "항우가 사촌 동생 항장을 시켜 유방을 죽이기 위해 칼춤으로 위장했다(項莊舞)."라는 고사를 빌려서 미국의 존 케리(John Kerry) 국무장관에게 한반도에 사드(THAAD) 배치는 중국을 겨냥한 것이며, 한국을 시켜서 사드(薩德) 배치를 요청했다고 주장했다.[114] 미국의 입장에선 북한의 장거리 미사일 발사는 한국 상공을 지나서 최종탄착점은 미국 본토를 겨냥함을 알고 있다. 이만큼 외교적 수사(diplomatic rhetoric)는 액면과 배서가 다른 약속어음과도 같다. 외교적 수사는 영악한 미녀의 말과도 같다. Yes와 No가 뒤바뀐 경우도 있다. 대부분 화려한 말에만 현혹하다가 속셈을 다 챙기도록 간도 쓸개도 다 빼주는 꼴이 되곤 한다. 지혜롭게 처신한다면 별주부전의 토끼처럼 다 챙기고 지옥에서 무사히 나오는 경우도 있다.

이제까지 우리나라의 한반도 평화 정착 혹은 통일 정책엔 한 마디로 우리의 속셈을 챙기기 위한 도모(圖謀)는 전혀 없었다. 북진 정책, 햇볕 정책, 압박 정책, 신뢰 프로세스도 주변 강대국의 '의도된 새장(designed cage)'

에서만 울고 웃었다. 남북한은 새장 속의 한 쌍의 십자매(lovebird)였다. 우리나라도 미국의 전략적 인내(strategic patience) 혹은 전략적 무시(strategic ignorance)라는 틀 안(in the U.S.A. frame)에서 북한 10조 원 퍼주기, 핵무기 포기 없이 대화도 보상도 없다는 미국의 주장을 따라만 했다. 결국, 중국 왕의의 표현처럼 남북한은 대리 칼춤을 추었다. 이제부터라도 우리는 상대방의 속셈을 간파해야 한다. 우리의 속내를 너무 쉽게 드러내지 말고 국익을 도모하는 이성을 찾아야 한다. 먼저 남북한 사이에 말 폭탄을 자제해야 한다. 결국은 서로 마음에 상처만을 남긴다. 주변 강대국에서는 편드는 척하지만, 속마음으로는 '잘한다'며 비웃음 짓는다. 국제간의 협상은 액면 그대로 받아들이지 말고 반드시 배서(이서)를 확인해야 한다. 뒤집어보면 상대방의 속내가 쉽게 보인다.

2016년 2월 11일 개성공단 전면 폐쇄선언을 한 북한 조국평화통일위

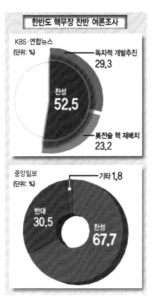

원회의 성명서를 뒤집어본다면 i) 2016년 2월 11일 17시 추방시한을 30분만 남기고 16:30에 통보한 건 심리적 압박과 초강수의 대응이지만 속내에는 남한이 유도하는 인질위험 방지, 시설 및 제품에 대한 미련으로 남남갈등 최대화, ii) 시설동결과 완전 폐쇄에는 중단보다 강수를 내놓은 건, 임대료 및 급여 등도 포기하였으니 재가동의 미련을 남김, 기업의 피해 최대화로 남남갈등 고조 혹은 국제사회에 무임금 노동 착취 등의 인권 문제 제기, iii) 공단지역 군사 지역 선포는 군사적 전진배치 위협으로 남남갈

등을 최고조, 군사적 손익 계산 재촉구, iv) 6·15 선언의 전면 부정은 햇볕
정책과 압박, 정책지지 세력 간의 갈등을 유도, v) 개성공단의 핫라인(hot
line) 등 연락 체제의 단절은 대화는 기대하지 말라는 단순한 의미가 아닌
전화 이외의 채널(특사, 제3국 중계, 해외 조우 등)로 다시 해보자는 속셈이다.

#2. 스스로 지킬 힘부터 갖춰야

우리나라의 역사를 통해서 볼 때에 신라 선덕여왕의 '신라천년(新羅千
年)'의 대계로 국론 통합과 일심단결의 기반 위에 김춘추의 '별주부 외교
책략(鼈主簿策略)'으로 나당연합군의 손을 빌려서 삼한일통을 완수하였
다. 후삼국 각축을 왕건은 '합봉책(合蜂策)'으로 고려로 통일하였다. 아쉽
게도 더 이상 성공적인 외교전략은 나오지 않았고, 한반도 주변 강대국의
대리전, 눈치 보기 혹은 외줄 타기 외교만이 있었다. 외교 실패로 국란을
초래한 사례로는 임진왜란, 병자호란, 조선말 일본군의 의병 토벌, 한일 합
병, 미 군정의 신탁 통치, 6·25동란에서 지금까지 남북한의 군사적 도발에
이어지고 있다.

한반도의 지정학적 위상으로 대륙 세력과 해양 세력이 상충하는 전략
적 요충지라는 사실에서 영세중립국(permanently neutralized state)으
로 구상한 적이 있었다. 1904년 고종의 중립국 선언 35일 만에 한일의정
서로 무산, 1947년 7월 미군 웨드마이어(Albert C. Wedemeyer) 장군의
'영구적 군사적 중립화'를 위한 미·소 양군철군 권고는 무시되었다. 1961
년 장면 정부 때 국민 여론 결과 32.1%가 영세중립국을 선호했다. 1980
년 10월 10일 북한 김일성도 제6차 전당대회에서 자주, 평화, 민족 대화
합을 위한 스위스 방식 중립화 방안을 제안했다.[115]

그러나 '스스로 지킬 힘(자위력)'을 갖지 않고서는 불가능하다. 영세중립국을 선언하고 주변 강대국에게 유린당한 사례로는 벨기에와 룩셈부르크는 히틀러의 침공에 무참히 짓밟혔고, 핀란드는 소련에 이용되었고, 1962년 제네바 회의에서 라오스는 영세중립을 선언했으나 베트남의 침공을 받았다. 스스로 지킬 힘을 갖고 영세중립국으로 인정받고 있는 나라는 스위스, 오스트리아, 스웨덴 등이 있다. 이들 국가는 동맹국의 군사력에 의존하지 않아야 하고, 군사 및 외교에서도 자위력을 가져야 한다. 도시국가 싱가포르(Singapore)가 자국 내 군사력보다도 재외군사력(주변국 군사기지 활용, 안보 외주 등)을 확보하여 스스로를 지킬 힘을 가지고 있다. "스스로 지키지 않는다면 누가 손에 피를 묻혀가면서 지켜주겠는가?"라고 마키아벨리의 말을 되새겨 봐야 한다.

#3. 제갈공명의 금양묘계(錦囊妙計)[116]

1960년대 시골 시장에서 한평생 열쇠를 제작하면서 살았던 친구의 아버지는 "세상엔 결코 열리지 않는 자물쇠는 없다."라고 말했다. 또한, "자물쇠는 하나인데 열 수 있는 열쇠는 수없이 많다. 심지어 열쇠가 아닌 망치로 두들겨도 열린다."라고 했다. 열쇠란 열고 싶을 때에 힘들이지 않고 속썩이지 않으며 곧바로 열고자 필요한 것이다. 국가 경영에 있어서도 난해한 국정과제를 쉽게 해결하고자 모사(謀士)의 지혜를 빌린다. 그래서 "모사가 없으면 나라가 망하나 모사가 많으면 나라가 흥한다."고 동서고금에서 말해왔다. 오늘날 미국이란 강대국은 1,800여 국책연구소의 자문을 받고 있다. 어떤 난해한 국가 문제라도 손쉽게 풀 수 있는 열쇠를 사전부터 마련하고 있다. BC 770년경 손자병법(孫子兵法)을 저술한 손무(孫武)

는 "붓으로 이길 수 없는 전쟁은 아무리 예리한 창과 칼이라도 반드시 패한다(筆不勝戰,雖劍必敗)."라고 했다.

　이제 우리나라도 최악을 대비한 위기관리를 해야 한다. 대남도발을 받았다면 연속적으로 가격할 수 있는 시리즈 카운터 펀치(series counter-punch)를 마련해야 한다. 얻어터지는 동안 정신을 잃고 헛손질만 해서는 적은 더 이상 겁을 내지 않는다. 이렇게 해서는 절대로 이길 수 없다. 2016년 2월 11일 개성공단 전면 중단 사태를 고육지책(苦肉之策)으로 활용하고자 한다면 후속타를 날려서 상대방에게 기선을 주지 말아야 한다. 대구 공산의 3중 포위망을 뚫고 패주한 왕건은 AD 929년 고창(안동)전투에서 후백제 견훤과 일진일퇴의 격전을 거듭하다가 의형제였던 유금필 아우를 고육지책으로 잃었으나 연이어 승리함으로 기선을 잡아 고려를 건국했다.

　"평화를 바란다면 전쟁을 대비하라."라는 로마의 격언이 아니더라도, "평화를 원한다면 철저한 보복 능력을 가져야 한다."라고 했던 이스라엘의 수학자 로버트 아우만(Robert Aumann)은 2005년에 노벨 경제상을 수상했다. 그는 "게임이론의 분석을 통해 최후통첩의 게임, 갈등 및 협력에 관한 우리의 이해를 향상시킨다."라는 주장으로 이스라엘의 국난 해결에 해법을 제시했다. 수사적 폭탄(rhetoric bomb) 혹은 말 폭탄과 같은 립 서비스 정책으로는 평화를 정착시킬 수 없다. 이를 위해서 나라가 어려울수록 국가지도자는 귀를 열어야 하고, 국론 결집으로 중구삭금(衆口鑠金)[117]이나 "개미구멍으로 대천 둑이 무너지는 꼴(蟻穴壞提)"[118]과 같은 불상사를 예방해야 한다. 한목소리를 내는 국민의 단합은 난공불락의 금성탕지(衆心成城)가 된다.

　오늘날 핵무기만이 전쟁의 종결자로 전쟁 억지력을 가질 것이라 생각하나, 완벽한 핵무장을 했던 소련(U.S.S.R.)이 체제 붕괴를 왜 했겠는가? 전쟁 억지력이란 핵무기보다 이성적 억지력(rational deterrence)이 우선되어야 한다. 핵보유국이 아니더라도 군사적 균형(균형자, 중재자, 완충과 견제 역할자 등)을 유지할 때, 상대국가에 대한 정확한 신호전달과 협상력을 가질 때, 국정해결능력이 탁월하다는 평판을 할 때, 어떠한 리스크(risk) 속에서도 국익을 챙기고 있을 때는 전쟁 억지력을 갖고 있다고 할 수 있다. 일본의 전쟁 억지력은 북한의 대남도발 때마다 얄미운 정도로 발 빠르게 대응하고도 영악하게 절호의 기회를 놓치지 않고 국익을 챙긴다. 매번 전화위복의 기회를 잡고 있다. 평화헌법 개정의 계기 마련 등 '옆집에 불났을 때에 필요한 것 챙기기(趁火打劫)'의 지혜로 전쟁 억지력을 마련하고 있다.[119]

#4. 역발상으로 판 뒤집기

2006년 부동산중개사 시험 감독을 간 적이 있었다. 수험생들에게 시험지를 배부하고 질문을 받았다. 수험생들이 시험문제를 푸는 2시간 동안 시험지를 훑어봤다. 시험문제의 지문이 너무 길어서 그것만 읽어도 시간이 모자랄 지경이었다. 시험을 끝내고, 마지막 나가는 수험생에게 "이렇게 긴 지문만을 읽는데 시간을 다 보내고 본문제의 문항을 읽은 시간이 없겠는데 시간이 모자라지 않느냐?"라고 물었다. "아저씨, 지문을 다 읽고 문제를 푼다면 10문제도 못 풀어요. 문제부터 먼저 읽고 지문을 읽어야 곧바로 답을 찍어낼 수 있어요."

지난 1970년대, 미국인 대학동기생이 CIA 시험에 응시하고 난 뒤에 경험담을 얘기했다. 시험문제가 성명, 생년월일, 좌우명, 연인의 이름 등으로 너무 쉬워서 100문제를 단박에 다 적고 시험장을 나오려는 참에 마지막 지문에 "다 읽으신 분은 백지로 내시오."라고 적혀있어서 놀랐다는 것이다.

출처 : 박근혜 대통령 '통일 대박', 국정방송(KTV), 2014. 1. 6.

한편, 지난 2014년 1월 6일 박근혜 대통령은 신년사에서 "저는 통일은 대박이라고 생각합니다. 세계적 투자 전문가도 남북 통합이 시작되면 자신의 전 재산을 한반도에 쏟겠다는 가치가 있다고 말했듯 통일이 되면 우리 경제는 굉장히 도약할 수 있다고 보는 것입니다."[120]라고 발표를 했다. 여야정당의 국회의원이 모두 하나같이 환호했다. AD 632년, 신라 제26대 선덕여왕이 즉위하여 "칼 대신 비단 돈지갑을 들어라(把綢包拿替刀)!"라고 일성을 외쳤다. 곧바로 '새로운 천년사직을 펼치자(新羅千年)!'라는 통일 기반 대형공사를 착착 추진하여 한반도 통일을 이룩하였다. 박근혜 대통령의 그 말은 1382년 동안 그토록 듣고 싶었던 여제(女帝)의 말씀이었다. 제2의 삼한일통을 기대하였다. 그러나 통일 대박을 외쳤던 그 입으로 2016년 2월 11일 개성공단 전면중단 선언을 들었을 때는 정치적 수사(political rhetoric)라는 사실을 새삼 깨달았다.

이젠 변해야 한다. 남의 장단에 춤출 때가 아니다. 목에 칼끝을 들이대고 있는데도 웃으면서 넘겨버릴 수는 없다. 역발상도 제3의 방법도 필요하다면 써야 한다. 압박과 제재만이 능사가 아니다. 칼 대신 비단 돈지갑을 들어라. 즉 체제변화를 유도하기 위해 필요하다면 식량을 무기로 써야 한다. 과잉군비경쟁으로 체제붕괴를 유도할 수도 있어야 한다. 주변국과 경제협력을 강화해 경제적 고립화도 해야 한다. 북한 주민들에게 또다시 초코파이 입맛에 중독되게 해야 한다. 권부의 아편중독으로 청나라 붕괴와 같은 지략도 세워야 한다. 홀인원(hole in one)방법이 아니라면 멀티트랙(multi-track) 방법도 써야 한다. 군사적 제재만이 능사가 아니다. 외교적 수완도 한류의 급류에도 휩쓸리게 해야 한다. SNS 정보통신매체를 무료 제공해 철의 장막도 허물어야 한다. 필요하다면 미소 냉전을 종식했던 부비트랩(pen booby-trap)과 수사 미사일(rhetoric missile)까지도 만들어야 한다. 모사드(Mossad)처럼 철저하게 국익을 위해 대테러활동과 첩보전에도 힘을 쏟아야 한다.

#5. 한반도의 평화는 '눈물의 진주 방석' 같아요!

한반도의 평화 정착은 하늘이나 연인이 우리에게 안겨다 주는 '장미 꽃다발(rose garland)'같이 환상적인 것은 아니다. 오히려 현실적이고 고통스러운 것이다. 현실적 인내(practical patience)이고 고통스러운 책임감(painful responsibility)의 실천이다. 무수히 많은 대남도발을 참고 견디며, 한민족인 동포에게 상처를 주어야 하는 모진 마음을 삭여야 한다. 이산가족 상봉처럼 몇 번이고 눈물을 흘려야 한다. 한반도 평화 정착은 '눈물의 진주 방석(tear's pearl-mat)'[121]이다. 현재의 우리보다는 미래의 후손을 위해 우리는 한민족 남북한 동포가 흘린 눈물을 품고 신뢰와 인내라는 끈에다가 지략과 행동으로 진주 방석 꿰어 한반도의 평화를 이룩해야 한다.

개성공단 전면 중단 사태를 계기로 박근혜 대통령의 국회 연설을 들으면서.

2016. 2. 16.
이대영 / 이정천 / 박성철

부/록

- 남북한 대응 조치 사례 -

대응분야	대응 조치
군부대(시설) 등	부대 이동, 군사시설 증설, 미사일 패드 증설, 첨단 함정 배치, 사드 및 전략 핵무기 배치, 미 첨단 전략 자산 동원과 무력시위 등
청와대 대응 조치	NSC 소집과 대책 강구, 군사 정보활동 강화, 선조치 후보고 체제, VIP 군부대(전방) 및 합참 본부 방문, 국회 연설, 대국민 담화, 북한 규탄 궐기대회
외교 활동 강화	외교 순방 강화, 전략적 파트너 결연, 군사훈련과 협약, 외국 방문 기념 선언, 대북제재를 위한 국제 공조, UN 안보리 대북제재 요청
국내 정치 활동	대국민 담화 혹은 기자 회견, 대변인 담화, 법령 제·개정
언론 홍보 조치	대북 심리전 방송 강화, 언론 대북 도발에 대한 기획 방송, 전문가 활용 대북 압박 대담, 탈북자의 북한 실황 방송, 대북기획 동영상 방영
대북 심리전 강화	DMZ 대북 확성기 방송(이동용 증설), 탈북 단체의 전단 대량 살포, 미군 전략 자산 한반도 집결 무력시위
군사정탐 활동 강화	미군 전략 자산 활용(군사위성, 스텔스기) 정찰, 무인 정찰 활동 강화
항공기 테러 등	KAL기 납치 폭파, 항공기 납치, 재외 대사관 타격, 요인납치, 아웅 산 폭파
북한 특공대 침투	선거철 공비 침투, 고정 간첩, 청와대 습격(1968), 잠수함 침공, 함대 납치

국지전 도발	NLL 침입, 천안함 피격 침몰, 연평도 포격 도발, DMZ 목함 지뢰 ▶ 남북 회담
사이버 테러 등	D-DOS 공격, 좀비 PC 해킹 및 정보 유출, 공항 등 전자 시설 파격, 군사 지역 전파 방해, SNS(RCS) 해킹, 소니 픽처스 해킹
국경 지역 활동 정탐	길림성(동북 3성) 정탐, 탈북자 입국 안내, 동남아 탈북 루트 확보 ▶ 폐쇄 공작
UN(국제기구) 활용	UN 안보리 제재, 총회 도발 비난, NPT 성명, IEAE 조사 요청, UN 안보리 의장 성명
국제 동조기관 활용	6자회담 회의, 참여국 설득, 동북아 평화포럼 결의, APEC 회의 협조
말 폭탄 날리기	불바다, 피바다, 백배 천배 보복, 씨 말리기, 죽탕, 뼈아픈 대가, 핵겨울
군비경쟁 활용	THAAD 혹은 PAC-3 미군 증설, 군사무기 해외수출, 광명성 (미사일) 발사, 핵무기실험(1~4차), 비대칭군사력 시위, 핵무기 소형화, 핵 기술자 해외 파견
남남갈등 유발	SNS 악성 리플, 유언비어 난무, 허위사실 유포, 전단 살포의 이념 갈등, 전단 살포의 지역 주민 불안, 개성 공단 정책의 정치적 갈등
전략적 인내 악용	오바마 정부의 전략적 인내를 절호의 기회로 악용(무대화 ▶ 묵인)
통미봉남(通美封南)	1994 북미 제네바 비밀 협상 중유와 경수로 제공, 1996. 9. 15. 강원도 북한 소형 잠수함 남한 영해 침공 정보 미제공, 북미 평화 협정에 비밀 합의(2015. 12.)
변화 유인 경제 지원	적십자 지원, 수해 재해 쌀 지원, 개성공단 산업 전기 공급, 경수로(원자력 발전소) 건립(중단), 금강산 관광 사업, 개성공업단지 건립 및 운영 ▶ 금강산 관광 중단, 경수로 동결과 몰수, 개성공단 운영 중단(폐쇄)

– 북한의 대남 도발 증후 예측 모형 –

점검 분야	예측사항 및 방법
기념행사일(달력) 점검	· 북한 정권 주요 기념일인 태양절, 광명절 등 기념 도발 행사 · 국가기념일 공산당 전당대회, 인민군 창설일, 북조선 창건일 등 · 한국 혹은 미국기념일, 대형 국제행사 방해용 도발 등
김정은 및 주변 점검	· 김정은 주요 시찰[122] 및 관련 영상, 건강, 행동 및 어감 등 분석 · 주변인, 경호인, 경호 상황, 주변 환경 등 종합 분석
북한 사건의 기하 접근	· 국내외 북한 사건과 남북한 역학 관계 분석 · 북한의 위기 상황 돌파, 여론의 화살을 남한으로 돌리기, 네 탓 화살 쏘기 · 체제 결속과 충성심 유도용 대남 도발 기획 위험
도발 역사 사항 점검	· 5·24 조치, 6·15 정상회담 등 대남도발일 기념용 도발 위험 점검
주변 강대국의 함의	· 미국, 일본, 러시아 및 중국의 대북 사건 등 동향과 정세 · 우방국의 협조에 시기성 혹은 보복성 대남 도발 위험
손자병법의 5사 7계	· 道/天/地/將/法 등 항목별 북한 정세 및 전쟁 위험 점검
종합 매트릭스 분석	· 국내외(북 대남방송) 기사[123], 정보기관의 첩보, 해외 탈북주민 첩보

참/고/문/헌

1) Exodus 3:8 : "…to bring them up out of that land into a good and spacious land, a land flowing with milk and honey…"

2) Proverbs XI:14 : "Where no counsel is, the people fall, but in the multitude of counselors there is safety."

3) Proverbs 24:6 : "For by wise guidance you can wage your war."

4) Proverbs 15:22 : "Plans fail for lack of counsel, but with many advisers they succeed."

5) 論語: 述而 :"子謂顔淵曰.用之則行,舍之則藏,唯我與爾有是夫.子路曰.子行三軍,則誰與.子曰.暴虎馮河.死而無悔者,吾不與也.必也臨事而懼,好謀而成者也."

6) Additional 150,000 U.S. troops necessary in event of N. Korea's collapse: U.S. think tank, 2015. 9. 30.

7) Katharine H.S. Moon, Why is North Korea pursuing hydrogen power?, Brookings Institute, January 7, 2016.

8) Wikipedia, There are eight sovereign states that have successfully detonated nuclear weapons. Five are considered to be "nuclear-weapon states" (NWS) under the terms of the Treaty on the Non-Proliferation of Nuclear Weapons (NPT). In order of acquisition of nuclear weapons these are: the United States, Russia (successor state to the Soviet Union), the United Kingdom, France, and China.

9) 「미친개는 몽둥이가 약이다」, 뉴스타운, 2016.1.8.

10) Korea Joongang Daily, p.30 Jan. 8. Mon, 2016.

11) Kasra Naji, Iran nuclear deal: Five effects of lifting sanctions, BBC, Jan.18.2016.

12) 홍현익, 세종연구소 수석연구원, 「이란처럼 핵 포기하라.는 설득」, 2016.1.18. 연합TV, 17:30

13) 최영진, 앞의 책, pp.48~62 passim

14) 위의 책, pp.62~78, passim

15) 「강력한 안보리 제재 안 되면 北에 잘못된 신호」, KBS TV, 2016.1.20.

16) 「푸틴 "핵실험 北, 혹독한 대가 치러야"…립 서비스?」, New Daily, 2016.1.13.

17) 중앙일보, 2016.1.9. 「케리 "중, 대북정책 효과 없었다. 전화로 왕이 압박"」

18) 연합뉴스TV, 2016.1.16. 「미 국무, 27일 방중…'대북제재' 담판 주목」

19) TV 조선, 2016.2.29., 박희락 국민대 정치대학원장 등 "최근 우리나라의 경제성장과 한류 문화의 세계 속으로 영향력이 확대됨에 따른 외교력도 확장된 것으로 오인하고 있는 감도 있었다. 이번을 계기로 자성하고 두 번 다시 오인이 없어야 하겠다."

20) 「朴 대통령, '6자회담 무용론' 첫 제기…5자 카드로 北 전방위압박」, 서울신문, 2016. 1. 22. :

21) TV조선, 정치 옥타곤, 2016.3.6. "미국은 쿠바와는 1962년 케네디(J.F. Kennedy) 대통령 당시 시작

해서 2016. 1. 27.까지 54년간, 이란과는 1979년 레이건(R. Reagan) 대통령 당시 테란 주재대사관 사건 이후 2015년까지 36년간, 리비아와는 1986년 이후~2011년까지 25년간 강력한 경제적 제재를 추진했으나 결국은 협상과 대화로 끝냈으며, 한편 북한과는 2008년 부시(J. Bush) 대통령의 행정명령(Executive Order) 13466호 시작하여 지금까지 추진 중. 이외 대러시아 경제 제재, 대수단 경제 제재 등이 있음."

22) 'Goldilocks and the Three Bears'and the older "The Story of the Three Bears"are two variations of an old fairy tale.

23) John 8:1~11

24) 虎不競食, 三国演义 第十四回

25) 蚌鷸之利, 戰國策, 燕策

26) 서영교, 앞의 책, pp.260~267 passim

27) 두산백과사전 : …그 뒤 한국의 대일청구권 문제의 타결을 위해 7차례나 회담을 계속하였으나, 한국이 요구하는 8억 달러와 일본이 제시하는 최고액 7,000만 달러의 엄청난 차이 때문에 좀처럼 이견이 좁혀지지 않다가, 마침내 62년 11월 12일 김종필(金鍾泌) 특사와 오히라 마사요시[大平正芳] 일본 외상과의 비밀회담에서 합의된 이른바 '김·오히라 메모'를 근거로 하여 65년 6월 22일 한·일 기본조약의 체결과 동시에 '재산과 청구권에 관한 문제 해결과 경제협력에 관한 협정'이 정식으로 조인되었다. 주요 내용은 재산청구권에 대해 일본이 무상(無償)으로 3억 달러를 10년간에 지불하고, 경제협력으로 정부 간의 차관 2억 달러를 연리 3.5%, 7년 거치 20년 상환이라는 조건으로 10년간 제공하며, 민간 상업차관으로 1억 달러 이상을 제공하기로 하였다.

28) 앞의 책, pp.261~267. passim

29) 정의화, 「박근혜 대통령 소통 문제 지적 "직통번호 받았지만…"」, 스포츠서울, 2015.12.16.

30) 「박근혜 대통령, 경제민주화 의지 없다」, 레디안(인터넷), 2016.1.14.

31) 「野서 법안 발목 "박 대통령은 경박대(경제를 박살 낸 대통령)" 네 탓 공방전」, 국제신문, 2016.2.20./ 「[박근혜 담화 네 탓 공방] 김무성 '야당 훼방만 놔', 문재인 '국회가 통법부냐…'」, 시사위크, 2016.1.14./ 「[9일 모닝브리핑] 대통령과 야당의 네 탓 공방 '말말말'外」, 포커스뉴스, 2015.12.9.

32) 史記,秦始皇本紀:"先王知雍蔽之傷國也,故置公卿大夫士,以飾法設刑,而天下治.其彊也, 禁暴誅亂而天下服.其弱也,五伯征而諸侯從…….野諺曰 前事之不忘,後事之師也."

33) 史記,殷本紀:"人視水見形,視民知治不"

34) 史記,蘇秦別傳:"明主務聞其過,不欲聞其善"

35) 鬼谷子,摩篇第八:"說莫難於悉聽"

36) 「[임철순 칼럼] 불통 대통령에 먹통 총리?」, 이투데이, 2015.6.2./ 「박근혜는 불통 아닌 '먹통'…만델라에게 배우라」, 오마이뉴스, 2013. 12. 13. / 「<대정부질문> 野 "먹통정권"…정 총리 "동의 못해"」, 연합뉴스, 2014.02.06. / 「승용 "필리버스터, 박 대통령 '불통'과 새누리 '먹통' 앞에 멈춰"」, 아시아투데이, 2016.3.2./ 「'필리버스터 중단' 선언 후에도 지속…임수경 의원 "국민은 대통령의 불통에."」, 스포츠조선, 2016.3.2.

37) 許浚, 東醫寶鑑, 雜病篇: "通則不痛 痛則不通不通則痛又云諸痛爲實痛隨利減世多以下之爲利 假令痛在表者實也痛在裏者實也痛在血氣者亦實也故在表者汗之則愈在裏者下之則愈在血氣 者散之…"/ 黃帝內經: "屬於氣血不通, 判斷疼痛的問題, 同時還可以看看主病之經脈是充斥呢. 是 陷下不足. 有曰通則不痛, 痛則不通者…."

38) Why Obama Used 22 Pens to Sign the Health Care Bill, TIME, 23 Mar 2010.

39) 「"소통은 이렇게 하는 거야"…오바마, 스냅챗으로 국정홍보」, 연합뉴스, 2016.1.13.

40) 오바마의 소통엔 끝이 없다. 서울신문, 2015.8.12.

41) Wikipdeia, Seinfeld is a sitcom that originally ran for nine seasons on NBC from July 5, 1989, to May 14, 1998.

42) 「오바마 "난 같은 색 속옷만 입는다."」, TV조선, 2016.1.1.

43) 「오바마의 주머니엔 뭐가 들었을까? 소지품 전격 공개」, MBN TV, 2016.1.17.

44) Obama reveals trinkets that he keeps in his pocket, 15 January 2016.

45) 「"나도 진찰해주렴"…北매체, 김정은 '스킨십 정치' 연일 보도」, 연합뉴스, 2016.1.22. :

46) 「1492년 이사벨라 여왕 스페인 통일」, 동아일보, 2009.9.23.

47) 蔡英文欲当"亚洲的默克尔", 台海网(taihainet.com), 2016.1.21. : "台湾2016年"大选"结果, 沒有 意外, 民进党主席蔡英文贏得胜选, 有外媒将她形容为…."

48) 自由百科, 草莓族 : 詞最早出自翁静玉著, 1993年出版的《辦公室物語》一書, 用來形容民國50年 (1961年) 以後出生的年靑人世代. 民國50年後出生的世代有些有著抗壓性低, 承受挫力低, 忠 誠度低, 服從性低, 穩定度低, 個人權益優先於群體權益的特色.

49) 2016 選戰特別報導, 聯合新聞網, 2016.1.13. : "民主進步黨, 蔡英文, 6,894,744, 56.12%…. 今年 是民進黨創黨第卅周年, 蔡英文執政, 宣告青壯世代全面接班…子瑜風暴／民進黨請讓國旗飄 揚國際…林昶佐表示. 台灣年輕人並非「草莓族」, 而是能在政治上有更多作爲. 他希望…"

50) 「3F 시대」, 이세희, 오피니언, 한국일보, 2010.12.8.

51) 孫子兵法, 謀攻篇 : "孫子曰: 凡用兵之法, 全國為上, 破國次之. 全軍為上, 破軍次之; 全旅為上, 破旅次之; 全卒為上, 破卒次之; 全伍為上, 破伍次之. 是故百戰百勝, 非善之善也; 不戰而屈人之 兵, 善之善者也. 故上兵伐謀, 其次伐交, 其次伐兵, 其下攻城. 攻城之法爲不得已.

52) Elizabeth Shim, U.S. considered surgical air strikes against North Korea in 1994, UPI. Dec. 3, 2015

53) 「1차 북핵위기와 김일성 사망」, 동아일보, 2015.8.29.

54) 「북핵위협의 원점 정밀 타격하라」, 신성택 칼럼, 뉴스한국, 2010.12.9.

55) 「6자회담 무용론 첫 제기…"통일이 北核 근본 해법"」, 동아일보, 2016.1.23.

56) 「2014년 국방백서 부록」 : 북한 도발 휴전 이후 2014년 11월말 현재 3.040회(침투 1,968회, 국지도 발 1,072회), 박근혜 정부 이후 77회(침투 3회, 국지도발 74회)

57) Dylan Love, 『North Korea Counterstrike』

58) 두산백과, 「5·24 조치」

59) 「박 대통령 "가장 강력한 대북제재 준비 중"」, 연합뉴스, 2016.1.13.

60) 「朴 대통령 "대북제재, 가능한 모든 실효적 수단 추진"」, YTN TV, 2016.1.22.

61) 「유엔 안보리 北 제재 결의, 美-中 입장 차로 장기화 전망」, TV조선, 2016.1.25.

62) 「美·中, 베이징서 노골적 '네 탓 공방'…북핵갈등 점입가경」, 연합뉴스, 2016.1.28.

63) 「對北전략, 공세적 접근 모색할 때, 박창희 기고문」, MK 오피니언, 2016.1.13.

64) Wikipedia : Toleration is "the practice of deliberately allowing or permitting a thing of which one disapproves.

65) Do not forget who put the crown on your childish head, my king. Today we will dance on the backs of the greeks.

66) Let it be shown! We chose to die on our feet! Rather than live on our knees!

67) Lord Palmerstone"We have no eternal allies, and we have no perpetual enemies. Our interests are eternal and perpetual, and those interests it is our duty to follow."

68) Someone who is your friend, although you secretly dislike them, and they are infact your enemy.

69) Haiyan Wang and Anil K. Gupta, 「India and China: Friends, foes or frenemies?」, CNN, May 13, 2015.

70) 「소중섭, 잇단 북 도발에 '병역면제 정권' 조롱」, 시사저널, 2013.12.20.

71) Chronological list of All Nobel Laureates on the official web-site of the Nobel Prize committee : Between 1901 and 2015, the Nobel Prizes and the Prize in Economic Sciences were awarded 573 times to 900 people and organizations. With some receiving the Nobel Prize more than once, this makes a total of 870 individuals and 23 organizations. Below, you can view the full list of Nobel Prizes and Nobel Laureates.(http://www.nobelprize.org

72) Kim R. Holmes, Ph.D. and W. Bruce Weinrod, 「Weighing the Evidence: How the ABM Treaty Permits A Strategic Defense System」, 『The Heritage Foundation Backgrounder』 #565 on Missile Defense, February 26, 1987.

73) Wikipedia, the axis of evil

74) 김은진, 『한반도 평화체제론』, 리아트코리아, 2015. pp. 158~159 passim

75) 「북 미사일 발사 예고에 또 '혹독한 대가' 타령인가(사설)」, 매일신문, 2016.2.4.

76) 「북한 제6차 미사일 발사에 대한 국가안정보장 협의(NSC) 개최 조치」, 청와대 공지사항, 2016.2.7.

77) 「청와대, 북 장거리 미사일 관련 브리핑」, 연합뉴스, 2016.2.4.

78) 「정부 "北 혹독한 대가"…개성공단 폐쇄 카드 꺼내나」, YTN, 2016.2.4.

79) 韓國, 中国에 協力要請北朝鮮問題「責任ある役割を, 朝日新聞, ミュンヘン, 2016.2.12.

80) 김대중, 「북한은 하는데 우리는 왜 核결단을 못하는가」, 조선일보, 2016.2.2.

81) 양무진(북학대학원대학교수), 「개성공단 폐쇄조치가 중국의 제재 유도효과엔 Zero」, JTBC. 2016.2.12.

82) 우수근(중국 동화대학교 교수), 「개성공단 중단조치는 중국의 역방향」, 채널A, 2016.2.12.

83) 박근혜, 『절망은 나를 단련시키고, 희망은 나를 움직이다』, 위즈덤하우스, 2007. pp.313~317 pas-

sim

84) 위의 책, pp.323~325 passim

85) 위의 책, p.123

86) 「개성공단 전면중단 관련 정부 성명」, 2016.2.11. 청와대 공지사항(http://president.go.kr/)

87) 1960~2003년까지 북한은 평균 3년 치 군사용 비상식량(군량미) 비축하였으나, 2004년 개성공단 운영 이후 배급경제에서 장마당(시장) 경제로 전환하면서 2008년에 군량미를 풀었으며, 2015년 8월 남북한 8·25 협상을 한 시점에 개성공단 운영 중단이 제재수단으로 언급됨을 보고 최악을 대비하고자 군량미 비축과 개성공단 폐쇄를 대비했음(居安思危).

88) 「김정은 작년부터 국제재재 대비 지시」, Radio Free Asia, 2016.2.12. (http://www.rfa.org)

89) 『북한 기념일』, 한국민족문화대백과, 한국학중앙연구원

90) 「북한의 공포정치, 5년간 당·군·정 엘리트 100여 명 처형·숙청」, 매일경제, 2016.2.12.

91) 알렉스 아벨라(유강은 역), 『두뇌를 팝니다. 미 제국을 만든 생크탱크 랜드 연구소』, 나장, 2010. p.239(Alex Abella, Soldiers of Reason : The RAND Corporation and the Rise of the Amreican Empire, Regal Literary Inc. 2008)

92) 「북한에 대한 언론 보도는 얼마나 정확한가?」, 허핑턴포스트, 2015.12.18.

93) 114TH CONGRESS 1ST SESSION H. R. 757, To improve the enforcement of sanctions against the Government of North Korea, and for other purposes. IN THE HOUSE OF REPRESENTATIVES FEBRUARY 5, 2015. www.congress.gov.

94) 2016.2.13. 연합뉴스

95) 「"개성공단 폐쇄 서프라이즈"…미·일 등 국제사회 대북제재지지」, 미디아펜, 2016.2.11.

96) 「김정은 옥죄기 신호탄…北 정권교체설 '솔솔'」, KBS TV, 2016.2.12. 21:22

97) 「박근혜 대통령, 미국·일본 정상과 북한 장거리 미사일 발사 관련 향후 대응 방안 논의」, 2016.2.11. 청와대뉴스(http://president.go.kr/)

98) 어떤 일에서 결과나 흐름의 판도를 뒤바꿔 놓을 만한 중요한 역할을 한 인물이나 사건, 경영에서는 기존의 시장에 엄청난 충격을 가할 정도로 혁신적인 아이디어를 가진 사람을 가리키는 용어로 사용된다(a newly introduced element or factor that changes an existing situation or activity in a significant way)

99) Plutarch, The Consolation, Moralia, Wikipedia

100) North Korea's Sanctions Loophole, More U.N. enforcement promises that China isn't likely to keep, The Wall Street Journal, Feb. 28, 2016 : "The Obama Administration is touting the latest United Nations sanctions as a milestone against North Korea's nuclear and missile programs. We'd like to believe it too, but a close look at the draft Security Council resolution offers many reasons to doubt…The sanctions also do nothing about the Chinese oil transfers that keep the Kim regime alive. Or Chinese purchases of textiles from mostly state-run North Korean factories that have quadrupled to $741 million a year since 2010 and recently ensnared Australian surf brand Rip Curl in a supply-chain controversy. Or the 50,000-plus

North Korean laborers overseas, largely in China and Russia, earning some $230 million a year for their masters in Pyongyang."

101) 史記, 項羽本紀 : "今者項莊拔劍舞, 其意常在沛公也." 項莊席間舞劍, 企圖刺殺劉邦.

102) 「"사드는 유방을 겨누는 항우의 칼춤"」, 조선일보, 2016.2.15.

103) 원유철, 「조건부 핵무장론 제기」, JTBC TV, 2016.2.15.

104) 「김정은 참수 작전」, 한국일보, 2016.2.14.

105) High-value target. Wikipedia

106) Joseph S. Bermudez Jr., North Korea Drones On : Redeux, 19 January 2016, 38 North Org.

107) Oh Seok-min, N. Korea has 'significant' technology for miniaturized nukes: Seoul, Yonhap News, 2015.1.6.

108) No new Cold War in Korean Peninsula - Russian ambassador in Seoul, Russia Beyond the Headlines, June 15, 2015

109) Yi Whan-woo, New Cold War looms over Korea, The Korea Times, 2016.2.12.

110) 「2015년 위안부 문제로 日 아베 총리와 국제회의 석상에 조회 때 외면」, 2016.2.4.

111) 2016.2.14. 홍용표 통일부장관이 CBS 라디오 방송에서 개성공단 전면폐쇄 사건에 대해서 1억$의 70%가 북한 서기실(39호실)로 들어간 증거가 있다고 발언했다가 2013.3.7. UN 안보리 2094호 제재를 위반했다는 여론에, 2.14 국회 대정부질문에 와전이며 확실한 근거는 없다고 좌충우돌하는 양상임.

112) 「'도발원점' 타격…특수전 능력 강화」, YTN TV, 2016.2.11., 「미사일 위협 속 전술훈련…"도발 원점 타격"」, KBS TV, 2016.2.3., 「軍, 북 도발원점 타격 'MLRS 천무' 실사격 훈련 첫 공개」, 조선일보, 2016.2.5., 「원점 타격·무인기폭파」 공군, 역대 최대 규모 훈련 실시」, MBC TV 2016.2.4.,'원점타격 무인기폭파' 공군, 역대 최대 규모 훈련 실시」, MBC TV 2016.2.4., 「공군 '소어링 이글' 훈련…北도발 가정 원점타격 연습」, 연합뉴스 2016.02.03., 「"MB, 원점 타격 지시" …또 불거진 논란」, TV조선, 2015.12.15., 「타우러스 미사일 배치… 상공서 北 '김정은 은신처' 정밀 타격 가능」, 한국일보, 2면4단, 2016.1.23., 「이순진 "전투기 동원해 원점 타격"…북 도발 강력대응」, YTN TV, 2015.10.6., 「北, 확성기 타격했다간…' 155㎜ 자주포로 원점 즉각 타격」, 뉴시스, 2015.8.22., 「북, 서부전선 대북 확성기 포격…우리군 원점 타격」, 중앙일보, 2015.8.20. …

113) Aidan Foster-Carter, 「Jackpot or Crackpot? Park on Reunification」, The Wall Street Journal, Jan.22, 2014

114) Wang Yi Meets with Secretary of State John Kerry of US, 「Ministry of Foreign Affairs of the Peaople's Republic of China」, Feb.13.2016

115) 김일선, 「한반도를 영세중립국으로」, 중앙일보, 2015.10.6. :

116) 금낭묘계: 삼국연의 제54회 : "손권의 부하 주유가 유비를 죽이고자 꾀를 내어 여동생과 유비를 결혼시키고자 촉나라에 청혼하였다. 유비의 신하 모두가 함정이라고 했으나 제갈공명은 그럴 리가 없다고 청혼에 응하게 하면서 비단 주머니에 3개의 메시지의 비방을 적어놓았으나 읽고 행동하라고 경호대장에게 당부하다. 첫째 메시지는 오나라 입구에게 읽었는데 소문을 내라, 두 번째 메시지는 주유의 모

친을 직접 만나라. 천하 미녀인 주류의 여동생과 모친을 만나자 천하의 영웅이 될 유비를 보고 단박에 결혼 승락과 예식을 행했다. 그런데 신혼에 깨가 쏟아져서 귀국한 생각조차 하지 않아 마지막 메시지인 적군이 침입한다는 첩보를 전하자 곧바로 귀국하였다. 적국에 가서 미녀도 얻고, 혈연으로 맺은 우방국까지 얻었다."

117) 國語, 周語下 : "衆心成城, 眾口鑠金."

118) 钱谦益(淸), 向言下之五 : "蛇螫斷腕, 蟻穴坏堤, 史臣之所以俯仰三汉者也."

119) Wikipedia, War Deterrence, Rational deterrence theory : The Military Balance, Signaling and Bargaining Power, Reputations for Resolve, Interests at Stake, Nuclear Weapon

120) 「박근혜 대통령 "통일은 대박…경제도약의 기회"」, KTV, 2014.1.6.

121) 김양화 작사, 박춘석 작곡, 이미자 노래, 「눈물이 진주라면」

122) 「김정은의 시찰 방문으로 군사계획을 판단」, 강리혁(전 인민군 소위), 채널A TV, 2016.3.2. 20:40 : "김정은 시찰은 핵심현안사업을 제시하고, 현안문제를 해결하는 동향이기에 해상전력과 공군전력의 취약점을 보완하고자 장사포 진지 등을 중점 시찰하고 있다."

123) 「북한대중매체로 북한 정보 예측」, 조수현(전 DMZ 대남방송국장), 채널A TV, 2016.3.2. 20:49 : "북한 대남방송을 자세히 경청하면 핵실험, 장거리 미사일 발사를 사전에 몇 차례 언급했다. 남한 언론에서 무시하고, 왜곡 전달했기 때문이다. 수폭 실험 언급으로 중국 공연단 철수소동까지 있었다."

한국아
놀 자

펴 낸 날 2016년 6월 3일

지 은 이   이대영, 이정천, 박성철
펴 낸 이   최지숙
편집주간   이기성
편집팀장   이윤숙
기획편집   박경진, 윤일란
표지디자인 이윤숙
책임마케팅 하철민, 장일규
펴 낸 곳   도서출판 생각나눔
출판등록   제 2008-000008호
주   소   서울시 마포구 동교로 18길 41, 한경빌딩 2층
전   화   02-325-5100
팩   스   02-325-5101
홈페이지   www. 생각나눔.kr
이 메 일   webmaster@think-book.com

• 책값은 표지 뒷면에 표기되어 있습니다.
  ISBN 978-89-6489-602-0 03300

• 이 도서의 국립중앙도서관 출판 시 도서목록(CIP)은 서지정보유통지원시스템 홈페이지
  (http://seoji.nl.go.kr)와 국가자료공동목록시스템(http://www.nl.go.kr/kolisnet)에서
  이용하실 수 있습니다(CIP제어번호: CIP2016012358).